旗点商学院系列丛书

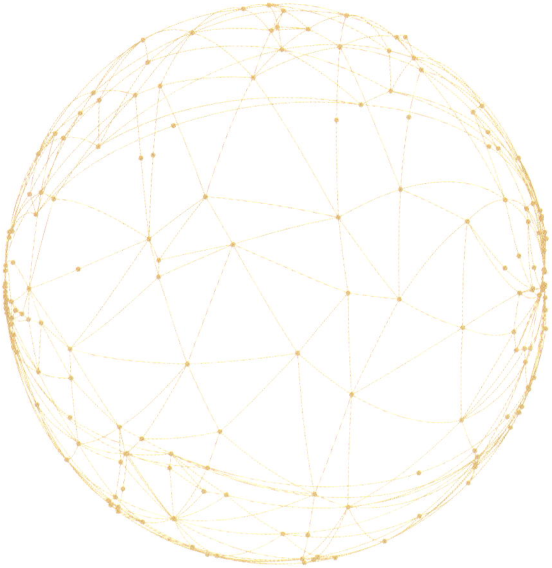

链金有法

区块链商业实践与法律指南

区块链从业者必备红宝书

杨 东◎著

北京航空航天大学出版社
BEIHANG UNIVERSITY PRESS

内 容 简 介

本书填补了我国区块链商业实践领域法律方面的空白，第一次从法律角度剖析问题，不拘泥于理论，而是将区块链与法律实际相结合，更加贴近实际应用，对政府相关部门、协会、从业者等，具有极大的参考价值和指导意义。

本书分别从区块链的发展历程、与金融科技及数字货币的关系、各项技术与实际应用等方面进行了详细阐述。同时，针对人们的疑问和需求，在风险管控、应对策略以及相关的法律风险方面提出了建设性意见。

本书可作为区块链相关从业人员、投资者和创业者的参考用书。

图书在版编目(CIP)数据

链金有法 ：区块链商业实践与法律指南 / 杨东著 . -- 北京 ：北京航空航天大学出版社，2017.6

ISBN 978-7-5124-2434-0

Ⅰ. ①链… Ⅱ. ①杨… Ⅲ. ①电子商务－支付方式－研究－中国②电子商务－法规－研究－中国 Ⅳ. ①F713.361.3②D922.294.4

中国版本图书馆 CIP 数据核字(2017)第 127579 号

链金有法

区块链商业实践与法律指南

杨 东 著

责任编辑 杨 昕 孙兴芳

*

北京航空航天大学出版社出版发行

北京市海淀区学院路 37 号(邮编 100191) http://www.buaapress.com.cn

发行部电话：(010)82317024 传真：(010)82328026

读者信箱：emsbook@buaacm.com.cn 邮购电话：(010)82316936

北京艺堂印刷有限公司印装 各地书店经销

*

开本：710×1 000 1/16 印张：22 字数：315 千字

2017 年 6 月第 1 版 2017 年 6 月第 1 次印刷 印数：21 000 册

ISBN 978-7-5124-2434-0 定价：128.00 元

前　言

当前，科技在使人们生活水平和幸福指数显著提高的同时，也衍生出很多阻碍社会发展和进步的问题，如贪污腐败、网络欺诈、P2P 跑路、信息泄露、假冒伪劣产品等。通过区块链技术可以让以上问题迎刃而解：人们把信息发布储存到区块链上，让资金流向、交易真假等由全民来验证；一经验证，交易信息将无法被篡改，且信息完全公开，真相也无法被掩盖。如此，整个社会将更加透明、更加公平。

对于普通大众来说，并不需要对区块链了解太深，只需享受区块链带来的互联网服务，感受科技带来的惊喜即可。如果你觉得这还不够，那不妨投资一些区块链概念股，或许可以发现一些潜在的机会。一个新事物或者新现象往往会极大地促进理论边界的拓展：比特币的出现，开创了一个全新的软件系统维度。可以预见的是，未来在中心化和去中心化这两个极点之间，将会存在一个新的领域，各种区块链系统将拥有不同的非中心化程度，以满足不同场景的特定需求。

在安全领域，虽然比特币区块链本身的安全性经受了多年的考验，但仍需持续关注。区块链并未解决所有传统的信息安全问题，对区块链安全能力的盲目信任有可能导致严重的后果，例如智能合约漏洞被利用会导致数字资产损失。因此，需要新的密码方案、传统信息安全领域的关键技术与区块链技术融合，齐头并进，协同发展。如果设计一个传统数据库与区块链结合的混合数据库，对不同数据区分处理，充分发挥各自优势，对于区块链系统的普及意义将十分重大。

安永会计师事务所的统计资料显示，截至 2016 年年初，全球已诞生了 917 家区块链领域的创业公司，全球在区块链领域的投资累计已经超过了 15

亿美元，以花旗银行、纳斯达克为代表的各行业巨头甚至纷纷争先步入实验室阶段，进行区块链在多个场景中探索式的应用实践研究。世界各地专业咨询服务机构、学术研究机构等其他研究力量也密切关注区块链技术及其发展趋势，区块链从“草根力量”加速走入大众视野之中。

区块链属于新一代互联网技术，IPV6 解决了新一代互联网所需的地址资源问题，区块链可将原用于信息传递的互联网升级为信任传递、价值传递的互联网。去中心化的信任传递机制，将会使网络虚拟世界的人和物之间建立信任关系；不可抵赖的价值传递将给万物互联（爱基，净值，资讯）和数字资产、保护、存储、交换、开发带来新的机会。区块链具有颠覆性的潜力，即将重构互联网，给网络空间发展注入强大的动力，最终重新定义世界，改变我们的经济、社会和生活。

上海市金融学会票据委员会建议采用区块链技术，依托票据交易所，构建票据 P2P 交易平台，可以通过技术手段强制实现行业自律，确保资金安全，降低监管成本，有利于进一步推动实体经济的发展。如果上述建议真能够得以实施，那么对于我国的互联网金融、P2P 网贷平台来说将是一场及时雨，必将催生更多的金融创新。

互联网将使全球之间的互动越来越频繁，伴随而来的就是巨大的信任鸿沟。现有的主流数据库技术架构都是私密且中心化的，在这个架构上是永远无法解决价值转移和互信问题的。所以区块链技术有可能成为下一代数据库架构，通过去中心化技术，将能够在大数据的基础上完成数学（算法）背书、全球互信这个巨大的进步。

也许我们正处于一个重大的转折——几乎和工业革命所带来的深刻变革相同的重大转折的早期阶段。不仅仅是新技术指数级、数字化和组合式的进步与变革，而且更多的惊喜还会出现在我们面前。在未来的 24 个月里，这个星球所增长的计算机算力和记录的数据将会超过所有历史阶段的总和，这些数字化的数据信息还在以比摩尔定律更快的速度增长。区块链技术将不仅仅应用在金融支付领域，而将会扩展到所有应用领域，诸如去中心化的微博、微信、搜索、租房等，因为区块链将使人类以无地域限制的、去信任的方式来进行大规模协作。

作为比特币的底层技术，区块链凭借自身的可拓展性，在过去几年不断开疆拓土，从数字货币逐渐向后端的资产、信用、股票、私募等金融领域迈进。放眼未来，随着区块链在公证、仲裁、物流、监管等社会政经领域的进一步应用，它甚至可能从根本改变现代社会的生活和协作方式，让人类社会进入真正万物互联的时代，最终形成一个智能的可编程社会。

区块链技术进步飞快，这是千载难逢的发展机遇，我们不容错过。特别是它的全网自由公证，让我们有可能像“三体人”那样拥有一个透明、公正的决策系统，让我们远离诡计和欺诈。分布式智能把我们带到一个更高级的文明，是可期待的。

愚者暗于成事，智者见于未萌。面对这一具有无限可能的技术变革，《链金有法 区块链商业实践与法律指南》一书极具现实意义。本书的出版顺应时代的需求，兼具理论高度与实用价值，有助于区块链从业者理清区块链应用的发展前景，精准布局区块链领域的创业与投资，同时在法律监管下合理规避风险。

作 者

2017 年 5 月

目　　录

第一篇　区块链概述

第三篇 区块链应用的法律风险及其监管

第一篇

区块链概述

第一章
区块链鸟瞰

人类生产力发展的历史已经证明，技术是没有国界的，科技革命会在全球范围内同时兴起，任何人都无法抗拒和阻拦。

在人类社会发展的历史上，技术创新与制度创新交织发生。技术创新带来的生产力发展引发制度创新，而制度创新又进一步拓宽了技术创新的发展空间。因此，技术创新和制度创新编织成螺旋上升的阶梯，共同推动了人类社会的进步。

当下，随着信息时代技术工具的再发展，人类社会正在面临着前所未有的变化，新的认知革命即将到来。信息技术对人类社会带来的冲击是全方位的，在金融领域的代表就是 FinTech（金融科技）。金融与技术一直存在密切的联系，技术的发展推动了金融创新，使资源分配、价值发现等金融功能不断优化提升。因此，技术引导的金融创新冲击了市场的旧格局，为金融市场带来了新的变化。而目前作为 FinTech 核心的区块链给金融市场带来改变的前景是最为革命性的——区块链被普遍认为将重构金融市场的基础设施，并将谱写金融市场新的契约。

基于此，我们认为，相关制度设施应当及时调整，以适应区块链对金融市场革命性的影响与改变：一方面，现有制度应当做出适当调整，包容接纳区块链及其应用，最大化其积极价值；另一方面，应当围绕区块链及其应用的缺陷，构建完善的弥补和监管机制，最小化其负面影响。

人类生产力发展的历史已经证明，技术是没有国界的，科技革命会在全球范围内同时兴起，任何人都无法抗拒和阻拦。几次工业革命的赢家取得胜利的关键就是构建了适应技术发展的制度。在以区块链为代表的 FinTech 竞争中，中国已经具有极大的先发优势，进一步占领优势地位的关键就是取得制度层面的优势，这需要中国政府、学界与业界的共同努力。

第一节　区块链的诞生

一、区块链:信用世界的基石

图 1-1　区块链:信用世界的基石[①]

区块链技术是当前最受追捧的技术之一,如果以 2008 年中本聪发表的名为《比特币:一种点对点电子现金系统》作为该技术的起点,截至 2017 年,区块链已经走过了近 9 年的历程。在这 9 年的时间里,区块链从最初的技术热潮开始,逐步走向了产业化的发展方向。比特币所代表的加密货币和虚拟货币交易虽然从 2014 年炒作的顶峰期跌落到谷底,但是全球区块链相关产业投资额度却仍然在逐渐升温。[②] 随着商业化进程的加深,区块链的应用领域已经非常广泛,涉及金融行业和金融以外的多个领域。

技术的发展脉络是与人类发展阶段相符合的,每一项技术的出现都是

① 图片来源:https://image.baidu.com/search/index? tn=baiduimage&ipn=r&ct=201326592&cl, 2017 年 4 月 17 日最后登录。

② 徐明星,刘勇,段新星,等. 区块链:重塑经济与世界. 北京:中信出版社,2016.

为了解决人类最为迫切的需求，而影响力最深远的技术往往解决了人类最为根本的需求。文字、纸张、印刷等，解决了人们交流与信息传递的需求，但信息载体的传播能力却相对有限。IT 技术与互联网技术的出现使得全球范围内的信息传递与信息分享成为可能。在互联网时代，信息传递与信息分享的需求得到了满足，而信息基础设施的建设成为各国政府力推的一项基本政策。

图 1－2 信用世界的建立

随着全球化的不断加深和电子商务的发展，人们对于跨地域交易、陌生人之间交易的需求变得更加强烈。换言之，对于直接在线上完成价值转移的需求变得更加强烈了。在互联网时代之前，线上直接交易几乎不可能完成。这是因为：首先，须有一个中心化的组织解决陌生人之间的信用问题，该中心化的组织应能获得各交易方的信任；其次，各方无法当面进行交易，所以线上交易无法适用“一手交钱，一手交货”的线下交易规则，想要顺利完成支付，必须要有第三方担保整个交易过程，而支付宝等第三方支付机构就是为了解决这个问题而诞生的。

区块链的出现简化了已有的中介担保模式。它能够实现在网络上的价值转移，而无需第三方机构进行担保。由此可见，信息时代的内涵，已经从简单的信息复制、信息分享的时代迈入到价值转移的时代。区块链能够解决信用的问题，在无第三方参与的情况下，可以使交易参与人完全信任区块链上记录的信息。也正是由于这一点，它不同于基于 TCP/IP 技术的互联网技术的信息传输协议，区块链可以做到实质上的资产转移。因此，区块链实际上构建了一种新的网络——价值互联网。在这个网络上，交易和资产的真伪性能够得到有效识别，从而大大降低信息甄别带来的难度与风险。

区块链大事记：

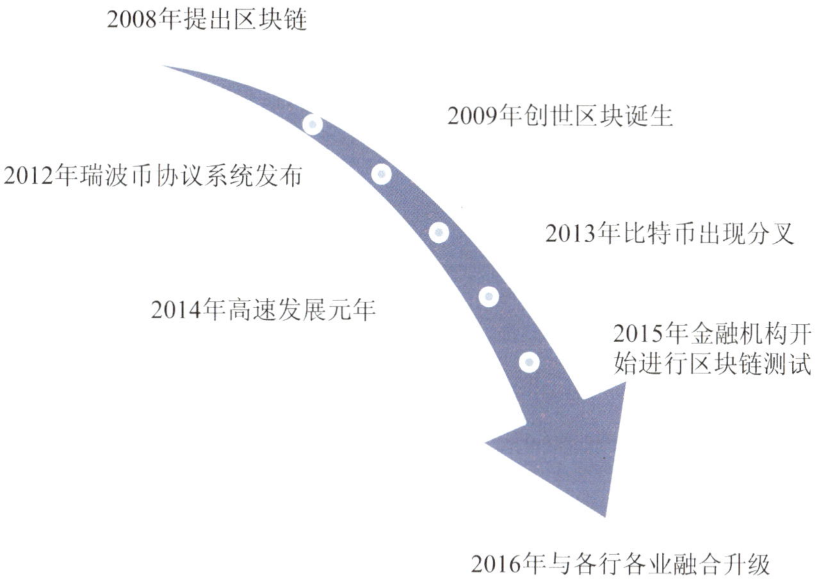

图 1-3 区块链大事记

2008 年，中本聪首先提出了区块链。

2009 年，第一个区块链产生，比特币区块链的创世区块诞生。

2012 年，瑞波币协议系统发布。该系统在比特币非中心化思想的基础上，创造了非中心化的支付和结算系统，利用区块链进行跨国转账，试图挑战国际银行间支付结算的 SWIFT 系统的地位。

2013 年 3 月，比特币区块链出现分叉，强迫大型矿池返回 0.7 旧版本后，分叉重新合并，问题得到解决。9 月，作为山寨币的美卡币（MEC）区块链发生断裂，数据更新后 1 天，重新接回一条区块链，艰难复活。

2014 年，区块链高速发展元年。

Austin Hill 和 Adam Back 披露，开始在比特币区块链基础上打造侧链（sidechain），着手建立比特币区块链与其他类型的区块链之间的链接和互动。

同年，以太坊 Ethereum 项目启动众筹，以太坊把区块链应用到货币以外的领域，用于对任何智能资产的注册、存储和交易。

更多区块链相关的互联网服务被开发出来。在区块链信息浏览方面，Coinbase 收购区块链信息浏览服务商 Blockr.io；在区块链 API 服务方面，搜索引擎 DuckDuckgo 等接入区块链查询；在区块链存储方面，Storj 公司采用区块链技术为客户提供非中心化的存储服务。

Tilecion 团队发布首个继承区块链技术的物联网实验设备。

2015 年，世界多家银行、证券公司开始进行区块链测试，各大主流媒体纷纷发布报告为区块链摇旗呐喊，宣称区块链技术是可以比肩 TCP/IP 技术的一项重大技术。

2016 年，区块链进一步加速和发展，开始与各行各业融合升级。

二、区块链孕育史

比特币的出现为区块链的时代拉开了帷幕。可以说，区块链诞生的背后有许多计算机学家和密码学家不间断的探索与努力。

图 1-4　区块链孕育史

（一）密码学的发展

互联网时代的信息公路是畅通的，但无疑也是不安全和非隐私性的。很早就有人意识到这一点，并展开了相应的研究。“早在 1981 年，一些发明家们就曾经尝试用密码学去解决互联网的隐私性、安全性和包容性的问题。”[①]密码学的发展是区块链诞生的基础，如果没有密码学的发展，那么区块链上的价值转移将无法实现。1982 年，David Chaum 提出注重隐私的密

① 唐塔普斯科特，亚力克斯·塔普斯科特．区块链革命．凯尔，孙铭，周沁园，译．北京：中信出版社，2016．

码学网络支付系统，该系统具有不可追踪的特性，因此成为比特币区块链在隐私安全方面技术上的雏形。1985 年 Neal Koblitz 和 Victor Miller 分别提出椭圆曲线密码学（Elliptic Curve Cryptography，ECC），首次将椭圆曲线用于密码学，建立公开金钥加密的演算法。相较于 RSA 演算法，采用 ECC 的好处在于可用较短的金钥，达到相同的安全强度。1992 年，Scott Vanstone 等人提出椭圆曲线数位签章演算法（Elliptic Curve Digital Signature Algorithm，ECDSA）。RSA、ECDSA 均是非对称密码主要采用的算法。

1993 年，David Chaum 打造出不可追踪的密码学网络支付系统 eCash，不过 eCash 并不是非中心化的系统。eCash 系统是一个数字化系统，能够在互联网上进行价值极低的交易。但该系统的商业化局限于当时人们的诉求，所以并未取得成功。

David Chaum 的同事尼克·绍博写了一篇题为《上帝协议》的简短论文，文中写道："所有的参与方都会将其信息和价值输入到上帝的手中，上帝会可靠地决定执行的结果，并将结果输出到参与方的手中。在这个过程中，一切涉及隐私的信息都归上帝所有，没有参与方能窥视与自己无关的信息。"[①]这是对一种可信任交易模式的描述。文中的"上帝"是完全可信任的角色，承担了中介的功能，但与现实中的中介不同的是"上帝"是高效、可靠、无私的，因此在其参与下的交易是绝对安全、保密的。先于技术一步，该设想的提出也为区块链技术提供了一定的理论基础。区块链中采用了技术背书的方式，承担了"上帝"这一功能。区块链采用了非对称密码机制，能够保证信息传输中的安全性要求，并通过公钥和私钥的对应，验证信息发送者即所有者。这种加密算法秘密性极高，能够有效保护其上的数字资产。比特币的出现受到了许多加密爱好者的支持，因为完全符合他们的设想与理念。

---

① 康塔普斯科特，亚力克斯·塔普斯科特．区块链革命．凯尔，孙铭，周沁园，译．北京：中信出版社，2016．

（二）“拜占庭将军”问题的解决

为区块链的诞生打下坚实基础的是“拜占庭将军”问题（Byzantine Generals Problem，或称 Byzantine Failure）的解决。“拜占庭将军”的难题并非真的源于公元 5 世纪的东罗马战场，而是由莱斯利·兰伯特提出的，主要描述的是通信领域中信息点对点传输的问题。[①] “拜占庭将军”问题实际上模拟了通信领域中的这样一个场景：部分服务器出现故障，可能错误传递信息，或者向不同计算机发送不同信息。在发生错误之后，计算机并不会因此停下来，而是继续运转下去，从而导致该错误不断延续并扩大。这种错误有时是致命的。这种错误酷似军队内部出现叛徒的情形。东罗马帝国国土辽阔，为了防御敌人，每个军队都相距甚远，军队之间通过信差传递信息。军队进攻与否的重大决定必须取得所有将军的一致同意。问题在产生与取得一致同意的过程中，军队内部存在间谍或叛徒，他们通过传递信息或者不传递信息的手段，阻止将军们达成一致意见，或者达成并非代表大多数意见的决定，或者做出错误的进攻决定。无论是哪一种都会导致战败的结果。“拜占庭容错协议”解决了这种在计算机和网络世界中出现的不可预料的问题。[②]

除以上重要技术之外，P2P 网络技术也是区块链所涉及的重要技术之一。P2P 网络技术，即对等网络，是区块链系统连接各对等节点的组网技术。P2P 网络技术能够实现点对点的直接交易。

（三）需求驱动

随着互联网影响力的不断加深，在信息需求得到满足后，人们逐渐发现自己的隐私在互联网上并未得到充分保障。与最开始简单的信息检索模式不同，如今互联网俨然成为另一个世界，人们在这个世界上同样留下了大量的宝贵信息以及隐私信息，如身份证、手机号、银行卡、行为数据、地理位置、交易数据等，因此提高安全、保护隐私的呼声逐渐升高。

---

① 徐明星，刘勇，段新星，等. 区块链：重塑经济与世界. 北京：中信出版社，2016.

② 参见本书第一章第三节中的“区块链 1.0 的基本问题：‘拜占庭将军’问题”部分。

(四) 比特币的出现

2008 年 11 月 1 日，自称中本聪的人在一个匿名的密码学讨论组上贴出了一篇报告，名为 *Bitcoin: A Peer-to-Peer Electronic Cash System*，中文名为《比特币：一种点对点的电子现金系统》。这篇报告的发出意味着区块链的问世。报告中阐述了架构在区块链之上的数字货币系统。该数字货币系统不同于以往的以金融机构为中心的货币系统，通过技术本身就实现了信用问题，实现了非中心化、去第三方的功能。系统同时使用了可信时间戳技术和工作量证明机制，解决了“双花”问题和“拜占庭将军”问题，每一个参与节点都能够信任彼此，协同工作。中本聪更为睿智的是在比特币系统中嵌入了非常简单的脚本，从而使得该技术能够执行更为复杂的命令，为应用于其他领域打下了基础。比特币区块链创世区块(即第一个区块)诞生于 2009 年 1 月 4 日，由创始人中本聪持有。一周后中本聪发送了 10 个比特币给密码学专家哈尔芬尼，形成了比特币历史上的第一次交易。此后有人于 2010 年 5 月 22 日，用 10 000 个比特币购买了 2 块比萨，完成了与实际经济行为的关联。

此后，基于区块链的应用如雨后春笋般冒头而出。这主要是因为其自带的信用解决机制，能够解决原本因信用缺失而无法达成交易的领域；另一方面也扩大了因信用缺失而降低了交易效率的领域。这在金融领域最为明显。本书将在第二篇对区块链在各个行业的应用进行介绍。

第二节 区块链的基本原理

一、区块链的技术结构

区块链技术仍然在飞速发展的过程中，目前还缺乏统一的规范和标准，不同应用中的技术细节也不尽相同，但我们仍然可以归纳出区块链的基本概念。通常而言，区块链是指一个分布式的数据库，维护一条由持续增长的数据记录列表构成的链，具有不可篡改等基本特征。区块链由一个个的区块数据结构组成，每个区块上都包含了数据、时间戳、关联到上一个区块的信息以及相应的可执行代码。

区块链技术最早出现在比特币的系统中，比特币的发明人中本聪在他所撰写的报告《比特币：一种点对点电子现金系统》中，将区块链描述为用于记录比特币交易的账目历史。比特币系统中的区块链，作为分布式的记账平台，在无集中式监管的情况下，稳定运行了9年时间，承载了海量的交易记录。比特币系统的区块链虽然是区块链技术的始祖，也是一个典型的应用，但它并不代表区块链的技术标准。从技术角度定义的区块链，是指由数学工具和计算机算法保证了参与人之间的信任的、非中心化的分布式记账系统，区块链上的数据由所有节点共同维护，每个参与维护的节点都能复制获得一份完整记录的拷贝。区块链的核心技术包含块子链、多独立拷贝、共识机制。块子链和多独立拷贝能够有效保证系统的安全性，抵御来自系统外部和内部的攻击。共识机制则在节点之间产生一致性，避免数据在整个系统中出现冲突。

目前来看，区块链至少包括3个方面的关键技术：动态组网、链式结构和共识机制。

① 动态组网：系统中没有中心节点，参与人以动态的、点对点的方式互联互通。

② 链式结构：组成数据库的区块通过保存前一区块的哈希值（Hash）进而构成链式结构，修改某一区块的数据同时需要修改随后所有区块的数据，保证数据的不可篡改性。

③ 共识机制：通过特定的密码学算法，使得参与系统的节点能够对新区块的生成达成共识，比特币的区块链采用的是PoW（Proof of Work，工作量证明）机制，除此之外常见的共识算法还包括PoS（Proof of Stake，权益证明）和DPoS（Delegated Proof of Stake，权益授权证明）等等。

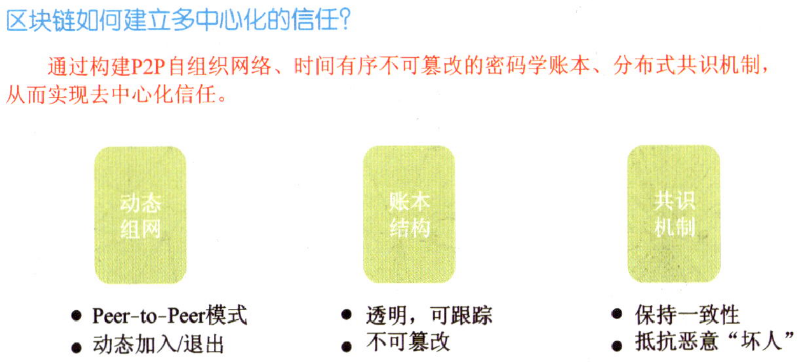

图 1－5　区块链的基本技术特征

二、区块链的重要特点

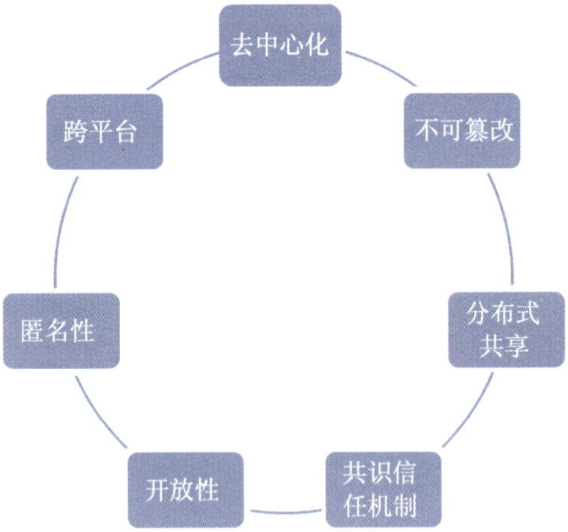

图 1－6　区块链的重要特点

区块链通过加密算法、点对点网络、共识算法等互联网技术，为交易参与者提供了一种可信、可靠、透明的商业处理逻辑框架，大大减少了交易的费用和复杂度。区块链的技术结构使得区块链具备如下几个重要特点。

① 非中心化：区块链上数据的验证、记账、存储、维护和传输等均是基于分布式系统结构，采用数学和算法的方法而不是中心机构来构建分布式节点之间的信任关系，从而形成非中心化的、可信任的分布式系统。交易参与者可以自证并直接交易，不需要依赖第三方机构的信任背书。

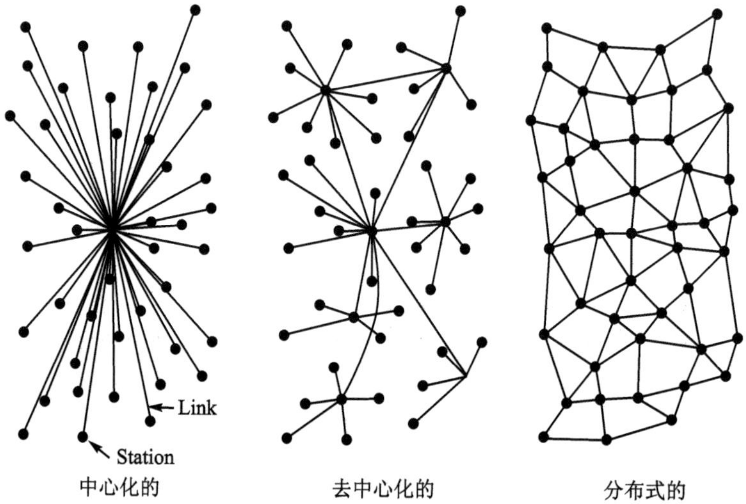

图 1-7 非中心化的系统[①]

② 不可篡改：数据写入区块链后很难改动，区块链的算法确保了修改其上数据的极其苛刻的条件，而这一条件几乎不可能实现，保证了数据的真实性。

③ 分布式共享：区块链可以通过点对点网络同步记录数据，实现数据的分布式共享。

④ 共识信任机制：区块链从根本上改变了中心化的信用创造方式，运用一套基于共识的数学算法，在机器之间建立"信任"网络，从而通过技术背书而非中心化信用机构来进行信用创造。借助区块链的算法证明机制，参与整个系统中的每个节点之间，进行数据交换无需建立信任过程。在系统指定的规则范围和时间范围内，节点之间不能也无法欺骗其他节点，即少量节点无法完成造假。

⑤ 开放性：区块链系统是开放的，除了交易各方的私有信息被加密外，区块链的数据对所有参与者公开，任何参与者都可以通过公开的接口查询区块链数据和开发相关应用，因此整个系统信息高度透明。

⑥ 匿名性：由于节点间无需互相信任，因此节点间无需公开身份，系统

① 图片来源：The Law of Rule：Centralized，Decentralized and Distributed，http://blog.sina.com.cn/s/blog_6ab284e40102v1ug.html，最后访问时间：2017 年 5 月 3 日。

中每个参与的节点都可以匿名。参与交易的双方通过地址传递信息，即便获取了全部的区块信息也无法知道参与交易的双方到底是谁，只有掌握了私钥的人才能开启自己的“钱包”。此外，在诸如比特币的交易中，提倡为每一笔交易申请不同的地址，从而进一步保障了交易方的隐私。

⑦ 跨平台：与互联网的 TCP/IP 协议类似，区块链同样可被视为基础性的通信协议，其与其他机制配合，共同构成了基于区块链的“价值互联网”。区块链网络上的节点是基于共同的算法和数据结构独立运行的，主要消耗的是计算资源，与平台无关，可以在任意平台部署计算节点。可以说，区块链的特点及发展来源于它所产生的土壤——互联网技术的发展和云计算、大数据的兴起。大多数从事区块链研究的人认为，区块链是巨大的技术突破，类似于20世纪六七十年代的互联网技术，尽管现在还处于基础建设阶段（就像1994年的互联网一样），但未来10年将具有变革金融行业的潜力。

三、区块链的分类

传统上，区块链根据公开范围的不同，分为公有链、联盟链和私有链。除此之外，还有学者提出了其他的一些分类标准，依照是否需要参加者之间的互信、是否有权限控制等标准进行分类。[①]

（一）传统分类——根据公开范围

传统分类将区块链分为公有链、联盟链和私有链三种类型。

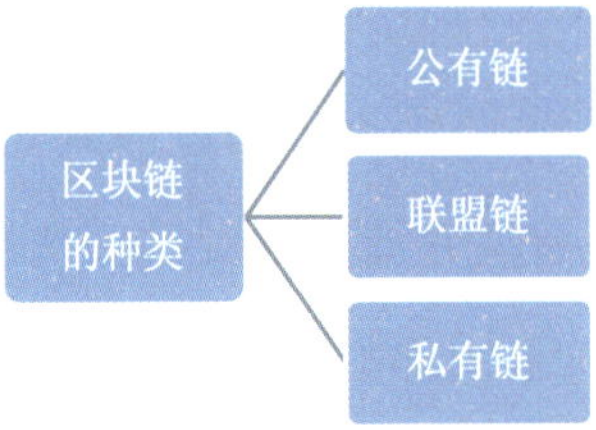

图1-8 区块链的传统分类

① 杉井靖典．非金融领域内区块链的可能性与课题//马渊邦美．区块链的冲击．东京：日经BP社，2016．

表 1-1 不同类型区块链的对比

类型	公有链	私有链	联盟链
参与决策	任何节点都可以参与决策	只有内部节点可以参与决策	只有被特殊允许的节点可以参与决策
参加决策者	数量庞大	数量小	数量中等
决策速度	慢	快	中
网络	P2P 网络 (Peer-to-Peer network)	高速网络 (high-speed network)	高速网络 (high-speed network)
交易数据	公开	非公开	非公开
属性	不变的数据存储,加密,时间戳技术	不变的数据存储,加密,时间戳技术	不变的数据存储,加密,时间戳技术

具体来说,它们分别是指:

① 公有链(Public Blockchain)是完全非中心化的区块链。它是指世界上任何个体或者团体都可以发送交易,且交易能够获得该区块链的有效确认,任何人都可以参与其共识过程。公有链是最早的区块链,也是目前应用最多的区块链类型,以比特币为代表的各大虚拟货币都基于公有链,且一种虚拟货币只对应一条公有链,但是,反过来一条公有链上可能运行了多种虚拟货币,例如有许多虚拟货币实际上是依靠比特币区块链运行的。公有链的各个节点可以自由加入和退出网络,并参加链上数据的读/写,各节点时间的拓扑关系是扁平的,网络中不存在任何中心化的服务端节点。

② 私有链(Private Blockchain)是限制在一定范围内的区块链,外部节点不能加入区块链网络,私有链的各个节点的写入权限收归内部控制,而读取权限可视需求有选择地对外开放。私有链仍然具备区块链多节点运行的通用结构,适用于特定机构的内部数据管理与审计。

③ 联盟链(Consortium Blockchain)则是多中心的,不同节点的权限不同,满足一定条件的节点成为核心节点,它们往往是由某个群体内部指定多个预选的节点为记账人,每个块的生成由所有预选节点通过共识机制决定,其他接入节点可以参与交易,但是不过问记账过程。其他任何人可以通过

该区块链的开放式 API 进行限定查询。联盟链的本质是分布式的托管记账,如何确定每次记账的节点及联盟链的共识机制则是该区块链的核心关键点。联盟链的各个节点通常有与之对应的实体机构组织,通过授权后才能加入和退出网络。各机构组织组成利益相关的联盟,共同维护区块链的健康运转。

此外,从参与者信用的角度,可以把区块链分为两种类型:"无需互信的"区块链(Trustless Blockchain),不需要参加者之间的相互信任,比特币区块链就属于这一类型;"互信的"区块链(Trusted Blockchain),是基于参与者之间的信任而成立的区块链。

(二)从权限控制的角度分类

从权限管理的角度看,区块链涉及各个节点的权限问题,如是否可以接入区块链网络、是否可以参与认证新区块、是否可以进行交易、是否可以执行智能合约等,不同节点可能拥有不同的权限,在区块链的网络上扮演不同的角色。另外,还有更为高级的权限,可以对其他节点的权限进行管理、授予或剥夺其他节点的权限。从这一角度则可以把区块链分为三种类型:

① "无需许可型"区块链(Permissionless Blockchain)是没有权限管理的区块链系统,所有参与者都拥有相同的完整权限,可以开展全部活动。比特币的区块链就属于此类型。

② "限定许可型"区块链(Permissioned Blockchain)是不同节点拥有不同权限的区块链系统。在此类系统下,参与者活动受到一定限制,例如部分参与者仅能进行现有资产的交易,另一些参与者可以发行新资产;部分参与者仅能验证交易,另一些参与者可以将交易记录同步到账本中;部分参与者仅能读取账本数据,另一些参与者则可以写入数据。金融行业开发、应用的区块链多属于这一类型。[①]

③ "可许可型"区块链(Permissionable Blockchain),不仅不同参加者的

---

① 美国联邦储备委员会. 分布式账本技术在支付、清算与结算领域的应用:特征、机遇与挑战. 互联网前沿,2016(4),11-16.

权限不同，而且还有一些高级节点能够进行权限管理，可以授予或剥夺其他节点的权限。

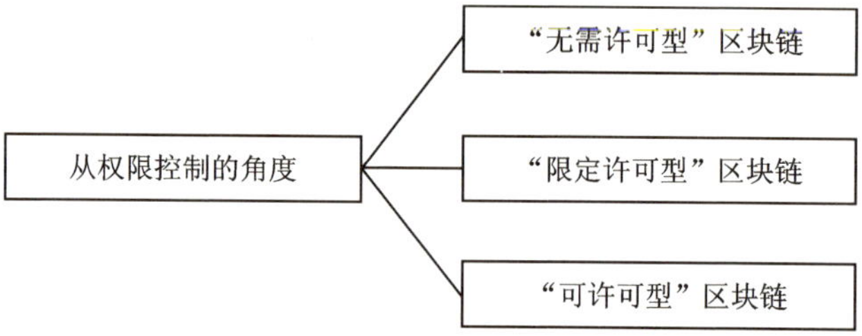

图 1-9　从权限控制角度的区块链分类

（三）从应用的角度分类

上述三种分类标准不是相互包含的，而是平行、独立的。例如，比特币的区块链，是不特定多数人参加、不需要参加者相互信赖、没有权限管理的区块链，也就是公有、无需互信、无需许可的区块链。因此，将区块链应用于具体商业领域时，就有必要根据业务的要求和目的来选择合适类型的区块链。下面简单地举两个例子。

例 1： 在 B2C 领域，可能会有不特定多数的客户参与到区块链网络中，参加者之间的共识应当是公开的，因而这一领域内的区块链系统，无论其权限控制构造为何，通常都是公有、无需互信的。

例 2： 在 B2B 领域，参与区块链的特定企业主体虽然各自立场和需求不同，但是有着相同或相关的活动日的，并且相互信赖。因此，联盟链、互信的、限定许可类型的区块链通常更为适合。

第三节　区块链的发展脉络

区块链随着比特币技术的出现，经历了几个不同的阶段，常将其划分为 3 个阶段。

一、区块链 1.0：数字货币

（一）区块链 1.0 的基本特征

区块链 1.0 是从比特币衍生出来的底层技术，具有下面几个特征[①]。

① 以区块为单位的链状数据块结构：区块链系统各节点通过一定的共识机制选取具有打包交易权限的区块节点，该节点需要将新区块的前一个区块的哈希值、当前时间戳、一段时间内发生的有效交易及其梅克尔树（Merkle Tree）根值等内容打包成一个区块，向全网广播。由于每一个区块都是与前序区块通过密码学证明的方式链接在一起的，因此要修改某个历史区块中的交易内容就必须将该区块之前的所有区块的交易记录及密码学证明进行重构，有效实现了防篡改。

② 全网共享账本：每一个节点都能够存储全网发生的历史交易带来的完整、一致账本，即对个别节点的账本数据的篡改、攻击不会影响全网总账的安全性。此外，由于全网的节点是通过点对点的方式连接起来的，没有单一的中心化服务器，因此不存在单一的攻击入口。同时，全网共享账本这个特性也使得防止“双花”问题成为现实。

③ 非对称加密：账户体系由非对称加密算法下的公钥和私钥组成，若没有私钥则无法使用对应公钥中的资产。

④ 源代码开源：共识机制、规则等都可以通过一致的、开源的源代码进行验证。

图 1-10　区块链 1.0 的特征

① 梅兰妮·斯万．区块链新经济蓝图及导读．北京：新星出版社，2016.

在此种区块链的基础上，搭建出了一个非中心化的、公开透明的交易记录总账——其数据库由所有的网络节点共享，由矿工(Miner)更新，由全民监管，但是却没有人真正拥有和控制这个数据库。它就像一张巨大的可交互电子表格，所有人都可以访问和更新，并确认这些转移资金的数字交易是独一无二的。

基于这一技术，以比特币为代表的一系列虚拟货币得以实现并应用。目前世界上已经有数百种加密数字货币，其中比特币是最先出现并且是规模最大的，其他的包括莱特币(Litecoin)、狗币(Dogecoin)、瑞波币(Ripple)、未来币(NXT)、点点币(Peercoin)等。

这些虚拟货币中，通常每种币都代表了一种协议，但它可能有自己独立的区块链或者在比特币的区块链的基础上运行。例如，莱特币基于其自有的协议运行，而其协议又基于自有的区块链运行，这意味着它拥有自己独立的非中心化总账。另一些协议，如合约币(Counterparty)，它拥有自己的货币(XCP)，但是基于比特币的区块链运行，也就是说它们的交易都会在比特币的区块链总账上登记。

(二) 区块链 1.0 的基本问题："双花"问题

比特币以及区块链的出现，解决了一个长期存在于加密数字货币行业的问题——"双花"问题，也就是如何防止一笔数字现金被使用两次的问题。在此之前，加密数字货币和其他数字资产一样，具有无限可复制性，为了确认一笔数字现金是否已经被花掉，必须有一个中心化的媒介机构。在一次交易中，一个可以信赖的第三方就是必要的，它可能是银行，也可能是支付宝等第三方支付机构，这些第三方将会保留交易总账从而保证每一笔数字现金都只会被花掉一次。

区块链利用点对点文件分享技术和公钥加密技术，从而解决了"双花"问题[①]。货币的拥有权是由公共总账来记录，并由加密协议和挖矿社区来确

---

① 参见 Michael Nielsen："比特币协议是怎样工作的"，http://www.8btc.com/bitcoin-contract，最后访问时间：2017 年 4 月 11 日。

认的。区块链是“无需信任”的，因为用户并不需要信任交易中的另一方或任何中心化的媒介机构，只需要信任这个系统。区块链中的各个区块就是一组一组的交易，它们被陆续发布到总账上，也就是添加到“链”上去。这些区块都可以公开查看，每个人都能看到每一笔交易的记录。

（三）区块链 1.0 的基本问题：“拜占庭将军”问题

另一个相关的难题是第一节中提到的“拜占庭将军”问题。一个可信的计算机系统必须能容忍一个或多个节点发生错误。节点可能送出相互矛盾的信息给系统的其他部件，而这正是目前网络安全要解决的问题。从技术的角度讲，这是一个很困难的问题，因为被攻击而失效的系统不但可能不作为，而且可能进行破坏。这类故障的问题被抽象地表达为“拜占庭将军”问题。它描述的是计算机系统中相互独立的节点，在通过通信达成决策共识的过程中，排除受攻击或发生故障的节点的妨碍达成一致的决策。“拜占庭将军”问题就是求解这个决策的算法。

THEOREM 2. *For any m, Algorithm SM(m) solves the Byzantine Generals Problem if there are at most m traitors.*

PROOF. We first prove IC2. If the commander is loyal, then he sends his signed order v:0 to every lieutenant in step (1). Every loyal lieutenant will therefore receive the order v in step (2)(A). Moreover, since no traitorous lieutenant can forge any other message of the form v':0, a loyal lieutenant can receive no additional order in step (2)(B). Hence, for each loyal Lieutenant i, the set V_i obtained in step (2) consists of the single order v, which he will obey in step (3) by property 1 of the *choice* function. This proves IC2.

Since IC1 follows from IC2 if the commander is loyal, to prove IC1 we need only consider the case in which the commander is a traitor. Two loyal lieutenants i and j obey the same order in step (3) if the sets of orders V_i and V_j that they receive in step (2) are the same. Therefore, to prove IC1 it suffices to prove that, if i puts an order v into V_i in step (2), then j must put the same order v into V_j in step (2). To do this, we must show that j receives a properly signed message containing that order. If i receives the order v in step (2)(A), then he sends it to j in step (2)(A)(ii); so j receives it (by A1). If i adds the order to V_i in step (2)(B), then he must receive a first message of the form $v:0:j_1:\cdots:j_k$. If j is one of the j_r, then by A4 he must already have received the order v. If not, we consider two cases:

1. $k < m$. In this case, i sends the message $v:0:j_1:\cdots:j_k:i$ to j; so j must receive the order v.

2. $k = m$. Since the commander is a traitor, at most $m - 1$ of the lieutenants are traitors. Hence, at least one of the lieutenants $j_1, \ldots, j_m$ is loyal. This loyal lieutenant must have sent j the value v when he first received it, so j must therefore receive that value.

This completes the proof. □

图 1-11　莱利斯·兰伯特在论文中对“拜占庭将军”问题算法的证明①

① Lamport L, Shostak R, Peace M. The Byzantine problem. ACM Transaction on Programing Languages and Systems(TOPLAS), 1982, 4(3): 382-401.

对于将军们用口头信息和书写信息（即带签名的、可认证的信息）传递消息的情况，莱斯利·兰伯特求出了“拜占庭将军”问题可解的条件[①]。而中本聪设计的比特币区块链，则运用了一种非常巧妙的办法达成各节点之间的共识，在一定程度上也解决了特定条件下的“拜占庭将军”问题，这个办法就是 PoW（Proof of Work，工作量证明）机制。

具体而言，比特币的区块链所采用的 PoW 机制是根据一个区块所记录的账本数据、时间戳等信息和一个随机数，采取 SHA256 算法得出一个哈希值，其中的随机数不会公开，记账的参与人，也就是所谓的“矿工”，需要用他们的计算机根据哈希值反过来计算该随机数，计算正确的参与人就有资格记账。同时，SHA256 算法保证了随着哈希值长度的增长，计算随机数所需的工作量呈指数增长，系统通过对全网算力的测算，保持每一次求解该计算问题所需要的时间恒定为 10 分钟左右，而对结果进行检验只需要一次随机散列运算。在该机制下，以计算工作量的多寡为共识中的多数的标准，工作量最多的一方就是大多数，进而确保了分布的各参与节点之间的共识。

二、区块链 2.0：合约

一般来说，业内将区块链在数字货币以外领域的应用称为“区块链 2.0”。区块链 2.0 是区块链行业发展的下一个巨大空间，目前正处于发展期间，关于其定义和分类标准有许多不同的看法，尚未形成统一的观点。但目前已经有众多的研究机构与先行者着手开始进行有关尝试，并制定了一些新的协议标准，例如彩色币协议、对方协议等；或者是开发了一些不同于比特币区块链的新型技术平台。

目前，泛指的区块链 2.0 技术包括智能资产、智能合约、Dapp（Decentralized application，非中心化应用）、DAO（Decentralized Autonomous Organization，非中心化自治组织）、DAC（Decentralized Autonomous Corporation，

---

① 参见闵应骅：“前进中的可信计算：拜占庭将军问题”，http://blog.csdn.net/yucan1001/article/details/7973179，最后访问时间：2017 年 4 月 11 日。

非中心化自治企业)、DAS(Decentralized Autonomous Society,非中心化自治社会)等。

(一)智能合约

区块链 1.0 是为了实现货币与支付手段的非中心化,而区块链 2.0 则是更宏观地把整个市场非中心化,将可以用区块链的非中心化交易账本功能来注册、确认和转移各种不同类型的资产和合约。事实上,在区块链面世时中本聪已经设计了第三方托管交易、债券合约、第三方仲裁、多签名交易等问题在区块链上的解决方案。实际上,所有的金融交易都可以在区块链上完成,包括股票、私募股权、众筹、债券、对冲基金、年金、养老金、期货、期权、违约掉期等金融衍生品。公共记录、证件、公证文件、有形或无形的资产都能迁移到区块链上,得到相应的证明。区块链在各领域的应用将在本书的第二篇进行详细阐述。

智能合约能够调动上述全部类型的资产,而且将会随着发展变得越来越复杂,越来越自治。智能合约的内容将远远不止简单的资产买卖,而是会包括更为广泛的内容;而且,与传统合同同样都是当事人彼此同意为或不为某事,智能合约的特点是双方无需再信任彼此。这是因为,智能合约由代码进行定义,由代码执行,完全自动且无法干预。智能合约能够如此运行主要是因为它包含了三个要素:自治、自足和非中心化。[①]

图 1-12 智能合约运行的三要素

① 自治。自治表示合约一旦启动就自动运行,而不需要它的发起者进

① 梅兰妮·斯万. 区块链新经济蓝图及导读. 北京:新星出版社,2016.

行任何的干预。

② 自足。智能合约能够自足地获取资源，也就是说，能够通过服务或发行资产来获取资金，当需要时也能使用这些资金。

③ 非中心化。智能合约并不依赖单个中心化的服务器，它们是分布式的，并且通过网络节点来自动运行。

智能合约一定会按照预先设定的代码来运行，无需人为干扰，这样的设计既有优势，也存在诸多不足。但无论如何，这都将是区块链发展的未来方向，尽管这一天的到来还尚需时日。

（二）以太坊(Ethereum)：智能合约构筑平台

2013 年，18 岁的俄罗斯裔加拿大少年维塔里克・比特林（Vitalik Buterin）编写了以太坊的初始基本代码，并发布了《以太坊白皮书》，第一次提出了以太坊的概念。随后，这一概念经过了多次完善。

1. 以太坊的概念和特点

以太坊的核心理念非常简单，就是一个基于区块链的系统，内置了一种图灵完备的编程语言，模拟通用图灵机，允许创建以 Dapp 为代表的任何应用。这里需要对基本的概念做出解释。

图灵机是计算机科学之父阿兰・图灵于 1936 年提出的一个概念，指假想存在的一种抽象机器，它有着一条无限长的内存、若干执行代码和状态记录，可以执行代码并更新状态和内存。相应的，可计算理论中的概念图灵完备则是指一个数据操作规则的系统（如指令集、编程语言、元胞自动机）当且仅当它可以用于模拟通用图灵机时，称其为图灵完备的。图灵完备的编程语言在理论上能够解决任何算法。

从作用上讲，以太坊不是以创造某种加密货币为目的，而是致力于成为一个通用的、提供图灵完备的脚本语言的优秀底层协议。就像互联网的 TCP/IP 协议一样，用户不再需要关心底层的实现细节，而是专注于应用层的应用实现。这些应用将是非中心化的，也就是 Dapp。

同时，为了鼓励计算节点正确记账，以太坊会按照一定规则在节点中派发以太(Ether)币。以太币除了普通的交易功能以外，还作为智能合约的交易介质，就是作为支付合约运行的代币。[①]

以太坊的系统提供了一组图灵完备的编程语言，可以编写智能合约在系统上执行。这些编程语言包括类似 JavaScript 的语言 Solidity、类似 Python 的语言 Serpent，以及类似 Lisp 的语言 LLL。使用这些语言编写的代码样本在 Github 网站上公开，可以自由下载。利用这些语言经过以下 3 个步骤即可实现智能合约：

① 写入程序代码；

② 将程序代码保存在区块链上；

③ 发送信息调用函数。

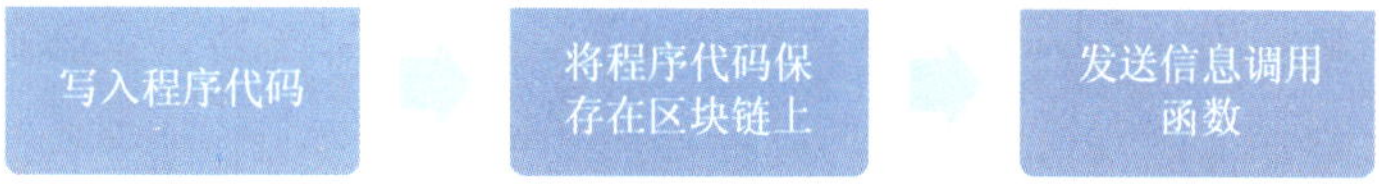

图 1-13　以太坊上执行智能合约的流程

以太坊上的每个验证节点都有一个虚拟机(EVM，Ethereum Virtual Machine)。与 Java 虚拟机类似，智能合约的代码可以编译成 bytecode，发布到整个系统的所有节点的 EVM 去执行。

2. 以太坊和其他智能合约平台的前景

业界普遍认为，分布式技术的前景是光明的。这种技术具有非中心化、自动执行合约、节点共识操作同一数据、保证数据的持续性、系统的鲁棒性和冗余性等特性，将来有望应用于所有产业。

另外，普及以太坊、比特币等分布式系统，需要形成不依赖任何人、自由地利用该系统开发应用的开发者生态系统。可以想见，这样的生态系统会随着轻客户端协议和安全通用协同计算的发展而逐渐发展。分布式自由市场也会在这样的环境当中慢慢成长。[②]

① 井底望天，等. 区块链世界. 北京：中信出版社，2016.

② 佐藤智阳. 智能合约构筑平台“以太坊”//马渕邦美. 区块链的冲击. 东京：日经 BP 社，2016.

同时，还要注意到，以太坊不同于比特币，它的目标是实现大规模的Dapp，这就要求以太坊要成为一个确定的、可审计的、可预测的平台。以太坊的区块链系统设计与比特币有着诸多不同，以太币存在的最主要的目的不是用于支付商品或服务的对价，而是为了保证以太坊系统的正常运行。

（三）以太坊的应用

以太坊构建了以区块链为技术基础的平台，目前已有开发者基于以太坊的网络开发出了特定的应用，即 Dapp。这些应用的功能多样，包括称为“非中心化版的 Uber”的 LaZooz、非中心化的微博客平台 Twister、非中心化的通信软件 Bitmessage、非中心化的云储存服务 Storj。[①]

DAO 和 DAC 是 Dapp 的高级形式，即允许特定的实体能够依据电子合同和智能合约等，自动实现其所需要的操作，无需人工干涉。上述概念的继续发展甚至有可能会衍生出另一种形式的人工智能。

可以说，Dapp、DAO 和 DAC 勾勒出了区块链应用的生态系统，DAS 即是指建立于上述基础上的以太坊社会；可以认为，这一图景实则也是对基于区块链的智能社会的展望。

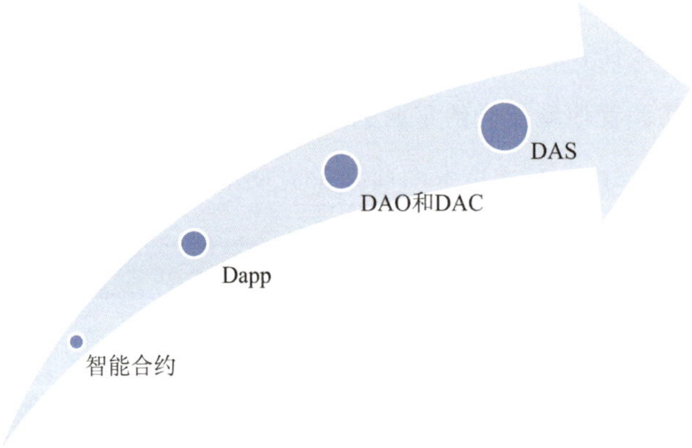

图 1－14　区块链应用的演进

① 参见比特币资讯网，http://www.bitcoin86.com/news/9882.html，最后访问时间：2017 年 4 月 28 日。

(四)小　结

以比特币为代表的数字货币，最初不过是对维持分布式网络的网络参与者的奖励，奖励给参与认证区块的系统参加者。但是，分布式网络以及区块链的数据构造的不可篡改性、稳定性、透明性等性质，可以像上述那样广泛应用于货币以外的领域。

区块链 2.0 的领域仍然是偏概念性的，以研究为主，大多处于实证验证阶段。但以美国、欧洲、以色列为代表的国家和地区，对于 2.0 领域的关注度在上升，不少专家预测区块链将从 2.0 领域开始发力。①

比特币与因特网有众多可比较之处，因为它类似地可以在开放的低门槛的协定上构建货币以外的各种服务。今后，以企业家、发明家为推动力量，这个技术可能会以现在人们无法想象的程度获得广泛应用。

三、区块链 3.0：智能社会

随着区块链技术的发展和分布式协作模式的推广，区块链必将广泛而深刻地改变人们的生活方式，因此学者对区块链未来的远景做出了展望，并称之为区块链 3.0。

区块链不仅能重塑经济形态的方方面面，也能对其他行业提供相似改变的可能性，甚至可能触及社会生活的方方面面，其主要贡献是为分布式社会系统和分布式人工智能研究提供了一套行之有效的非中心化数据结构、交互机制和计算模式，并为平行社会的实现奠定了坚实的数据基础和信用基础。② 区块链能够从根本上成为让组织活动形态减少摩擦并提高效率的新范式，并且能够将现有范式扩展到更大的范围。

有学者主张，社会计算是使用系统科学、人工智能、数据挖掘等科学计算理论作为研究方法，将社会科学理论与计算理论相结合，为人类更深入地认识社会、改造社会，解决政治、经济、文化等领域复杂性社会问题的一种理

① 东晃慈. 区块链 2.0 计划//马渕邦美. 区块链的冲击. 东京：日经 BP 社，2016.

② 袁勇，王飞跃. 区块链发展现状与展望. 自动化学报，2016(4).

论和方法论体系。[①] 区块链与社会计算天然可以相结合，将来很有可能对社会的结构产生不可估量的深远影响，成为智能社会的基础。最终，智能社会将极大地推动传统的中心化、信息不对称、交互不对等的社会管理结构向非中心化、权利平等、信息对称、位置对等的创新社会管理结构转变，通过有效避免传统社会管理中不确定、复杂和多样化的情况，从而实现灵活、聚焦和收敛的智能社会管理目标。[②]

图 1－15　区块链与社会计算相结合成为智能社会的基础

第四节　区块链的技术风险

一、交易被篡改的风险

安全与否是人们最关心的问题。采用工作量证明机制的区块链，新加入的区块必须得到占全网算力一半以上的节点的认可才能加入，否则将无法加入，这样就抵挡了恶意区块的加入。但是，如果区块链上的恶意区块占据多数，区块链系统将面临真正的安全挑战，这就是所谓的 51％攻击。“节点通过掌握全网超过 50％的算力就有能力成功篡改和伪造区块链数据。以比特币为例，据统计中国大型矿池的算力总和已占全网总算力的 60％以上，

① 孟小峰，李勇，祝建华. 社会计算：大数据时代的机遇与挑战. 计算机研究与发展，2013(12).
② 王飞跃，王晓，袁勇，等. 社会计算与计算社会：智慧社会的基础与必然. 科学通报，2015(1).

理论上这些矿池可以通过合作实施51%攻击，从而实现比特币的双花。”[①]区块链的推崇者，或者说是持积极乐观态度者认为，在现在想要进行51%的攻击，需要花费巨额的成本，实则是一桩不合算的买卖，无论从人力、物力、财力等角度来预测，都不会有人这样做。值得注意和警惕的是，随着区块链技术的发展，也许攻破区块链的成本也会逐渐降低，区块链系统遭受攻击的可能性将会提升。

二、私钥丢失的风险

区块链采用的非对称密码机制，实现了信息的有效传递，并保证能够验证得出区块链上每一个数字资产所对应的权利人。因此，与区块链的匿名性相对应，区块链上财产所有人持有的私钥仅资产所有人知晓，且是其使用财产的唯一凭证。如果用户由于种种原因丢失私钥，那么其资产追回的可能性几乎是零。因此，私钥需要用户充分保管，一旦丢失将面临重大损失。

三、隐私泄露的风险

这里所说的隐私泄露风险是由于区块链系统自身的漏洞所导致的隐私泄露，而并非是人为的窃取等。“区块链系统内各节点并非完全匿名，而是通过类似电子邮件地址的地址标识（例如比特币公钥地址）来实现数据传输。虽然地址标识并未直接与真实世界的人物身份相关联，但区块链数据是完全公开透明的，随着各类反匿名身份甄别技术的发展，实现部分重点目标的定位和识别仍是有可能的。”[①]

四、效率风险

区块链在分布式记账的基础上实现了各分布节点之间的共识，无论系

① 袁勇，王飞跃．区块链发展现状与展望．自动化学报，2016(4).

统采用的证明机制是工作量证明还是其他方式，记账过程都需要在全网间进行通信。采用全网记账的方式，必然会造成资源的浪费，包括机器本身的资源消耗以及为了运行这些机器所消耗的其他资源，如电力、人力等。除此之外，因为每一笔交易的记录都需要通过每一个区块链条的承认，因此采用区块链进行记录的数据内容其交易频度不能过高，否则就会因为确认速度不及交易速度而产生一系列的额外风险。在采用 PoW 机制的情况下，每一个区块的写入需要约 10 分钟的时间（在比特币区块链上必须经过 6 个以上的区块确认后，才能保证信息的不可篡改性，而这大约需要 1 小时的时间）。[①] 而这样的效率，难以应对未来大量高频的交易。因此，效率风险成为区块链发展的制约条件。

另一方面，区块大小会限制交易速度，要提升交易速度，就需要提升区块大小，但这会导致计算资源的集中，因为小型计算机不能承担大区块的运算。计算资源的集中可能会产生攻击风险。

图 1－16　区块链的技术风险

区块链在技术方面仍然具有以上这些较为明显的风险，这些风险成为区块链具体应用落地的不小障碍，这些问题仍然有待技术层面的有效解决。

---

① 参考百合翁:「ブロックチェーは社会をどう変えるか」NIRA 総合研究所，2016 年 12 月，第 14 页。

第二章
区块链与互联网

区块链被学者誉为第二代互联网，也被视作互联网发展的自然延续。

互联网的出现极大地降低了信息传递的成本，使得信息可以在全球范围内以极低的成本自由传输，信息的交换不再是一件困难的事情。而区块链的出现实现了信用和价值的低成本传递，进一步降低了人们相互交易的互信成本，一个非中心化的价值网络也许就在不远的将来。因此，区块链被学者誉为第二代互联网[①]，也被视作互联网发展的自然延续。

第一节　传统互联网到价值互联网

互联网起源于20世纪五六十年代的美国。1950年，通信研究者认识到需要允许在不同计算机用户和通信网络之间进行常规的通信，这促进了分布式网络、包交换、排队理论的研究。1960年，美国国防部高等研究计划署(ARPA)出于冷战考虑创建的ARPA网引发了技术进步并使其成为互联网发展的中心。1969年，ARPA网把美国四所大学连接了起来，被视为因特网的起点[②]。

1974年，ARPA的罗伯特·卡恩和斯坦福大学的温登·泽夫提出TCP/IP协议，定义了在计算机网络之间传送报文的方法(他们在2004年也因此获得图灵奖)。1983年1月1日，ARPA网将其网络核心协议由NCP改变为TCP/IP协议。这一协议标准成为日后互联网通信协议的最基本

① 参见Brady Dale："第二代互联网即将到来：区块链分布式互联网"，http://chainb.com/?P=Cont&id=2329，最后访问时间：2017年4月26日。

② 王旭.互联网发展史.个人电脑，2007(3).

标准。

1986 年，美国国家科学基金会创建了大学之间互联的骨干网络 NSFNET，这是互联网历史上重要的一步。NDFNET 也采用了 TCP/IP 协议并与 ARPA 网相连接。

ARPA 网和 NSFNET 最初都是为科研服务的，其主要目的是为用户提供共享大型主机的宝贵资源。随着接入主机数量的增加，越来越多的人把互联网作为通信和交流的工具。一些公司还陆续在互联网上开展了商业活动。随着互联网的商业化，其在通信、信息检索、客户服务等方面的巨大潜力被挖掘出来，使互联网有了质的飞跃，并最终走向全球[①]。1990 年，整个网络向公众开放。1991 年 8 月，蒂姆·伯纳斯李在瑞士欧洲核子研究组织创建了 HTML、HTTP 和最初几个网页。之后两年，开始宣传其万维网项目。

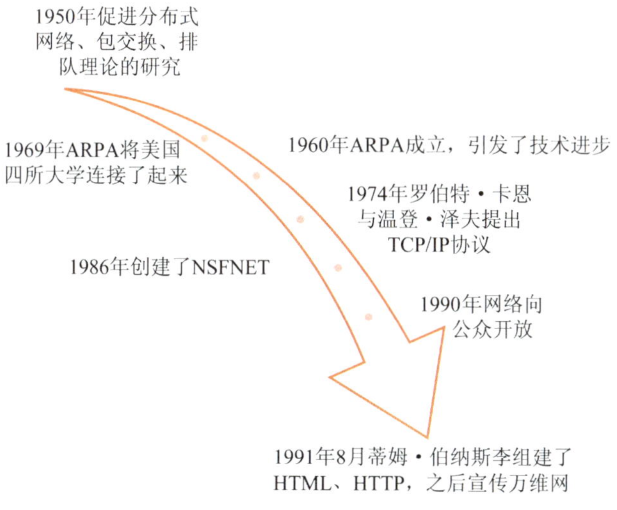

图 2－1　互联网的起源

其后，经过约 10 年，互联网成功地将大多数存量计算机纳入到网络中，同时互联网上出现了越来越多的商业应用。互联网的快速发展要归功于互

① 参见百度百科："互联网"，http://baike.baidu.com/link? url＝KbrL_IGeW02FFm0R1uLj-2y7FuPNblzPiSPGR8CVP1DCE8QdoBFxtSIakRzfrjN _ s6PLAVXUZIuducYSzHps1DeteGKppEccur-0nFMVmZ3znL3V1l7CTXJd48mAg5PRdF，最后访问时间：2017 年 4 月 27 日。

联网没有中央控制,以及互联网协议非私有的特点,这使互联网迅速传遍了世界的每一个角落,极大地降低了世界范围内的信息传递成本。

互联网在中国的历史则要短很多,始于 20 世纪 90 年代中期,其发展历程大致可分为 4 个阶段:① 萌芽期(1994—1998 年),中国互联网诞生于科研活动,主要在科技教育界开始使用,其后由运营商主导,在全国范围内建成骨干网,形成商业互联网萌芽[①];② 爆发成长期(1998—2002 年),在此期间,中国互联网发展迅速,依靠风险投资来支撑互联网的发展,并以概念为主,但这段时间互联网的赢利模式并不清晰;③ 快速成长期(2002—2007 年),2002 年后,中国互联网进入了快速成长期,其特点是网络资源快速增长,互联网应用的深度和广度快速扩张,互联网商业模式趋向成熟,中国互联网公司迅速成长;④ 发展与管理并重期(2007—2015 年),互联网在经济领域的价值开始体现,并在发展过程中问题逐步暴露,中国互联网进入理性治理期,发展和管理并重。

而今,互联网正在进入变革期(2015—2024 年),发展为价值互联网。随着大数据、云技术、物联网等技术的普遍应用,数字经济必将革新各行各业。

表 2-1 中国互联网的发展历程[②]

阶段名称	萌芽期	爆发成长期	快速成长期	发展与管理并重期	变革期
大致时间	1994—1998 年	1998—2002 年	2002—2007 年	2008—2015 年	2015—2024 年
阶段特征	科研阶段	商业化阶段	社会化阶段	即时化阶段	网络空间阶段
突出属性	学术属性	媒体属性	社交属性	即时属性	网络空间属性
中国网民临界点	210 万,1998 年	5 910 万,2002 年	22%(3 亿,2008 年)	50%(7 亿,2015 年)	70%(10 亿,2024 年)

① 关于互联网发展阶段的划分,目前有“三阶段说”和“四阶段说”,“四阶段说”是当前互联网发展阶段的通说。参见陈建功、李晓东,“中国互联网发展的历史阶段划分”,《互联网天地》,2014 年第 3 期。

② 参见《CNNIC 中国互联网网络发展状况统计报告》,中国互联网络信息中心网站,网址:http://www.cnnic.net.cn/hlwfzyj/hlwxzbg/index.htm,最后访问时间:2017 年 4 月 15 日。

续表 2-1

阶段名称	萌芽期	爆发成长期	快速成长期	发展与管理并重期	变革期
中国领军企业或者应用	邮件	新浪、搜狐、网易、8848 等	百度、阿里、腾讯等	新浪微博、腾讯微信、支付宝等	腾讯、阿里、百度等
商业创新	邮件	门户、B2C	博客、视频、SNS	微博、微信	变革各行各业

根据接入方式的不同，可将中国互联网发展分为窄带期、宽带接入期、移动宽带接入期三个不同阶段。2012 年，中国移动上网用户超过固定终端上网的用户标志着我国互联网发展进入商业互联网发展的“第三次浪潮”，截至 2016 年 12 月，我国手机网民规模达 6.95 亿，增长率连续三年超过 10%。移动和宽带成为生活必需并改变了大众生活方式，移动商务和智能家庭成为各类终端普及使用的结果，接入方式的改变深刻影响到人们互联网上层的应用。

经过 20 多年的发展，我国互联网行业早已渗透到社会的方方面面，“互联网+”逐渐成为我国社会的“新常态”。随着互联网影响的持续深入，互联网的构建也出现了新的机遇和挑战。以区块链为代表的互联网新技术，为传统互联网向“价值互联网”这一全新业态的发展提供了技术基础。

在传统互联网的发展时期，互联网主要扮演“信息传递”的角色，互联网主要以信息传递的通道角色出现；随着互联网发展的日益深入，互联网本身作为信任传导机制的可能性逐渐显现。例如，自 2016 年年初我国央行表态积极推进官方发行的数字货币之后，国内越来越多的金融机构开始关注数字货币背后的创新技术——“区块链(blockchain)”。正如第一章所讲到的，区块链是建立在密码学和计算机科学的发展基础之上，是基于人们对价值网络的需求而出现的。区块链作为带有共识机制的分布式账本，其本质是不可随意修改和删除。原本依赖于大企业和政府等中央机构才能得到的信用来源因为区块链而被解放，通过技术上的保障手段，无需中央机构也能产生能被普遍接受的信用，进而也使得资本和价值的交换成为可能，在区块链上各种类型的价值移动不再需要任何中心机构就可以完成。因此，如果说互联网是解决了信息传递问题的传统互联网，那么区块链就是解决了价值传递问题的价值互联网。传统互联网到价值互联网的发展，将是互联网发展的质的飞跃。

第二节　价值互联网嬗变的根源

金融领域的一切风险问题，都可归结于信用问题。当前互联网技术与金融的结合使得传统金融实现快速发展的同时，新型金融模式也不断涌现。互联网背景下金融产业的迅速发展主要依赖于其“信息传递”功能；然而，在当前金融模式快速发展的背景下，信用风险问题越来越受到关注。从传统互联网到价值互联网的转变亦源于此。为充分了解这一点，必须从传统互联网技术在金融发展中的功能和不足入手进行分析。

一、传统互联网的功能

互联网 2.0 实现了用户作为信息接收者的角色定位向信息传播者转变，随着金融“脱媒”的趋势越来越明显，信息的准确传递与安全保障亦显得更加重要。例如 P2P 平台，主要实现的是其信息中介的功能，通过信息传递，实现信息交换，经过互联网金融机构以互联网技术实现对信息的处理和对交易的撮合，进而实现交易的过程，这一系列过程均是通过线上进行的，实际上属于互联网信息传递功能的实现。

互联网的优势是实现了端到端之间的近乎零成本的“信息传递”①。路由器是互联网底层的基础设施，它的基本功能就是传递信息包。每个路由器的任务就是把从上一个路由器传来的信息包投递给合适的下一个路由

① 张文桥，王浣尘. 互联网对信息传递模式和过程的影响. 系统工程理论方法应用，2000(3).

器，直到目的地。为此，所有的路由器必须通力合作维持一个路由信息表——这与“区块链思维”有些类似。正是由于互联网的这些特点，才使得互联网的结构柔韧、扁平，使得规模的扩展非常容易，建设与运营大大简化，综合成本大大降低。

正是基于路由器的这种人人参与、大家分享的“网络设备民主”(NDD，Network Device Democracy)思想，造就了互联网的高速发展，并解决了任何人之间可靠的、近乎零成本的信息传递，短短 20 年时间就重塑了我们的生活方式：20 世纪 90 年代的互联网 1.0，以 PC 为入口成就了门户网站；21 世纪初互联网 2.0(也即移动互联网)以智能手机为入口成就了移动支付和电商。可以说，路由器的这种“设备民主”思想是后来的“互联网思维”的根源所在，也是“区块链思维”的早期萌芽。①

然而，需要特别强调的是，互联网技术虽然能够实现不同主体之间的信息传递功能，但由于其信息传输路径不可追溯而难以甄别信息的准确性以及信息是否经过篡改，因此，互联网技术实际上难以保证信息数据的真实性。由于互联网信息量巨大、传播速度快的特点，任何试图通过特定中心机构进行信息甄别的努力都难以从根本上解决信息真实性的问题。对于高度依赖信息真实性的金融机构而言，过度依赖于互联网信息容易造成巨大的风险。

二、传统互联网的危机与风险

随着传统互联网的快速发展，如何管理大量交易数据，保证交易安全以及如何准确进行身份认证，正确使用电子签名，保障数据的真实性、完整性及线上交易的高效性等，是当今众多互联网企业面临的重大难题。可以说，传统互联网技术在金融领域的发展瓶颈逐渐显现，其技术危机与风险日益受到重视。

---

① 参见郭峰：“为什么说区块链是互联网发展的必然”，http://gd.cebnet.com.cn/20161202/102341200.html，最后访问时间：2017 年 3 月 31 日。

（一）传统互联网无法低成本解决“信任传递”问题

互联网 2.0 时代信息高度发达，而信息真实性制约着信任的传递，因而互联网应用目前面临发展的瓶颈。当前的互联网应用，无论是即时通信、社交网络、媒体，还是银行、电商、公共企业，都是超大规模的应用中心，并已经成为或正在逐步演变成为庞大的数据中心：每个中心都有自己独立的用户认证、账号管理、用户交易数据管理等系统，中心之间相互独立，甚至相互为敌；每个应用中心都试图将各类用户数据占为己有，并依托“大数据”形成的“垄断权利”作为自己的商业模式。但是，这样的数据中心也很难有效解决互联网面临的信任危机。譬如说，当甲通过某即时通信工具向乙发送信息时，甲无法证明自己发送到乙的信息在时间和内容上都是正确的，除非乙愿意配合提供准确的记录；而乙也无法证明甲发送过来的信息在时间和内容上都没有经过他人篡改。即使引入第三方监管丙的中心化系统，甲和乙也要承担丙无法如实提供准确数据的风险。

在互联网基础协议之下，各数据中心相互独立同时又各自为敌，获取数据成本高，信用风险增大。截至 2016 年年底，已经由 135 家的企业征信机构完成备案，并有 8 家机构获准进行个人征信业务。[①] 但此时，信用数据的共享与征信企业的经济利益发生矛盾，即如果企业将拥有的企业与个人信用数据共享，将会影响其核心支撑力量；同时，各企业又想得到其他企业的信用数据。因此，可以看出，互联网所难以解决的“信任传递”问题，在金融行业，解决这类信任危机的问题更为重要。

（二）传统互联网背景下金融行业的特殊风险

由于互联网技术已深度渗透金融行业，互联网金融行业在互联网时代下面临着特殊的风险。典型的互联网金融机构依托发达的计算机网络开展，其相应的风险控制由程序系统完成。因此，计算机网络技术是否安全与互联网金融能否有序运行密切相关，计算机网络技术也成为互联网金融企

① 数据来源参见：源点信用网，http://www.yuandiancredit.com/h-nd-221-2_347.html，最后访问时间：2017 年 4 月 15 日。

业最为依赖的基础技术。因此，传统互联网下的传输故障、黑客攻击、计算机病毒等因素构成了互联网金融的特殊风险。

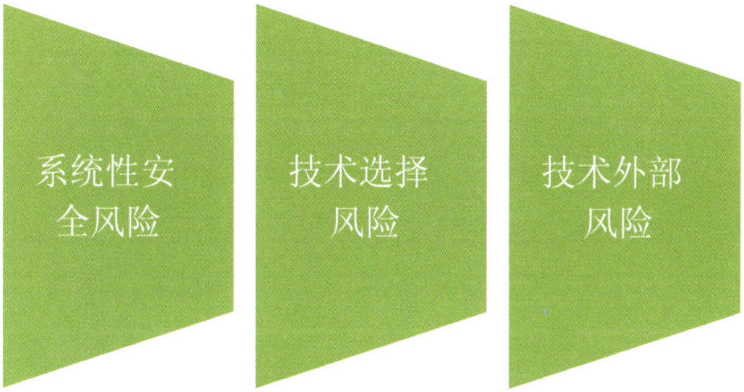

图 2-2 传统互联网下互联网金融的特殊风险

1. 系统性安全风险

一是密钥管理及加密技术不完善。互联网交易的运行必须依靠计算机来进行，交易资料都存储在计算机内，并通过互联网传递信息。然而，互联网是一个开放式的网络系统，在密钥管理及加密技术不完善的情况下，黑客可以在客户机传送数据到服务器的过程中进行攻击，甚至攻击系统终端，给互联网金融的发展造成危害。二是 TCP/IP 协议的安全性较差。目前互联网采用的传输协议是 TCP/IP 协议族，这种协议在数据传输过程中力求简单高效，注重信息沟通通道畅通，但没有深入考虑安全性问题，导致网上信息加密程度不高，在传输过程中容易被窥探和截获，引起交易主体的资金损失[①]。三是病毒容易扩散。互联网时代，计算机病毒可通过网络快速扩散与传染。一旦某个程序被病毒感染，则整台计算机甚至整个交易网络都会受到该病毒的威胁，破坏力极大。在传统金融业务中，安全风险只会带来局部的影响和损失，在互联网金融业务中，安全风险可能导致整个网络的瘫痪，是一种系统性的技术风险。

① 王玲芳. TCP 组成算法分析及实现风格仿真研究. 网络新媒体技术，2016(2).

2. 技术选择风险

互联网金融技术解决方案是开展互联网金融业务的基础，但选择的技术解决方案可能存在设计缺陷或操作失误，这就会引起互联网金融的技术选择风险。技术选择风险可能来自于信息传输过程，也可能来自于技术落后。

一是信息传输低效。如果从事互联网金融业务的机构选择的技术系统与客户终端软件的兼容性差，就可能在与客户传输信息的过程中出现传输中断或速度降低的情况，延误交易时机。二是技术陈旧。如果从事互联网金融业务的机构选择了被淘汰的技术方案，或者技术创新与时代脱节，就有可能出现技术相对落后、网络过时的状况，导致客户或从事互联网金融业务的机构错失交易机会。在传统金融业务中，技术选择失误一般只会导致业务流程缓慢，增加业务处理成本，但在互联网金融业务中，信息传输速度对市场参与者能否把握交易机会至关重要，技术选择失误可能导致从事互联网金融业务的机构失去生存的基础。

3. 技术外部风险

由于互联网技术具有很强的专业性，从事互联网金融业务的机构受技术所限，或出于降低运营成本的考虑，往往需要依赖外部的技术支持来解决内部的技术问题或管理难题。在互联网技术飞速更新换代的今天，寻求外部技术支持或者是技术外包是发展互联网金融业务的必然选择，有助于提高工作效率。然而，外部技术支持可能无法完全满足要求，甚至可能由于其自身原因而中止提供服务，导致从事互联网金融业务的机构无法为客户提供高质量的虚拟金融服务，进而造成互联网金融的技术支持风险[①]。

另一方面，我国缺乏具有自主知识产权的互联网技术设备。目前使用的互联网软硬件设施大都需要从国外进口，对我国的信息安全和金融安全形成了潜在威胁。

---

① 杨群华. 我国互联网金融的特殊风险及防范研究. 金融科技时代，2013(7).

第三节 区块链：解决信用危机、保障交易安全的最佳途径

有学者提出，区块链将会成为第二代互联网[①]，会深刻改变现有互联网的结构与模式，进而对人类社会产生难以估量的重大影响。区块链通过对传统互联网的四个层次的突破，彻底改变了互联网的系统架构模式。

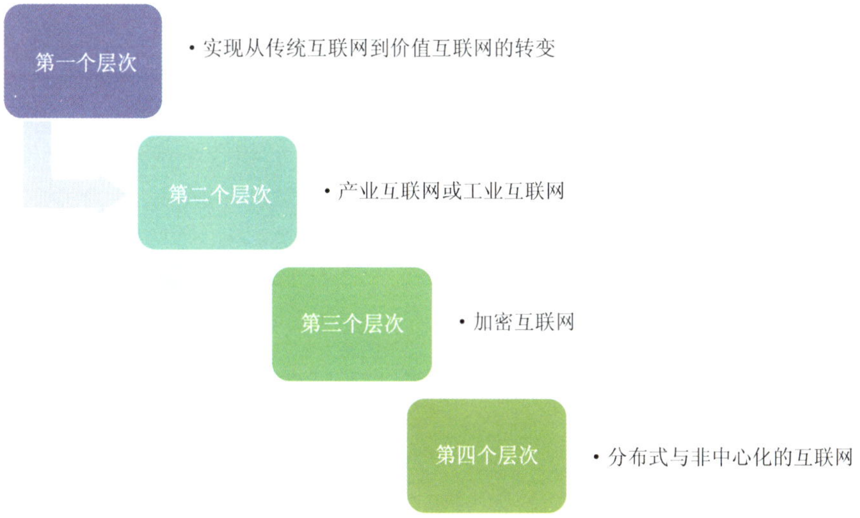

图 2－3 区块链对传统互联网的突破

区块链带来的技术价值将改变现在互联网的底层协议，有效解决信用不足而产生的风险，保证交易安全。区块链就是要在互联网中创造一种机制，这种体系在人们不能互相信任的前提下，还可以从事价值交换的活动，依靠其非中心化、去信任化、集体维护、可信数据库四大优势，从根本上改变现代市场交易的信用体系，降低欺诈风险。TCP/IP 协议构建了互联网上信

---

① 参见肖风："为什么说区块链是第二代互联网？"，http://www.iyiou.com/p/40001&wxfrom=o2SRus2rXKBfL4GnsaBsFfWddnAA&topfrom=o2SRus6o6p0QXlcz3dW15ZXW72QY，最后访问时间：2017 年 4 月 20 日。

息的点对点传递的基础，而区块链则能够实现价值的点对点传递，真正实现从传统互联网到价值互联网的转变。这是区块链对互联网技术的第一个层次的突破。

区块链对互联网第二个层次的突破是产业互联网或称工业互联网。现有的互联网是基于人与人之间、人与社会之间的通信关系。区块链与物联网、车联网等技术相结合，能够建立社会与社会、物与物之间的互联互通关系。区块链在这当中可以起到非常好的设备管理的作用。

第三个层次的突破则是加密互联网。现在的互联网是完全公开透明的，互联网可以盗取人们几乎所有的数据，将来这一趋势的发展很有可能走到人们无法接受的程度。区块链上的加密通信可以有力地保护用户隐私，保证个人数据不被互联网公司无偿取得。

第四个层次的突破是分布式与非中心化的互联网。区块链结合了分布式网络的技术，能够去除很多中心或中介。虽然不能彻底去掉中心，但是依然能在很大程度上解构现有的业态。未来信息社会的非中心化的结构，将会与工业社会的中心式结构完全不同。

区块链不仅仅孕育了新的商业模式，也给社会和政治带来了巨大变化，蕴含着不可限量的可能性。区块链所指向的未来不只是技术层面上更好的网络系统，还包括了非中心化的全新社会架构。对于未来的非中心化的新时代而言，区块链是非常重要的基础设施。由此可见，基于上述四个特征，区块链具备解决信用危机、保障交易安全的技术可能性，是未来互联网发展的最可能的方向。

第三章
区块链与FinTech

FinTech实质上是技术支持的金融解决方案，是金融和技术的相互联系，这种联系并不是在互联网时代才建立的，而是具有一定的历史。在互联网时代下，FinTech已经成为金融服务与信息技术结合的代名词。

区块链与FinTech相互关联、内涵不同;然而在实践中区块链可谓“出尽风头”,几乎被视为FinTech的代名词。本章将对区块链与FinTech的关系做详尽阐述。

第一节 FinTech的概念与内涵

金融科技(Financial Technology,以下简称为FinTech),是指运用科技手段提高金融服务的效率、优化资源配置的一种新的金融业态。事实上,一些金融科技在出现时即旨在瓦解科技化程度不高的大型金融企业以及依靠这些大型金融企业构建的金融体系。[①] 可以预见,金融科技的创新将对既有金融制度产生革命性的影响。

与区块链相比,金融科技是一个更为广泛的概念。一般而言,金融科技是指以技术为基础,致力于对金融产品或者金融服务进行优化、创新,以期达到更高效目标的实现过程。因此,金融科技实际上包含两个层面的内涵:一是指作为技术的金融科技,就本书而言主要是指“ABCD”,即作为未来金融行业支撑的四大关键技术:人工智能、区块链、云计算和大数据计算;二是指以金融科技为技术支撑的金融业态(也即金融科技的应用场景),主要包括支付(特别是非银行支付行业)、科技支持型借贷、保险科技、资产管理科

① 参见维基百科:金融科技,https://zh.wikipedia.org/zh-hans/金融科技,最后访问时间:2017年1月26日。

技和资金筹集等领域。

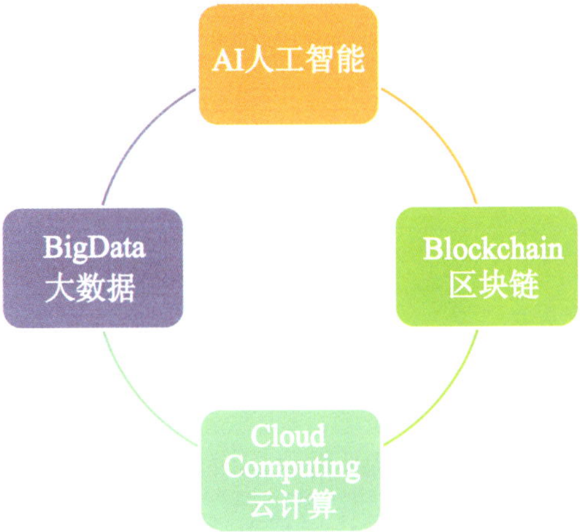

图 3-1 未来金融科技的关键技术:ABCD

A(Artificial Intelligence,人工智能):人工智能是计算机科学的一个分支,它企图了解智能的实质,并生产出一种新的能以人类智能相似的方式做出反应的智能机器,该领域的研究包括机器人、语言识别、图像识别、自然语言处理和专家系统等。

B(Blockchain,区块链):区块链是分布式数据存储、点对点传输、共识机制、加密算法等计算机技术的新型应用模式。所谓共识机制是区块链系统中实现不同节点之间建立信任、获取权益的数学算法。

C(Cloud Computing,云计算):云计算是基于互联网的相关服务的增加、使用和交付模式,通常涉及通过互联网来提供动态易扩展且经常是虚拟化的资源。

D(Big Data,大数据):大数据是指不用随机分析法(抽样调查)这样的捷径,而采用所有数据进行分析处理。大数据具有 5V 特点(IBM 提出):Volume(大量)、Velocity(高速)、Variety(多样)、Value(低价值密度)、Veracity(真实性)。

金融科技的应用场景呈现多元化的发展趋势,典型模式业态包括非银行支付行业、P2P 网贷行业、互联网保险行业、智能投顾行业和互联网众筹行业。目前，大数据和云计算技术在这些业态中得到了广泛应用，人工智能和区块链的作用也已崭露头角，将成为金融科技未来发展的一个重要方向，这一点已经得到了实践的支持。目前，金融科技较为成熟的应用领域主要包括以下几方面：

① 第三方支付（Third-party Payment），是通过电子形式的支付指令实现货币资金转移的行为。第三方支付与电子商务有着紧密的关系，其发展最初源于电子商务。第三方支付的主要客户是一些规模较小的商家和在网上开店的个人用户，因为其可以大大降低小额支付的成本。同时，第三方支付机构起到了一定的信用担保职能。因为在网络交易中，小商家和网店的信誉无法得到保证，购物者无法确定有无潜在的交易风险，而第三方支付机构较好地弥补了这一职能缺陷。目前，第三方支付异军突起，成为电子商务中不可或缺的重要角色，也成为支付结算系统中的重要部分。

② P2P（Peer-to-Peer）网络借贷，是一种个人对个人的资金和信息互通，是基于信用实现点对点式的资金融通过程，主要满足个人客户和小微企业的小额信贷需求，体现了普惠金融的理念。P2P 作为互联网金融的主要模式之一，具有满足小微投融资者的需求、降低交易成本、促进竞争、提高市场透明度的作用，并发挥着分散金融风险、回归金融本质的功能。P2P 网贷规模从 2014 年起呈爆发式增长，2014 年末网贷规模达 370 亿元，而到了 2015 年，网贷规模突破 1 300 亿元，同比增长 360%。

图 3-2　金融科技的典型应用场景

③ 互联网保险(Internet Insurance)发展迅速,根据华兴资本的报告,互联网保费的金额从 2011 年的 32 亿元,到 2015 年的 2 234 亿元,4 年间提高了 69 倍渗透率达到了 9.2%。

④ 互联网众筹(Internet Crowd-funding),是指从不特定的人群(群众)中筹集资金。互联网众筹的类型包实物众筹、公益众筹、债权众筹、股权众筹,其中以股权众筹最具特点。截至 2016 年年底,全国众筹平台数量共计 511 家,其中正常运营的众筹平台数量共计 415 家,互联网非公开股权融资平台共计 118 家。从平台融资项目来看,2016 年中国互联网非公开股权融资平台新增项目数量共计 3 268 个,同比减少 4 264 个,降幅为 56.6%;2016 年新增项目成功融资额共计 52.98 亿元,同比增加 1.08 亿元,涨幅为 2.1%。[①]

⑤ 智能投顾(AI Finance Consulting,Robo Advisors),是在线投资咨询服务提供商,基于投资者填写的问卷,在有限的或者没有人为参与的情况下,在线自动为投资者提供专业的资产组合管理服务,并收取较低的服务费用。美国金融业监管局在 2016 年 3 月发布的《数字化投资建议报告》中根据面向对象的不同将数字投资工具分为两大类:面向专业投资者的数字投资工具和面向普通投资者的数字投资工具,其中面向普通投资者的数字投资工具即为智能投顾或者机器人投顾。在国内,以因果树为代表的智能投顾企业也取得了不错的业绩。智能投顾将信息技术引入金融研究,极大地增强了金融的效率,人工智能与金融未来只会结合得更加紧密。

事实上,上述金融科技对金融领域的影响往往是交错的、复杂的。例如,大数据技术、云计算技术在金融领域的实际运用往往是同时存在的。以蚂蚁金服为例,其已经拥有了相对完善的大数据信息体系,通过多方位积聚的交易数据和支付数据、个人的行为数据甚至社交数据作为原始数据资料,依靠其云计算平台,对这些庞杂数据进行专业化处理,挖掘数据背后的意义,大数据在蚂蚁金服的风险控制、战略布局和未来规划方面都起到了重要

---

① 参见艾瑞咨询:《2015 年中国第三方支付行业研究报告》第 37 页。

的作用。

再如区块链，关于它的原理、概念，本书在第一、二章中已有论述，不再赘述。目前，区块链在国内外的应用也如火如荼，例如，央行曾经在2016年年初专门召开研讨会讨论数字货币，一些知名金融企业如平安集团和友邦集团，也加入了R3区块链联盟。大量资本涌入区块链行业，金股链、布比科技、万向区块链实验室，以及国内优秀的区块链科技公司等都正在积极推动区块链应用技术的落地，而且，区块链的应用正在逐步扩展到金融以外的其他领域。例如，英国政府所对推动的从KYC·EU到EV的费用支付，以及澳大利亚家庭之间进行剩余电量的交易等，不通过第三方机构，需求双方直接进行交易而削减交易成本的各种实验都在进行中。个人家庭之间剩余电量交易的成本正在实验中，所节省的成本尤为显著。[①]

目前，金融科技在全球呈现迅猛发展的趋势。据统计，2012—2017年金融科技领域所吸引的投资额累计达到497亿美元，增长超过10倍；其中，2015年投资额达到190亿美元，相比2014年的120亿美元增长58.3%。[②]同时，FinTech初创公司也受到了资本的欢迎，相关领域的投资额呈现指数增长的趋势。此外，互联网巨头也纷纷进入FinTech市场，瓜分行业红利。例如，在发展相对成熟的非银行支付行业，苹果和谷歌分别推出了苹果支付和谷歌支付，并开始与服务商合作抢占市场份额。我国在本轮金融科技创新中也占据着重要的位置，如互联网行业巨头阿里巴巴和腾讯除构建以支付宝和财付通为代表的非银行支付系统外，也在尝试提供银行服务，通过设立微众银行等网络银行创新银行发展模式。

除了商业实践外，有关金融科技的学术研究和讨论也在紧锣密鼓地开展，这些研究明显呈现出跨学科的综合性特征。例如，世界顶级商学院——宾夕法尼亚大学的沃顿商学院于2014年10月成立了Wharton FinTech项目，以期推进金融科技业内的学术界、创意人才、投资者以及其他各方的合

① 蒋润祥，魏长江. 区块链的应用进展与价值探讨. 甘肃金融，2016(2).

② 搜狐财经：http://mt.sohu.com/20170220/n481221337.shtml，最后访问时间：2017年3月26日。

作，共同重新塑造全球的金融服务业态；再如，香港大学法学院与澳大利亚新南威尔士大学也曾就 FinTech 的演进及其法规进行专题研究；[①]金融数据科学协会(FDSA)则在其成立的同时举办了首次大型活动，旨在建立一个结合计算机与投资统计的研究型社群，其成员囊括了人工智能、机器学习、自然语言处理等领域。由此可见，金融科技的研究和落地是一项综合性的工程，需要社会各界的共同努力。

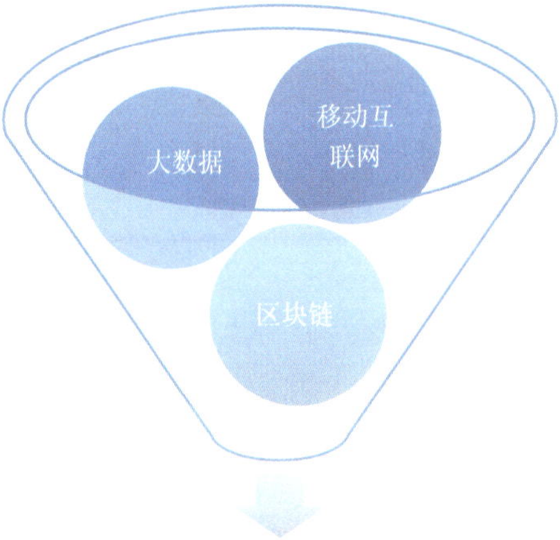

图 3－3　金融科技

第二节　FinTech 的革命性影响

FinTech 实质上是技术支持的金融解决方案，是金融和技术的相互联系，这一种联系并不是在互联网时代才建立的，而是具有一定的历史。在互联网时代，FinTech 已经成为金融服务与信息技术结合的代名词。从历史上看，金融发展往往受到技术进步的深刻影响，并与技术发展一起演变。因此，在早期的电子模拟环境中，推生了早期的金融科技化；从 20 世纪后期开

① 参见 Douglas W. Arner：The Evolution of FinTech：A New Post-Crisis Paradigm?，http://ssrn.com/abstract=2676553，最后访问时间：2017 年 1 月 26 日。

始，金融科技向着数字化的方向发展；自 2008 年以来，FinTech 的新纪元——以 ABCD 为代表的支撑技术也崭露头角，并发挥着越来越重要的作用。在讨论 FinTech 的意义时，我们应当结合时代技术背景，充分平衡 FinTech 的创新收益和相关风险之间的关系。

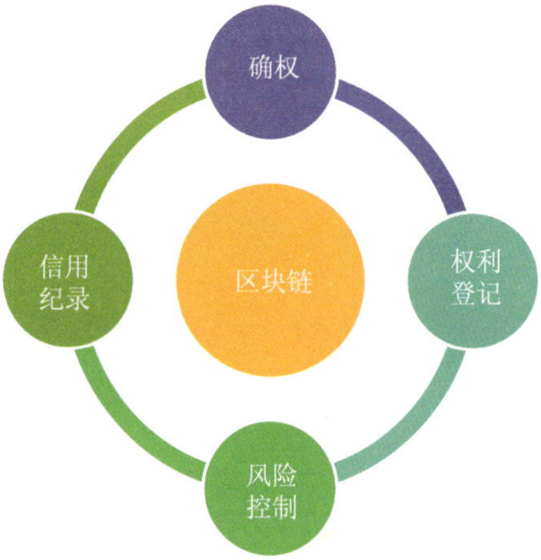

图 3－4　作为 FinTech 代表的区块链的金融应用

金融科技在消除信息不对称、提升交易效率、降低交易成本方面起着重要作用。现代金融科技为互联网金融勾画出美好的蓝图。例如，随着区块链的应用和推广，物质资产的数字化、金融交易的电子系统初步建立，传统金融交易中的信息不对称程度将会进一步降低。大计算技术和云计算技术则能够有效地对信息进行收集、匹配和分析，信息和大数据分析已经逐步成为统计金融规律、分析金融风险和风险预警、制定风险对策的有效工具，对于预防金融风险、提高金融效率、降低交易成本、构建金融制度非常重要。因此，金融科技为信息工具的应用提供了技术支撑，有助于推动完全信息与有效市场的构建，从而能够有效地形成以价格为载体的有效市场机制。[①] 在互联网金融时代下，金融交易各方因借助互联网渠道能够实现资金供求双方直接交易，从而达到降低信息成本、实现信息对称、有效监管信用风险的

① NEW WINE INTO OLD BOTTLES：FinTech MEETS THE BANK REGULATORY WORLD，JOHN L. DOUGLAS，Jones School of Law Library.

目的。因此，在互联网金融时代下，新的金融技术能够推动金融交易模式的革新，更为便利和低成本地获取和利用信息。由此我们认为，金融科技有希望通过大数据信息系统、移动互联网和云计算等技术，实现支付结算和资金融通等领域内的信息对称、金融脱媒及降低信用风险的目标。①

因此，新兴金融科技的优势在于，能够有效地构建价值信用体系，从而最大程度地消除信息不对称程度，提升交易效率，降低交易成本。例如，区块链的应用就能够有效预防故障与攻击，区块链中某个单一节点即使出现故障，也不会影响其他节点上信息的完整；能够提升数据的透明性、真实性，从而降低构建现代信用中心的具体成本，形成非中心化的网络。同时，随着物联网技术等相关金融技术的应用，资产的数字化也逐渐成为现实，从而构建文件、资产的数字代码化，以代码或分类账的形式实现资产的登记和交易。例如，美国金融中介的单位成本在过去 130 年保持在 2%左右，其他主要国家（德国、英国、法国）的单位成本相似。而目前的金融技术则有可能颠覆金融行业的商业模式，从而改变最终用户的金融服务享受水平。

此外，新兴的金融技术也有助于解决金融杠杆，降低传统金融行业对于金融杠杆的依赖程度。传统金融行业面临的一大困境，就是其资金发放的高成本性——与之相对应的，往往表现为企业的资金融资困难。因为金融机构与企业之间存在着诸多信息不对称，金融机构难以有效地掌握借款人的真实信息，基于防范金融风险的目的，金融机构往往在资金发放上采取更为谨慎的态度。另一方面，金融机构一旦发放资金，就缺乏对资金的掌控程度，借款人对资金的使用很难受到金融机构的有效制约。往往是在借款人出现严重的信用危机后，金融机构才能采取诸如诉讼等事后解决机制，因而难以避免不必要的损失。因此，借款人难以有效地取得与其风险相匹配的资金价格，也难以取得足量的发展资金，往往需要通过提升杠杆程度来维持企业生存和个人生活。而新兴金融技术则为金融机构提供了解决这一困境

① Eugene F Fama. Efficient Capital Markets: A Review of Theory and Empirical Work. The Journal of Finance，1970，25(2)：384.

的可能手段：一方面，金融机构能够通过大量信息的收集，评估借款人的真实信用风险，多种类的信息相互交错，大大提高了借款人的造假成本；另一方面，金融机构可以借助于区块链等技术，获得真实信息而毋庸置疑信息的真实性。因此，随着技术的进步（如移动通信和互联网）以及其在全球的广泛应用，金融业的大变革正在逼近。

上述分析显示，技术创新能够有效地推动制度创新，而金融技术和金融业态的交织创新共同推动着人类社会的进步。金融技术创新能够为新兴金融业态提供技术支撑，而建立在新兴金融技术基础上的金融市场又能够有效地实现信息流通和资金融通的功能，从而推动资金效率的最大化，推动生产力的进一步发展；而生产力的发展又将引发制度创新，从而进一步释放技术创新的潜力，形成不断发展、不断创新的格局。从更宏观的角度出发，我们认为，产业变革与人类社会的进步始于技术创新，而成于制度创新。正是因为有了股份制，将分散的私人资本联合起来形成集中的股份资本，生产规模得以扩大，才能让蒸汽机走出实验室，广泛应用于火车、轮船、印刷机，才有了第一次工业革命，进而有了社会经济的腾飞；第二次工业革命在能源、交通运输、通信等领域的巨大进步，兴办大型企业对巨额资本集中的需求与私人资本有限性之间的矛盾更为突出，伴随市场关系、信用环境、法律制度

图 3－5　技术创新与制度创新共同推动着人类社会的进步

的日益发展，以社会大生产为基础的股份制成为占统治地位的企业组织。由此可见，金融技术带来的新兴技术，不仅是带来某个行业、某种商业模式的创新，更是为全新的金融业态乃至社会形态奠定基础。

正是基于上述的认识，我们认为，在金融技术推动下，未来金融发展趋势毫无疑问应当是革命性的，不断革新的技术也将不断冲击旧的金融业态，监管政策也应当随之发生改变，否则其将成为新技术和新业态发展的阻碍。目前金融科技的核心是对移动互联网技术、云计算、大数据技术的运用，引导现有金融体系回归金融的本质，尽可能地消除金融市场与产业市场之间的摩擦性成本，提升金融体系为产业输血的功能。因此，我们高度评价目前金融科技创新蓬勃发展的态势，认为其重要意义不亚于两次工业革命，不亚于股份制企业改革等制度变革所引发的深远影响。因此，在金融技术的推动下，如果信息不对称的问题能够得到根本解决，则未来信息在网络上的无障碍流动也必将导致人类生产方式的改变。

与此同时，金融技术也将对传统金融行业形成挑战，对金融安全形成一定的冲击。那么，FinTech 究竟应该怎样监管：如第三方支付机构是否应当采取金融机构的定位，是否应当对其采取类似银行的监管措施；如何防范区块链可能带来的资金风险和反洗钱风险；区块链还面临着相当程度的技术风险（详细内容，请参见本书第一章第四节“区块链的技术风险”），如果区块链大规模应用，则上述技术风险可能成为未来金融风险的重要表现形式；人工智能投资顾问虽然大大降低了金融咨询的服务成本，降低了金融投资的成本，给个人投资者和小机构投资者带来福音，但这一行业目前的主要投资者是机构投资者，这一业务模式能否真正给投资格局带来变化，等等。金融技术的应用必然会冲击现有的技术格局和行业格局，其间的挑战自然不断，这些问题也正是我们需要深入研究的问题。但是我们认为，无论期间挑战如何严峻，都必将是“曲折的道路，光明的前途。”

第三节　国际上 FinTech 的发展及监管

作为具有全球性特征的金融技术，FinTech 在世界范围内收到了追捧，世界各国纷纷加大对区块链的发展和监管的研究力度，我国也在这一领域内取得了优秀的成绩。

一、美　国

作为金融强国，美国积极将新兴技术引入金融领域，美国金融领域的创新意识也特别强烈。例如，将先进的风控模型、前沿的机器学习应用在金融领域的做法屡见不鲜。再比如，以信息技术为核心驱动的第一资本金融公司(Capital One)因采用测试＋学习(Test-and-Learn)策略，提供成百上千的差异化产品给客户，并且实时根据大数据分析产品接受度、转化率、坏账率等，并且抓取利润最高的业务模式，针对不同的客户实行差异化的定价，从而迅速提升了市场份额，这是人工智能在金融理财领域的成功应用之一。[①]

美国的金融科技市场也愈发成熟。以网贷市场为例，随着市场逐步成熟，机构投资者逐渐涌入，网贷二级市场、网贷基金、网贷衍生品等也渐渐出现，网贷产品逐渐成为主流投资标的，越来越多的资产管理公司将其纳入配置范畴。市场的成熟与技术的进步形成了良性互动，美国的网贷行业逐渐借助新兴技术实现了精准风险定价，风险总体可控，回报相对稳定。据相关媒体报道，2015 年美国网贷、股票、公司债券平均收益率分别为 6.41%、0.37%、0.92%，可见新技术驱动的网贷已经呈现出了竞争优势。[①] 此外，美国对金融科技实施差异化监管，同时强调保证金融消费者的合法权益，给予企业充分的创新机会，积极推动了创新和安全的平衡。

① 参见陈宝国："中国可从美国金融科技借鉴什么？"，http://science.china.com.cn/2016-06/21/content_8846187.htm，最后访问时间：2017 年 3 月 26 日。

表 3-1 2015 年美国网贷、股票、公司债券平均收益率

网贷平均收益率/%	股票平均收益率/%	公司债券平均收益率/%
6.41	0.37	0.92

特别值得一提的是，美国的区块链发展也取得了可喜的成绩，区块链落地的实践在美国越来越多。目前，美国的纳斯达克已经尝试将区块链运用到私人证券交易与管理代理投票系统当中，代理投票机制对交易所的发展而言至关重要。传统的代理投票机制花费巨大，需要由一系列在交易所上市的公司来完成；而在纳斯达克推出的方案中，将代理投票放在区块链提供且永不可更改的公开账本之上，投票者可以通过手机来进行投票并且记录能被永久保存；另外，纳斯达克于 2015 年年底首次用区块链完成和记录了一项私人证券交易，该公司的合作伙伴 Chain.com 成为其 Linq 区块链的第一个用户，并在向私人投资者发售股份时使用了区块链。虽然此次发行股票只是一桩私人交易，但纳斯达克认为，区块链在资本市场中可以减少结算和清算的时间，降低交易对手的风险使得交易商可以将其资本用于其他用途，因而市场潜力巨大。

二、英　国

作为世界著名金融中心，伦敦的金融科技业快速成长，伦敦的劳动人口约有 40%是在金融业和科技业服务[①]；FundingCircle、Nutmeg 和 TransferWise 等公司不仅是英国金融科技业的代表，在世界范围内也享有盛誉。实际上，英国在技术创新和监管创新等多个方面已走在世界前列，其独树一帜的监管策略推动了英国金融科技的发展。

① 参见 Jens Munch：What is FinTech and why does it matter to all entrepreneurs，https://www.hottopics.ht/3182/what-is-FinTech-and-why-it-matters/，最后访问时间：2017 年 1 月 26 日。

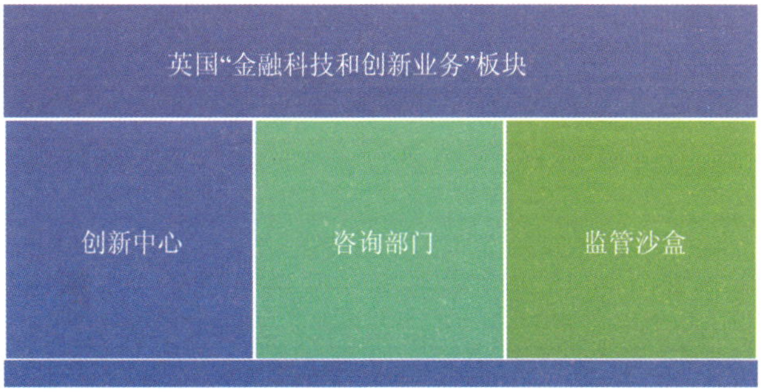

图 3-6 英国"金融科技和创新业务"板块

英国金融行为监管局(the UK's Financial Conduct Authority,FCA)近期开设了"金融科技和创新业务"(FinTech and Innovative Business)板块,包含了三项创新计划:① 创新中心(Innovation Hub),旨在新的和已设立的商业能够将创新金融产品和服务引向市场。② 咨询部门(Advice Unit),旨在向发展自动化模式降低用户成本的企业提供监管反馈。③ 监管沙盒(Regulatory Sandbox),旨在创设"安全空间",检验其创新产品、服务、业务模式和传送机制。[①] 这些监管措施被视为监管领域的重大创新,为金融科技提供了良好的试验机会和试错空间。此外,在 2016 年 5 月 4 日,英国还发布过 RegTech(监管科技)创新计划。与英国政府相关的重要人士曾表示英国将发起一项倡议,重建金融科技监管体系,以建立一个更加开放、宽容的投资环境。与此同时,英国官方还将建立一个名为"金融科技桥梁"(FinTech Bridges)的组织,助力海外市场的发展,积极参与全球商业竞争。

目前,英国准许了比特币等数字货币,且对区块链表现出极大的兴趣。英国政府对比特币交易免征增值税,英国央行高度重视数字货币,认为其有可能和移动技术相结合,从而重塑支付模式,使得交易能够在参与者之间直接进行。英国政府表示希望英国能引导世界金融科技的发展,伦敦也致力于将自身打造成最重要的 FinTech 中心。同时,英国也高度重视国际合作,

① 参见 FAC 官网 FinTech and innovative business 板块:https://www.fca.org.uk/firms/FinTech-and-innovative-businesses,2017 年 1 月 26 日最后访问。

期待与世界其他国家共同推进金融科技的发展。英国和澳大利亚签订协议，以支持 FinTech 初创企业；协议对事前、事中、事后的监管授权，可以降低监管的不确定性，缩短金融技术产品投向市场的时间，协助金融科技创业者在两国开拓市场。同时，两国也就监管机构信息互通等合作意向达成一致，共同分享金融科技部门的相关信息，比如市场趋势等。

三、亚太地区

在亚太地区，已经有一批有实力的金融科技企业包括 Tyro Payments、Nimble、Stockspot、Pocketbook 和 SocietyOne 等公司出现。[①]香港也正在准备成立一个金融科技的创新实验室，这对于当地金融服务科技创新的孕育将会有很大的帮助。[②]

日本也在进行新的立法尝试，以鼓励 FinTech 的发展。日本传统金融过于严格的监管政策限制了金融科技的发展。根据相关统计数据，2015 年中国、印度、美国、日本金融科技初创企业的融资，分别为 27 亿美元、15 亿美元、74 亿美元、4 400 万美元，显然日本在这个领域已经有所落后。2014 年日本的 Mt.Gox 比特币资产交易中心被黑客窃取了大约价值 6.5 亿美元的比特币，不仅使这所全球最大的比特币交易所陷入破产困境，更使日本金融科技环境急剧恶化，一些创业者不得不远赴海外寻找融资。

为了改变这个困局，日本正打算修法，改变旧的监管政策。未来，日本金融监管将允许银行收购非金融企业 100%股权，从而让日本银行可以与金融科技初创企业建立合作关系，以开发包括大数据、智能投顾和区块链在内的服务和技术。日本金融服务管理局正在推动数字货币交易的新规则，增强日本政府对相关领域的监管能力。

---

① 参见 FinTech Heats Up Competition With Youngest and Fittest，http://www.afr.com/p/business/financial_services/FinTech_heats_up_competition_with_P2CTPJAaAQD1djb3p6BHSO，最后访问时间：2017 年 1 月 26 日。

② 参见 Tom Groenfeldt：FinTech Innovation Lab in Hong Kong Launches With Eight Firms，http://www. forbes. com/sites/tomgroenfeldt/2014/09/02/FinTech-innovation-lab-in-hong-kong-launches-with-eight-firms/，最后访问时间：2017 年 1 月 26 日。

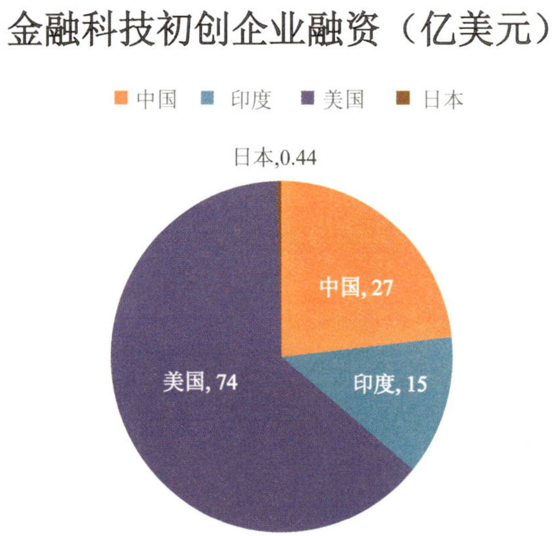

图 3－7　各国金融科技初创企业融资情况

第二篇
区块链的应用场景

第四章
区块链在金融市场关键基础设施领域的应用

金融基础设施的完备程度与一国经济发展水平、科技实力、监管机制等密切关联。

金融市场基础设施，是指有关金融运行基本活动的制度建设和软硬件设施。一般而言，包括金融交易与支付体系、法律体系、会计体系、信用环境，以及承担自律监管职能的金融监管、投资者保护和中央银行制度等。[①]金融活动是一国中最为重要的经济活动类型之一，涉及国家金融安全、经济秩序稳定和社会稳定发展。金融市场基础设施则是金融活动稳定有序开展的基础。完善金融市场基础设施，能够优化资源配置，促进储蓄部门的资源向生产部门转移，并且通过优胜劣汰的竞争方式，以资本回报率择优的方式将上述资源配置到生产效率最高的部门中，从而最大化国家既有资源的生产效率。同时，金融基础设施的完备程度与一国经济发展水平、科技实力、监管机制等密切关联。在金融市场基础设施的完善中，一方面要考虑提升金融活动的效率和规模，促进产业资本的蓬勃发展，推动各行业、各地区的优化发展，形成更大规模的产业资本积累，从而提升国家的经济实力水平；另一方面，金融基础设施建设应当能够有效承担外部冲击。一般而言，金融基础设施建设的完备程度越高，其承受金融冲击的能力越强。就我国而言，支付结算制度、证券交易与结算制度和保险都属于我国金融市场基础设施的重要组成部分。因此，本章将分析区块链技术在上述领域内产生的影响，以及其对我国金融市场基础设施的完善所起到的作用。

---

① 姜宝泉，刘威岩. 金融基础设施建设的着力点. 中国金融，2011(8).

第一节 支付结算

一、区块链在支付结算领域的应用

作为我国现代金融体系的基本一环，支付结算制度在我国金融体系中扮演着极为重要的角色。随着时代的发展，我国目前已经形成了以中央银行为中心、以各商业银行为主要参与者的结算体系；同时，作为小额支付结算补充的第三方支付行业也迅速发展，在我国支付结算体系中扮演着重要的角色。现代支付结算制度的主要职能是解决资金流动功能，同时也承担着资金流向监管、反洗钱和货币统计等重要职能。然而，区块链技术的发展可能会对现有的支付结算体系造成变革性的影响。例如，LendingClub 联合创始人 Soul Htite（苏海德）在 2016 年 7 月接受记者采访时表示，区块链技术对支付行业有颠覆性作用。有了区块链技术，现金流交易无需第三方。倘若银行采用区块链技术，作为第三方支付工具的支付宝和微信支付将无用武之地。举例而言，比特币的所有者可以与世界上任何一个人开展“无中介”的比特币交易，不需要通过支付公司，而比特币正是建立在区块链基础之上的。[①]

区块链对现有支付结算领域的冲击主要体现在比特币的使用上。目前，各国对比特币的货币属性存在较大争议，一些较为激进的国家如菲律宾，其比特币拥有正式合法的地位。比特币可以用于支付结算系统，而 2017 年 2 月菲律宾中央银行发布的《虚拟货币交易所指导方针》中则认为，应当积极推动比特币的发展，认为虚拟货币具有变革金融服务模式的潜力。

---

① 参见 LendingClub 联合创始人：区块链会让支付宝失业？，http://money.163.com/16/0720/08/BSDH2GSC00253B0H.html，最后访问时间：2017 年 1 月 26 日。

图 4－1 菲律宾中央银行

由于比特币并非菲律宾央行发行的法定货币，因此菲律宾央行希望对金融服务行业中的虚拟货币活动进行监管。2016 年 12 月，菲律宾央行开始起草针对比特币的监管法案。由于比特币在汇款领域使用十分普遍，故此次起草的监管法案特对用户与加密货币平台的权利义务关系加以明确，旨在创造加密货币的生态系统。加密货币平台运营者应当肩负起反洗钱的责任，菲律宾央行的这一举措也为其他国家的虚拟货币监管路径探索提供了范例，同时也体现出对金融创新的包容性。

除了直接认可比特币作为法定货币这一模式外，越来越多的国家正在探讨将比特币背后的技术——区块链用于支付结算领域的可能性。在这一方面，澳大利亚、美国等国的金融机构进行了有意义的尝试。如 2016 年 10 月，澳大利亚联邦银行（The Commonwealth Bank of Australia）与美国富国银行（Wells Fargo）利用区块链、智能合约、物联网等技术完成了世界上第一个跨境贸易支付。[1] 根据报道，此次跨境贸易将一批棉花从美国的德克萨斯州（Texas）运至中国青岛，Brighann 棉花公司在美国和澳大利亚办事处通过上述两家银行完成了基于区块链技术的跨境支付。

① 参见搜狐财经："富国银行与澳洲联邦银行里程碑式的交易——区块链、智能合约及物联网实现完美结合"，http://mt.sohu.com/20161025/n471222937.shtml，最后访问时间：2017 年 3 月 30 日。

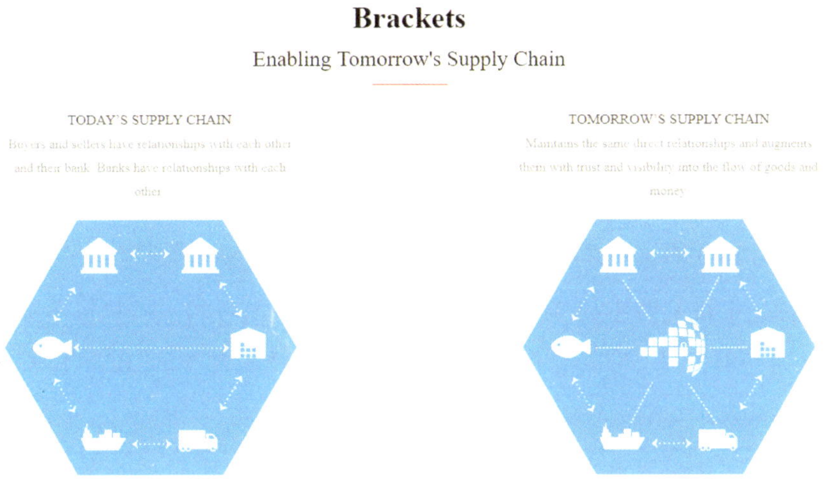

图 4－2　Skuchain 的 Brackets 系统

此次支付运用的是 Skuchain 的 Brackets 系统，该系统是一个私有的分布式记账系统，交易信息通过智能合约被存储到该系统上。在此次贸易中所运用的物联网的 GPS 设备，可以跟踪货物运输过程中的地理位置。与传统开放式账户和信用证等贸易工具相比，此种交易方式更加可信，效率也更高。因为传统的贸易促进工具更关注数据和文件，因此整个支付过程需要较长的时间。而利用区块链技术进行跨境支付，可以在货物到达指定目的地时，触发智能合约完成交付。澳大利亚联邦银行指出区块链技术可以将所有的交易信息储存在同一个网络数据块上，基于区块链技术的实时性与不可篡改性，此种支付模式可以大幅降低欺诈的风险。

可以认为，上述实践是支付结算领域的一大创新。这一实践将区块链技术及其智能合约、物联网、支付结算等有机结合，实现了区块链技术及其支付场景的突破，同时有效降低了交易成本。区块链技术具有的可跟踪性、不可篡改性，较好地满足了跨境支付结算中面临的诸多难题。同时，区块链技术作为非中心化的信用体系，无需第三方信用中心的介入即可在付款方与收款方建立信任关系，从而有效地解决了跨境商业贸易和支付结算中存在的时间长、费用高、中间环节多等问题。此外，由于各国法律法规不同，传统的跨境贸易需要面临较大的法律风险，特别是诉讼风险和执行风险，而自动化执行的智能合约则不存在这个问题。如此看来，在不久的未来，银行与银行之间可以无需通过第三方，而是通过区块链技术打造点对点的支付方式，从而减少第三方金融机构的中间环节。这不仅可以带来全天候支付、实时到账、提现简便、消除隐形成本等好处，也有助于降低资金风险，并满足对支付结算服务的及时性、便捷性需求。

除了上述案例外，传统跨境支付巨头 Visa 也参与到了区块链革命中。Visa 与初创公司 Chain 合作研发了基于区块链技术的 Visa B2B(Business to Business)支付平台“Visa B2B Connect”平台。在这一平台上，全球金融机构可以高效快捷地进行大额跨境支付，且接近实时支付。[①]此外，SWIFT 也参与到这场革命中，其亚太及欧非、中东区首席执行官表示，SWIFT 也在就区块链技术不断地进行测试和试验，但由于 SWIFT 是服务于金融机构的，其利用必须在确保安全、可靠、稳定的情况下开展。[②]

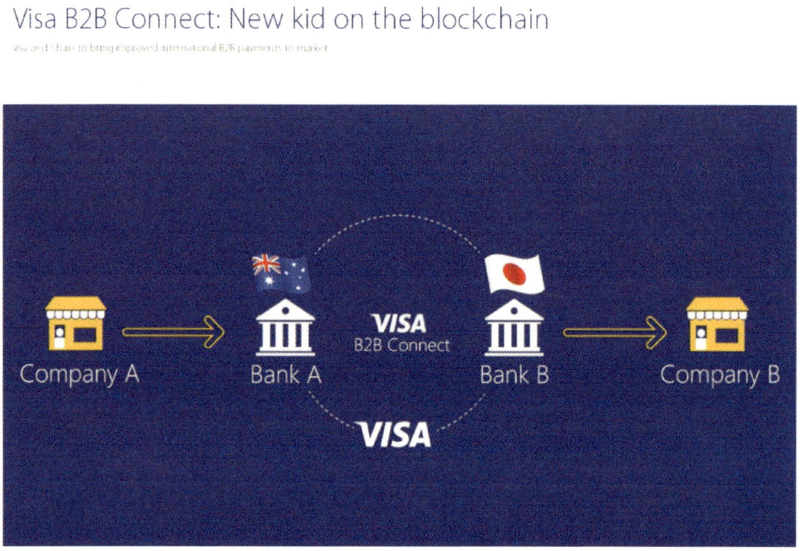

图 4－3　Visa B2B Connect

① 参见巴比特资讯：“区块链＋跨境支付”的风继续吹，SWIFT 有必要颤抖吗”；http://www.8btc.com/swift-blockchain-2，最后访问时间：2017 年 1 月 26 日。

② 参见区块链颠覆全球支付体系？SWIFT：我们也在测试，http://money.163.com/16/0721/19/BSH8O47Q00253B0H.html，最后访问时间：2017 年 1 月 26 日。

此外，初创企业也纷纷投身到这场革命中。作为一家初创公司，TerraPay是一家基于区块链技术构建信用和支付网络的初创公司。同时，该公司收购了英国的Pay2Global Limited公司，并将跨境支付与汇兑市场拓展到欧洲，从而连接金融机构、汇款运营商以及移动钱包服务提供商。[①] TerraPay的运行模式如下图所示：用户将个人资金存储在TerraPay钱包中，而钱包具有全球支付的功能，从而可以实现全球范围内任意货币的汇兑与发送。目前，TerraPay已逐渐成为孟加拉国小额国际跨境支付的领先企业；TerraPay利用区块链技术可以为支付带来的另外一个重要好处是确保支付的透明性。区块链分布式记账的模式可以使得数据难以被中心化的机构所控制和篡改。

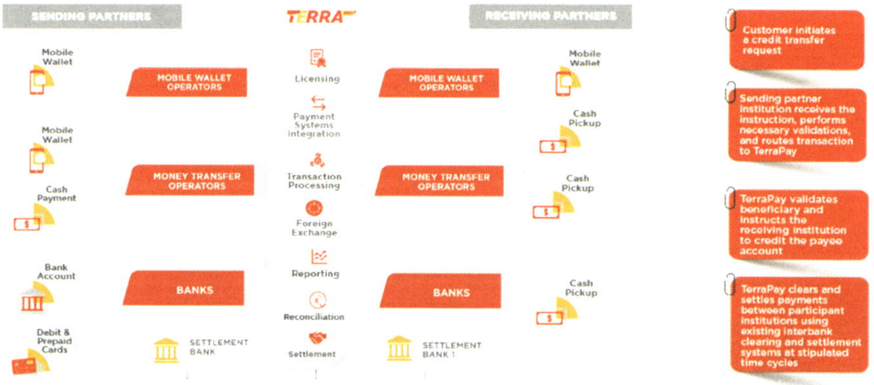

图4-4 TerraPay的运作模式

TerraPay作为区块链与支付相结合的重要实例，它在应用过程中仍存在一定的风险，因此需要强化监管。目前，TerraPay在英国注册，接受英国金融行为局(FCA)的监管。通过较为严格的审计监管，TerraPay提供的支付服务比传统模式更为安全、可靠。[②] “区块链＋支付”适用于小额高频的互

---

① 参见Antony Peyton: TerraPay buys Pay2Global for European payments push, 30 August, 2016. http://www.bankingtech.com/563012/terrapay-buys-pay2global-for-european-payments-push/。

② 参见太阳花日报: http://www.daily-sun.com/printversion/details/179260/TerraPay-to-become-leading-network-in-Bangladesh，访问时间：2017年2月9日。

联网支付、跨境支付领域，因此 TerraPay 被看作是区块链技术在支付结算系统应用中的一个典型案例。

二、数字货币及其监管

货币作为一般等价物出现，被人们广泛接受、使用，在交易中扮演着不可或缺的角色。货币作为交易媒介，可以克服双方需求耦合导致的交换效率低的问题。[1] 随着历史的发展，货币逐渐从“看得见，摸得着”的纸币、金属货币发展成了银行账户中的簿记记录等，目前我们日常生活中经常使用的货币为实体货币与账户货币，而区块链技术将对账户货币产生巨大影响。信息技术的不断进步与互联网移动通信的普及，新的货币加密技术与区块链分布式账本相结合，将交易记录记载于区块链中，由此带来了新的数字货币革命。

(一) 数字货币的厘定

随着信息技术的发展和在金融领域中的应用，多种类型的“货币”逐渐涌现，在理论和实务界存在一定的混淆；我们主要对三种概念——电子货币、虚拟货币和数字货币进行厘定。

图 4-5 电子货币、虚拟货币、数字货币

电子货币是指通过银行或其他相关金融机构将法定货币以电子化和网络化进行存储与支付的形式。当在账户之间划拨资金时，实质上只是资金信息的传递。因此，电子货币本质上是法定货币的电子化，常以磁卡或账号

① 中国支付结算协会. 支付结算理论与实务. 北京：中国市场出版社，2014.

的形式存储在金融信息系统内，方便储藏、支付，因此电子货币本身就属于法定货币的范畴。同时，电子货币常常以不同形式的“卡”出现，主要包括银行卡（储蓄卡、信用卡）和预付卡，例如公交卡、饭卡、购物卡等。同时，随着第三方支付行业的崛起，Paypal、支付宝、财付通等虚拟账户的资金也具有了电子货币的属性。

广义的虚拟货币是指没有实物形态的货币，包括前文提到的电子货币和下文即将介绍的数字货币等。但狭义的虚拟货币是指基于网络的虚拟性，由网络运营商提供发行并应用在网络虚拟空间的类法币，即它是真实世界货币体系的一种映射模拟，又被称为网络货币。① 例如腾讯公司发行的Q币、各大网游公司发行的游戏币、论坛为奖励网民参与贡献而设计的积分等。虚拟货币最大的特点是其发行主体为一般的商业企业，使用范围也限定在特定的范围内，本质上是一种商品或者服务。因此，这类虚拟货币的使用往往在企业经营领域内；同时，为了避免可能出现的洗钱风险等，监管机构往往规定虚拟货币不可双向流通；拥有虚拟货币发行权的企业也没有提供虚拟货币等价兑回现金的服务。这种单向流通的特性决定了虚拟货币无法充当真实世界里的现金或电子货币，它只能是互联网企业用来服务于自身用户的一种商务模式。人们对虚拟货币的信任完全来自对发行企业的信心。

数字货币是一种基于节点网络和数字加密算法的虚拟货币。数字货币与电子货币最大的不同在于数字货币不以物理形态的货币形式存在，它本身就是财富的表现形式。数字货币的核心属性主要体现在三个方面：① 由于来自于某些开放的算法，数字货币没有发行主体，因此没有任何人或机构能够控制它的发行；② 由于算法解的数量确定，所以数字货币的总量固定，这从根本上消除了虚拟货币滥发导致通货膨胀的可能；③ 由于交易过程需要网络中的各个节点的认可，因此数字货币的交易过程足够安全。①

① 朱阁. 数字货币的概念辨析与问题争议. 价值工程，2015(31).

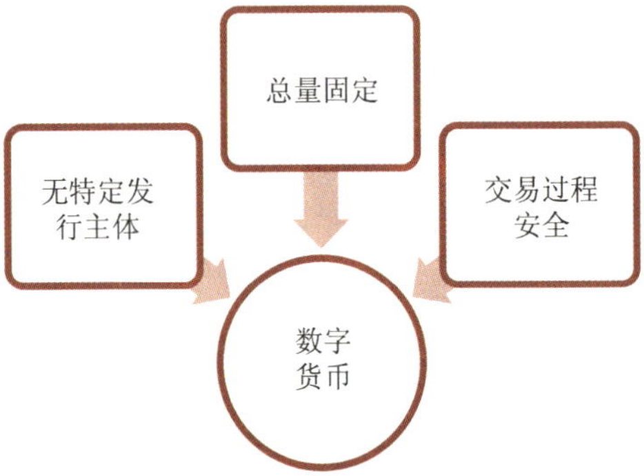

图 4-6　数字货币的核心属性

(二)现有数字货币的形式及其分类

满足数字货币定义的货币形式与种类众多,国际上并没有统一的分类标准,更无法穷尽列举数字货币的形式。因此,对数字货币形式与分类的理解是仁者见仁、智者见智的,没有好坏优劣之别。

数字货币的形式多样,但无论哪种数字货币都有其相对稳定的受众,根据数字货币使用主体认可度的不同,可以区分不同形式的三种数字货币:社群数字币、企业虚拟币与国家数字货币。

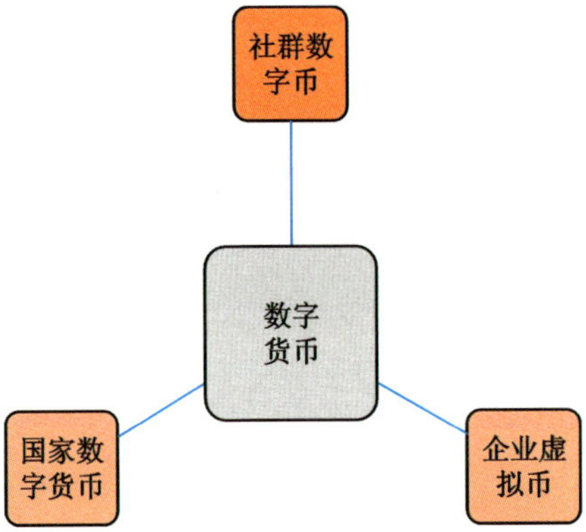

图 4-7　数字货币的三种形式

1. 社群数字币

社群数字币是以社群的认可度来做背书的。比特币可以说是第一个非中心化的社群数字币。在比特币社区和许多比特币信仰者的支持下，比特币拥有了价值支撑，也吸引了一些社群外的用户参与交易与使用。据有关媒体报道，全世界约有 1 400 家实体商户可以用比特币来支付，其中欧洲有近 600 家，美国有 400 多家，我国北上广等一线城市则有 20 来家。[①]

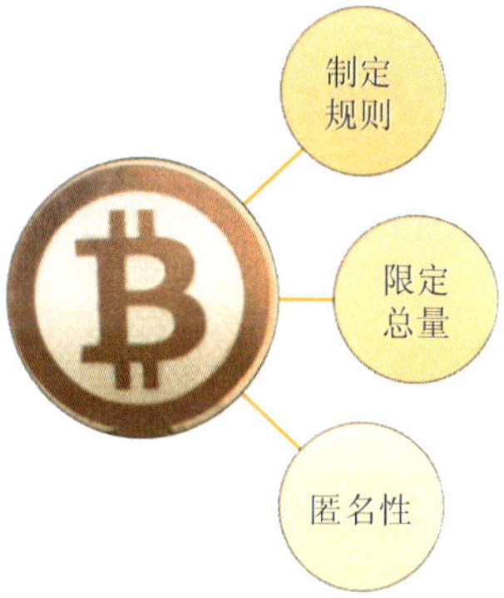

图 4-8 比特币符合数字货币的目标

比特币所使用的底层技术即为区块链技术。借助于区块链技术，比特币符合了数字货币的几个目标：一是制定规则，比特币通过区块链技术，用算法和程序约定了发行总量和发行方式，社群往往不像其他组织那样具有强有力的中心机构和行动能力，意见和利益都相对分散，在这种情况下，区块链技术通过加密算法形成约定，制定了强制性的规则，缔造了超越人为因素的信任纽带；二是限定总量，社群数字币强制设定总量和发行速度的特点，使得早期持有者可以基于社区的扩大、持有人数的增多、社群内经济活动的增加，而得到越来越多的利益，这一经济学上的特点，使得数字货币又具有了类似股权的优点，使得社群形成一致的价值预期，产生了共同的内生经济动力；三是匿名性，比特币的相对匿名性、非中心化、开放源码的特点，分散了法律风险和责任，使得整个经济系统具有极其顽强的生命力。

---

① 参见中国日报网：https://www.baidu.com/link? url=kRkkrRKc2kgCGYNP6Plln3SVgx-MB1jsipbX65lL3kt_cUb6lT-60dGnp_1izrf-kN_vLtn8heQ28mIsMKQd1GspGG6YEFNpTUJgHW2-NHmuNw5F8aWBZwEwXpIRLvgsgc&wd=&eqid=b49981b70001852c000000025911ab44，最后访问时间：2017 年 2 月 1 日。

目前，市场上有数百种社群数字币，同一社群内使用同一种货币，可以在经济利益上使社群形成一致利益，并通过社群内的交换、交易，将经济活动留在社群之内，使社群拥有自己的经济资源，吸引更多的外界用户参与。

2. 企业虚拟币

目前企业对区块链技术的使用，仍然要落后于社群；上文所提及的企业游戏虚拟币、积分、Q 币、储值卡等，都可以说是数字币的一部分，但是这类数字币往往因其交换价值和交换场景有限，无法形成真正的生态系统。当前，一些创业企业已经在进行相关尝试，如 Factom 基于自己的软件服务，已经发行了可兑换虚拟币，还有的企业如 BitGold、GoldPay，也在尝试基于黄金来发行自己的虚拟数字币。如果未来数字货币的发行能有规可循，则会有更多的企业进入数字虚拟币发行这一领域。我们认为，对于数字货币的监管非常必要，否则这一生态将随着野蛮生长而面临着行业混战的格局。

随着网络经济时代的到来，国与国之间的经济联系频繁而紧密，传统的以国家划界和运营的公共服务，已经无法适应经济全球化的深化发展。因此，以全球化的监管视角和自律组织进行特定领域的监管实属必要；例如目前互联网的基础——IP 和域名的分配管理，就是由非营利性的国际性组织 ICANN 来进行的；互联网上最大的百科全书——维基百科，也是由非营利组织维基媒体基金会负责运营的。我们认为，对于非国家发行的数字货币的监管，也应当遵循这样的路径。

3. 国家数字货币

图 4－9　国家数字货币的重要作用

国家数字货币的历史使命和发展方向，与社群数字币和企业数字虚拟币完全不同。它是国家选择性地利用已有技术，结合国家数字货币自身需要的发展而产生的，它的演进可能会在以下几个方面发挥重要的作用。

第一，防伪。国家发行的数字货币将有望在人类历史上首次摆脱伪钞发行的可能性。这一防伪的特性还可以运用于各种与国家数字货币相关的票据、凭证上，从而解决长期困扰的票据诈骗问题。

第二，数据追踪。新技术的使用让各类海量的金融数据，能够被更清晰地收集、跟踪、分析，这意味着国家将掌握先进的信息工具，这对于反洗钱和税收征管等工作的开展具有重要意义。

第三，自动化金融服务。未来随着国家数字货币金融服务的开发，金融机构会越来越趋向小型化、数字化、自动化，而在银行排队办理某项业务的场景，可能在下一个十年得到彻底的改变。

第四，反制裁、抗攻击。目前国与国之间的金融纷争愈演愈烈，一旦出现国家之间的交恶，冻结银行资产、中断资金往来是常用的手段。国家的金融机构往往是黑客攻击的重点，特别是 DDoS（分布式拒绝攻击服务）对于中心化的金融系统来说几乎是无法防御的。但是如果应用区块链技术，非中心化的数字货币能够具备全网记账、分布式网络的特点，就天然地对此类攻击具有很强的防御能力。即使发生局部的、暂时的网络中断，记录在全网各个节点的交易数据也不会丢失。

对于中央金融机构而言，上述技术特征都是难能可贵的优点，在平常能够极大地提高金融效率和安全性，在非常时期，甚至有可能成为维护一国金融安全的重要保障。当然国家数字货币的研发，还需要大量艰苦卓绝的技术创新和测试，才能进入实用领域。

此外，根据是否依托于实物，数字货币（Digital Currency）分为两类：非 Cryptocurrency 货币（即数字黄金货币，如 e-gold，以及公司发行的货币，如 XRP）和 Cryptocurrency 货币（即比特币 Bitcoin 类加密货币）。

图 4－10　数字货币分类

数字黄金货币(Digital Gold Currencies,简称 DGCs)是一种以黄金重量命名的电子货币形式。这种货币的典型计量单位是金衡制克或者金衡制盎司。数字黄金货币与黄金的价值绑定,同时数字黄金货币供应商持有超过8.6 吨的黄金作为储备。因此,数字黄金货币类似于金本位时期国家发行货币的原理,以黄金储备作为货币的信用基础。目前,数字黄金货币由很多供应商发行,每个竞争供应商都发行独立的数字黄金货币。目前,最大的数字黄金货币厂商 e-gold 和 Liberty Reserve 是应用最流行的供应商。

加密货币是指不依托任何实物,而使用密码算法的数字货币。它是一种依靠密码技术和校验技术来创建、分发和维持的数字货币,上文已有详述,这里不再赘述。目前,加密货币的类型庞杂,但大多体量很小,加密货币市场仍以比特币(Bitcoin)为主,但以太币(Ethereum)、瑞波币(Ripple)和莱特币(Litecion)也占据了一定的市场份额。与黄金货币相比,由于加密货币缺乏作为价值基础的信用基础,而是基于市场对比特币等商业价值的判断,因此其价格往往波动剧烈。以最主要的加密货币——比特币为例,2010 年4 月比特币的单价还不到 14 美分,而 2013 年 11 月 24 日则达到了 1 242 美元的历史高位;2015 年 1 月,其单价下跌至 200 美元左右,但 3 月初又反弹至接近 300 美元。其他加密货币也波动剧烈,往往一天之内的波幅就超过了10%,极端情况下更是超过 100%。[①] 这一特点使得加密货币难以有效地作为一种价值尺度存在,而往往成为投机者的投机独享。尽管如此,加密货币

---

① 参见博思网:“解密比特币价格暴动的原因”,http://www.bosidata.com/news/057504-WQSI.html,最后访问时间:2017 年 2 月 1 日。

在跨国交易、小额支付以及 P2P 支付等领域都有着广泛的应用前景。

(三) 数字货币的特征

数字货币的快速发展在全球范围内有目共睹,可以认为,数字货币已经在互联网问世并创造出了其他电子货币或虚拟货币无法企及的"神话"。数字货币能够取得如此广泛的应用,源于其拥有的 6 个特征:非中心化、全球性、交易费用低、无隐藏成本、专属所有权与跨平台特性。

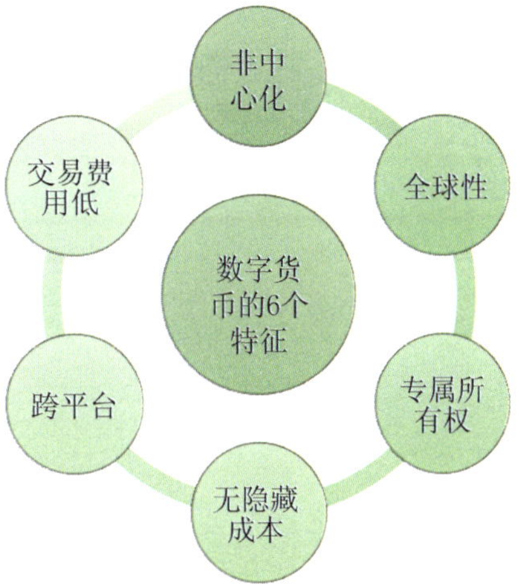

图 4-11 数字货币的特征

具体来看,非中心化顾名思义是指整个网络由用户构成,没有中央机构的存在;全球性体现在任何人都可以挖掘、购买、出售或收取,并可以在任何一台接入互联网的计算机上管理;交易费用低是数字货币的一大优势,现代互联网技术使数字货币交易几乎是实时交易且无手续费;无隐藏成本是指知道对方比特币的地址就可以进行支付,没有额度与手续限制;专属所有权是指数字货币所有者的操控私钥可以被隔离保存在任何存储介质中,除了主人之外无人可以获取,其专属所有的安全性可以得到保障;跨平台特性是指数字货币产出和使用时并不受限于某个平台的范围。

针对数字化本身的特质,以五维雷达图来表示信任内容、信任机制、运作方式、业务关系和业务角色这五大特点时,其特征图如下。

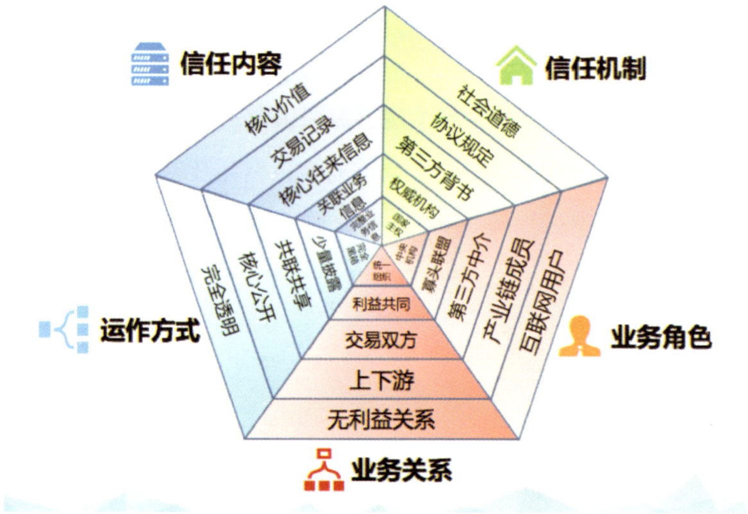

图 4－12　数字化特质的五维雷达图①

在这种特征机制下，我们分析数字货币中最为特征化、实用化的比特币，可以发现：比特币具有交易信息全面记录、绝对协议规定、完全透明公开共享、完全中立无利益关系、全互联网用户参与等特征。数字货币的特殊性与传统货币有天壤之别，除了如上所述的主要特征之外，还有许多方面也与其他货币形式存在些许差异。随着时代的进步与科技的发展，数字货币将会体现出越来越多独具的特征，从方方面面改变人们的日常生活。

（四）数字货币的典型案例

数字货币与区块链技术密不可分，数字货币中也广泛使用了区块链技术。以区块链技术为基础构建的数字货币具有下面一些典型的技术特征：一是数字货币具有共享账本的特征——现有的数字货币往往是作为特定记账系统的工具而出现，或者依附于特定的记账系统；二是资产具有非对称加密的特征——账户体系由非对称加密算法下的公钥和私钥组成，若没有私钥则无法使用对应公钥中的资产；三是系统源代码开源的特征——共识机

① 图片来源：腾讯 FIT 金融产品创新实验室，《腾讯区块链运行解决方案（金融业）》，http://mt.sohu.com/business/d20170425/136320433_353595.shtml，最后访问时间：2017 年 4 月 21 日。

制、规则等都可以通过一致的、开源的源代码进行验证。

基于区块链技术，以比特币为代表的一系列虚拟货币得以广泛发展。目前世界上已经有数百种加密数字货币，其中比特币是最先出现并且是规模最大的，其他的包括莱特币(Litecoin)、狗币(Dogecoin)、瑞波币(Ripple)、未来币(NXT)、点点币(Peercoin)等。

图 4-13 各种数字货币

在这些虚拟货币中，通常每种币都代表了一种协议，但它可能有自己独立的区块链或者在比特币的区块链的基础上运行。例如，莱特币基于其自有的协议运行，协议又基于其自有的区块链运行，这意味着它拥有自己独立的非中心化总账。另一些协议，如合约币(Counterparty)，它拥有自己的货币(XCP)，但是基于比特币的区块链运行，也就是说它们的交易都会在比特币的区块链总账上登记。

目前，运用区块链技术的数字货币种类已经越来越多，交易量也在不断增长，使用范围不断扩大，其发展前景不容小觑。Bitcon、Ripple、Ethereum、Litecoin、Dogecoin、Dash、Factom、Peercoin、MaidSafeCoin、VPNCoin 等使用区块链技术的数字货币已经为人们广泛接受。[①]

① 参见兴业证券研究所：http://www.xyzq.com.cn/xyzq/jgyw/zytd.jsp? openflag=1080&lightflag=1080，最后访问时间：2017 年 3 月 1 日。

#	Name	Market Cap	Price	Available Supply	Volume (24h)	% Change (24h)	Price Graph (7d)
1	Bitcoin	$ 5,973,580,035	$ 394.75	15,132,450 BTC	$ 54,780,900	-0.12 %	
2	Ripple	$ 202,945,780	$ 0.005983	33,920,177,761 XRP *	$ 1,863,280	14.96 %	
3	Ethereum	$ 186,946,510	$ 2.44	76,572,545 ETH	$ 12,270,600	-12.08 %	
4	Litecoin	$ 142,749,588	$ 3.23	44,234,223 LTC	$ 4,171,360	2.35 %	
5	Dogecoin	$ 46,918,918	$ 0.000456	102,831,025,445 DOGE	$ 6,348,870	37.81 %	
6	Dash	$ 26,995,366	$ 4.37	6,173,304 DASH	$ 392,015	7.49 %	
7	Factom	$ 11,715,814	$ 1.34	8,753,728 FCT *	$ 1,924,520	23.26 %	
8	Peercoin	$ 10,817,328	$ 0.471525	22,941,154 PPC	$ 284,767	12.74 %	
9	MaidSafeCoin	$ 10,469,257	$ 0.023134	452,552,412 MAID *	$ 209,683	23.23 %	
10	VPNCoin	$ 10,066,623	$ 0.025145	[illegible] VPN *	$ 2,993,360	14.26 %	

图 4-14　几种主要数字货币的价格走势对比图

除了数字货币本身已在欧美国家获得相当程度的市场接受，基于比特币等数字货币的衍生服务也逐渐出现，例如美国出现了比特币借记卡以及与 ATM 相关联的转账、汇兑、提现等应用服务。

目前，最受关注的数字货币服务主要是提供数字货币与法定货币之间交换的交易平台。较为典型的应用是中国的交易平台 OKCoin，这一平台支持人民币与比特币的交易。同时，随着数字货币的应用进一步广泛，分布式账本区块链技术也随之受到更多的关注，并逐渐在数字货币以外的众多场景获得开发应用。此外，比特币交易平台也获得了青睐，这类平台不仅支持用户间进行数字货币的交易，同时还在积极拓展线下应用场景，从而实现基于数字货币的支付。

除了企业和社群发行的数字货币，国家发行数字货币也将成为趋势。2015 年厄瓜多尔率先推出国家版数字货币，不但能减少发行成本及增加便利性，还能让偏远地区无法拥有银行资源的民众也能通过数字化平台获得金融服务。突尼斯也根据区块链的技术发行国家版数字货币，除了让国民通过数字货币买卖商品，还能缴付水电费等，结合区块链分布式账本的概念，将交易纪录记载于区块链中，方便管理。同时，还有许多国家也在探讨发行数字货币的可行性。目前，瑞典、澳大利亚及俄罗斯正在研讨发展数字货币的计划。

（五）各国对数字货币的监管

1. 世界主要国家对数字货币的态度

目前，世界上主流国家对比特币等基于区块链数字货币的监管政策分歧较大，政策态度可以分为严禁、限制与准许三大类。例如冰岛等国由于受到2008年金融危机的冲击，对资本外逃现象非常担忧，因而对比特币等数字货币非常谨慎，禁止购买交易比特币。而资本吸引力强大的国家如美国、英国等发达国家一般准许比特比，对比特币和区块链技术表现出极大的兴趣。

（1）美　国

美国对于具体应用区块链技术的比特币持默许态度。美国关于比特币的监管主要体现在货币监管、投资活动等方面。货币监管方面：美国监管机构将比特币界定为“可转化虚拟货币”，受《银行安全法》监管；同时，对于比特币可能涉及的洗钱问题则由美国金融犯罪执法网络（the Financial Crimes Enforcement Network）执法监督。在投资活动方面：比特币中的“挖矿”合同则属于投资合同，属于美国证券交易委员会（Securities and Exchange Commission）的监管范畴。同时，美国国内税务局（IRS）出台了适用于比特币等数字货币征税建议，认为比特币等虚拟货币本质上是一种资产，因而需要缴付财产税。同时，美国各个州对于货币服务的法律解释差异较大，因此各州具有不同的监管态度。2017年1月美联储发布《美国支付体系改善进度报告》，认可数字货币在支付行业领域应用的广泛前景，认为分布式记账的特征可能对传统支付行业的运行模式造成冲击，可能取代传统支付链条中清算结算服务商的角色。

（2）日　本

2016年5月25日，日本国会通过了《资金结算法》的修正案，该法案在民间也被称作《虚拟货币法》[①]，正式将包含比特币在内的"虚拟货币"纳入了法律规制的体系内。该法于 2017 年 4 月 1 日正式实施，已经发生法律效力。这次《资金结算法》修正案的主要内容包括：

第一，明确了"虚拟货币"的定义。该法规定，"虚拟货币"是指：

- 在购买商品、贷出、接受他人提供劳务的情形下，能够为清偿前述行为的对价而对不特定人使用，且可以以不特定人为相对方进行买入或卖出的财产性价值（限于由电子机器或其他工具用电子方法记录之物，不包括本国通货、外国通货，以及货币计价资产），且可以用电子信息处理系统进行转移之物。
- 可以以不特定人为相对方与前项记载之物进行相互交换的财产性价值（限于由电子机器或其他工具用电子方法记录之物，不包括本国通货、外国通货，以及货币计价资产），且可以用电子信息处理系统进行转移之物。

这一定义中的所谓"货币计价资产"（日语：「通貨建資産」）是指，以本国货币或外国货币计价，通过本国货币或外国货币来进行债务履行、退还或其他同类行为的资产。因此，储值卡等电子货币不属于虚拟货币，它是货币计价资产的一种。

简而言之，"虚拟货币"被定义为通过互联网可以在不特定多数主体之间用于买卖商品或服务的财产性价值。根据前述定义，包含比特币在内的"虚拟货币"被正式规定为支付手段的一种，其地位得到了法律的承认。但是，它仍然不同于法定货币，在税法等相关法律修改之前仍然被视作资产。[②]不过，从 2017 年 7 月开始，由于虚拟货币成为法定的支付手段，购买比特币等虚拟货币，或者说用法定通货兑换虚拟货币，将不再需要缴纳消费税，这

---

① 在日本，比特币等不以物理形态存在、不与法定货币直接挂钩，而基于节点网络和数字加密算法保证其信用的货币在日语中被称为"假想通货"（日语汉字记作「仮想通貨」），这个单词的字面直译接近于虚拟货币，但是其含义相当于中文里说的数字货币。为尊重原文，此处引用日本的相关表述均记作"虚拟货币"，但加引号以示其含义不同于中文里说的虚拟货币。

② 参见「教えて！仮想通貨法」，https://bitflyer.jp/ja/virtual-currency-act，最后访问时间：2017 年 5 月 5 日。

对比特币的交易而言将成为重大市场利好。[①]

第二，引入“虚拟货币”交换业者的概念并正式加以法律规制，实施注册制，将其置于金融厅的严格监督之下，并对业者课以多项行为义务，包括但不限于：对信息采取安全管理措施，委托第三方执行业务时对其进行指导，向用户说明“虚拟货币”与法定货币的区别，对用户财产进行分别管理，由注册会计师或监查法人进行定期监查，制作并保管账本，撰写事业年度报告并向内阁总理大臣提交。

第三，加强反洗钱、反恐怖融资方面的联动保护。把“虚拟货币”交换业者列为《犯罪收益移转防止法》上的特定事业者，使其承担该法中规定由特定事业者承担的相应义务。

总而言之，日本的《资金结算法》修正案将“虚拟货币”规定为了法定支付手段并正式予以承认，不再对“虚拟货币”的交易征收消费税，同时，在税法上又将其视作一种资产，通过“虚拟货币”取得的收入不被视作资本利得，而是其他所得（个人）或营业收益（法人），按照这一标准进行课税。

(3) 英　国

英国不仅准许比特币等数字货币，英国政府还对比特币及区块链技术表现出巨大的兴趣。此前，英国财政大臣乔治·奥斯本强调了电子货币的潜力，他表示希望英国能引导世界金融科技的发展。英国伦敦致力将自身打造成最重要的 FinTech 中心，以对抗纽约、旧金山的金融影响力。此外，英国政府对比特币交易免征增值税，同时英国央行对区块链和数字货币也表现出高度的重视。

此外，欧洲准许比特币的存在，欧洲法院的裁决曾认可比特币的货币地位，因而无需缴纳增值税。

(4) 俄　国

俄国对基于区块链的比特币持限制态度。俄国在 2014 年底由多个部门

---

① 参见「ビットコインの法律「仮想通貨法(改正資金決済法)」を解説。」，https://bitcoinlab.jp/articles/8，最后访问时间：2017 年 5 月 5 日。

发布了禁止比特币的政府文件,其主要担忧是比特币的使用可能引发俄国资本外逃问题的进一步恶化。2015 年初,俄国关闭了境内的比特币网站并发出风险警告。因此,总体上俄罗斯对比特币采取了限制的态度。

(5) 菲律宾

菲律宾也即将承认比特币是一种支付系统。菲律宾官方已经发布了一份数字资产交易所指导方针,在方针中菲律宾正式承认比特币为一种支付系统。

2. 我国对数字货币的态度

数字货币在我国从出现到发展已历经数载,其中最有代表性的就是比特币。比特币在中国曾一度野蛮增长,央行等监管机构也高度重视:一方面严格监管比特币等数字货币,另一方面积极筹备发行数字货币。

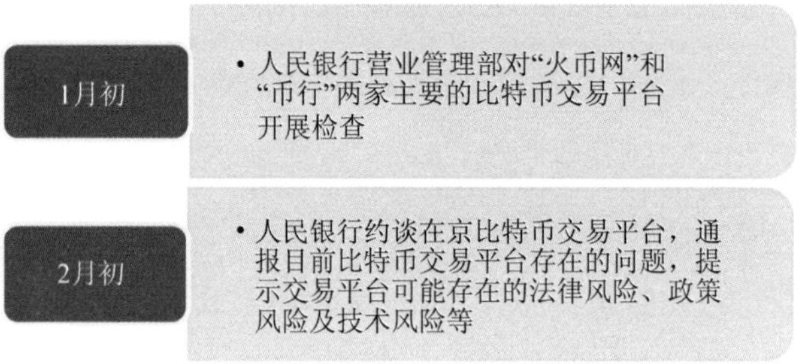

图 4-15　2017 年人民银行对比特币进行的监管

整体而言,我国金融监管机构对比特币等数字货币采取了较为审慎的态度。2013 年底中国人民银行、工业和信息化部、银行业监督管理委员会、证券监督管理委员会、保险监督管理委员会五部委联合发布了《关于防范比特币风险的通知》,定义比特币为"虚拟商品"并限制新型金融机构和第三方支付机构从事比特币业务,防范比特币可能产生的洗钱风险,同时禁止使用比特币购买实物商品和服务,并要求强化对比特币的登记管理。需要强调的是,我国监管机构并没有反对个人投资者交易比特币,但限制利用比特币逃避资本外流管制的行为。2017 年,人民银行对比特币进行的监管明显加强:1 月初,人民银行营业管理部对"火币网"和"币行"两家主要的比特币交易平台开展检查；2月初，人民银行约谈在京比特币交易平台，通报目前比特币交易平台存在的问题，提示交易平台可能存在的法律风险、政策风险及技术风险等。同时，人民银行划定了比特币交易机构的业务红线：不得违规从事融资融币等金融业务，不得参与洗钱活动，不得违反国家有关反洗钱、外汇管理和支付结算等金融法律法规，不得违反国家税收和工商广告管理等法律规定。[①] 根据现有的监管政策，比特币交易平台的监管机构主要是中央银行，监管的重点是反洗钱、外汇管理和支付结算方面的风险。

除了强化对比特币等虚拟数字货币的监管之外，央行也在积极筹划推进国家数字货币的发行工作。央行于2016年1月召开数字货币研讨会，提出争取早日推出央行发行的数字货币，认为探索中央银行发行数字货币具有积极的现实意义和深远的历史意义。目前，央行认为数字货币在替代实物现金，降低传统纸币发行、流通的成本，提升经济交易活动的便利性和透明度方面具有重要意义。如央行行长周小川即认为数字货币和区块链技术具有重大意义，可能"对未来支付业务造成巨大改变。"[②]但是，目前央行尚未提出任何正式的数字货币发展规划，也未有官方文件进行讨论或规范。而地方省份则对数字货币的推进深感兴趣，例如贵州省也在积极推进大数据发展的相关工作，贵州2017年大数据发展重点工作中就包括向央行提出申请，将贵州打造成全国首个数字货币应用试点省份。

第二节 数字票据

一、传统票据的演变

票据制度，一般认为其起源于12世纪意大利商人间流行的一种兑换证

① 参见人民银行营业管理部（北京）官网，http://beijing.pbc.gov.cn/beijing/132005/3248926/index.html. 最后访问时间：2017年5月5日。

② 参见百度新闻，"央行行长周小川谈数字货币和区块链"，https://baijiahao.baidu.com/po/feed/share? wfr=spider&for=pc&context=%7B%22sourceFrom%22%3A%22bjh%22%2C%22nid%22%3A%22news_2780575775382887713%22%7D，最后访问时间：2017年5月13日。

书。当时欧洲各国之间的贸易已经逐渐发展，地中海沿岸商业发达，但是在风险割据下各个国家的币制不同，商人异地送款不易，于是通用货币兑换便应运而生。意大利商人发行“兑换证书”来经营现金兑换，同时兼营汇款业务。其做法是：A 地通用货币的兑换商收受商人的货币后，向商人签发兑换证书，商人持此证向兑换商人在 B 地的分店或者代理商请求付款，支取 B 地的通用货币。这种兑换证书，相当于现代异地付款的本票，被认为是现代本票的起源。随着商品经济和国际贸易的发达，到 16 世纪，票据制度已经逐渐完备，逐渐有了背书、承兑、交换等各项制度，到银行出现后又出现了专门由银行付款的支票，最终形成比较完备的商业习惯，进而由立法予以规定。尽管票据的基本用途是商业贸易中的支付结算，但随着商业的发展，票据发挥着越来越重要的融资功能。

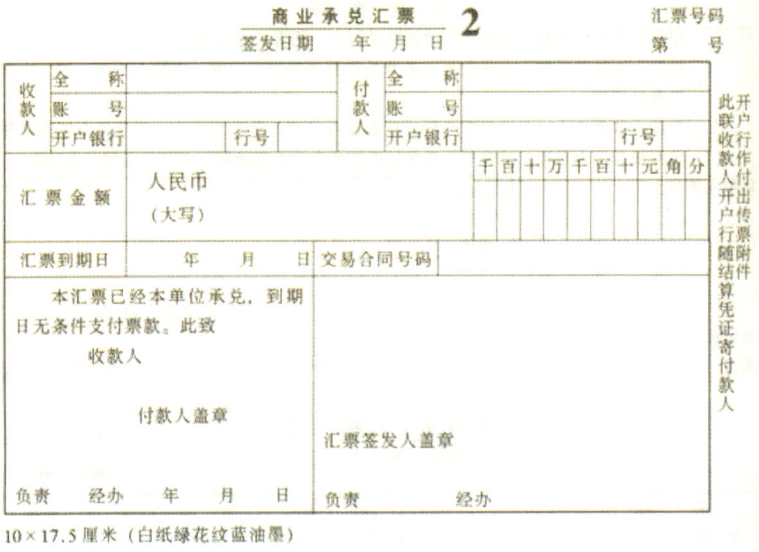
商业承兑汇票 2

签发日期 年 月 日

汇票号码 第 号

收款人	全称		付款人	全称	
	账号			账号	
	开户银行	行号		开户银行	行号
汇票金额	人民币（大写）				千 百 十 万 千 百 十 元 角 分
汇票到期日	年 月 日	交易合同号码			
本汇票已经本单位承兑，到期日无条件支付票款。此致 收款人 付款人盖章 负责 经办 年 月 日		汇票签发人盖章 负责 经办			

此联收款人开户行随结算凭证寄付款人开户行作付出传票附件

10×17.5 厘米（白纸绿花纹蓝油墨）

图 4-16 纸质票据

就票据的支付结算功能而言，票据承担着货币的替代品作用。在大额贸易中，大量使用货币有很大的不方便性和不安全性，不仅手续复杂、不迅速，往往还容易发生差错。以票据代替货币，能够减少甚至杜绝这些不利因素。票据作为支付工具，可用于同城或异地贸易，在国际贸易中，更是普遍使用。此外，票据还可以作为汇兑工具，可以代替货币在不同地方之间运送，以便异地之间的支付。在不使用票据的条件下，异地的货币使用以直接运送、携带货币为手段，不但费时费力，而且极不安全。一旦发生事故，损失将无法挽回，大额货币的运送更是如此。使用票据进行异地汇兑金钱，以一纸票据而替万金，便利之处显而易见，并且如果发生事故使票据毁损灭失或被他人不法取得，权利人及时采取措施，通知银行止付，请求司法保护，就可保全利益，不致受损。这就使运送、携带现金的不安全转变为使用票据的无后顾之忧。此外，票据还实际承担着信用工具的职能，对于促进债权债务流通、减少货币使用量等，都有着积极的意义。

现代票据是出票人签发的，约定由自己或者自己委托的人无条件支付确定的金额给持票人的有价证券，[①]主要包括本票、支票、汇票等类型。票据以无条件支付或者委托支付一定金额为内容，旨在给持票人设立无对待性义务的金钱债权，持票人于到期日或规定时间内凭票请求付款时，付款人应当“无条件支付”票面金额。这是现代票据制度的基本内容，各国规定虽有差异，但本质并无根本区别。因此，票据是出票人依据票据法签发的有价证券，票据的关键信息包括金额、付款人、出票日、出票人等，且票据的转让必须依据票据法的规定作一定更改。票据法对各种票据的格式、内容所应表明的含义、票面记载的文字和数字的书写、应当记载的事项，甚至票据用纸的规则、颜色等，都有具体而又详细的规定，不允许出票人违反，也不容许出票人出票时疏忽大意。因此，票据是一种具有严格形式的有价证券，其价值高度依赖票面信息的真实性；另一方面，票据真实性的验证又存在较大的技术困难。正因为如此，票据的伪造一直是困扰传统纸质票据市场的一个重大问题。

---

① 票据一词，有广义和狭义之分。广义的票据，指各种表彰财产权的凭证，包括钞票、发票、提单、仓单、保单、车票、传票、机票、入场券、债券、股票、汇票、支票、本票等。狭义的票据，仅指以无条件支付一定金额为内容且由票据法规范的有价证券，包括汇票、支票、本票。票据法上均采用狭义，外延有所差别。我国《票据法》第2条第2款即明确规定：“本法所称票据，是指本票、汇票和支票。”德、法、日等国的票据法则不含支票。

正是基于上述原因，在电子技术背景下的电子票据逐渐受到欢迎。电子票据是指出票人依托票据系统，以数据电文形式制作的，由自己或委托付款人在见票时或指定日期无条件支付确定金额给收款人或者持票人的票据。电子票据必须依托网络和计算机技术的电子票据系统，通过接收、存储、发送电子票据数据电文，进行电子票据货币的给付、资金清算等行为。目前，我国已经推行了电子商业汇票。2009 年 10 月 16 日中国人民银行发布《电子商业汇票业务管理办法》，该办法第 2 条规定："电子商业汇票是指出票人依托电子商业汇票系统，以数据电文形式制作的，委托付款人在制定日期无条件支付确定金额给收款人或持票人的票据。电子商业汇票分为电子商业汇兑汇票和电子商业承兑汇票。"

图 4－17　电子票据

从票据的演变历史来看，票据凭证是从最初的纸质凭证变革而来的；但随着票据市场规模的日益扩大，纸质票据不能再满足现代证券交易的需要，其安全但烦琐的交易程序成了扩大证券交易的严重障碍。面对市场的需求，改革之声越来越大，无纸化票据呼之而出，票据无纸化制度最终在渐进式改革和投资者的推动下诞生了。在这个过程中，首先是票据交收系统发生了改变，引入了净额交收系统，之后出现了票据存管制度，从而确定了票据无纸化的基本模式。

二、区块链在票据领域的应用

(一) 案例:以色列企业 Wave 利用区块链技术改造国际海运

图 4-18 运输业加区块链技术

首先,我们通过案例展示区块链技术是如何改变传统的票据交易的。Wave 是以色列的一家初创企业,其针对运输行业传统交易模式的弊端,试图通过区块链技术对运输行业进行改造。运输行业的历史由来已久,而国际运输行业自国际贸易诞生之日起就没有太大的行业变化。在传统的国际运输行业中,典型的商业模式是这样的:例如,当批发商向中国一家制造商下单后,整个交易过程包括销售、运输和交货,它们都记录在提单中。提单是发货者收到的一种凭证,证明货物已经发出及其在货物海运过程中对货物的所有权。一旦货物到达目的地,发货人会将提单原件发给收货人,收货人再凭提单提货,提单一般通过隔夜速递的方式送达。如果这只是发货人和收货人之间的交易,那么期间可能会生成加密电子版提单,收货人可将其打印出来。但由于每单国际运输都涉及多方关系,从银行到保险公司再到政府海关检查部门,银行通常以贷款的方式付清货款,当货物卖出后再偿清贷款(同时将货物抵押给银行,款项待付)。如果货物在海运过程中出现任何问题,保险公司都需要对其负责(同样将货物抵押给保险公司),而海关检查部门需检查货物,确保货物与文件记录相符。可见,涉及的人越多,出现混乱、损失和诈骗的可能性就越大,可能会带来永无休止的法律纠纷,各方都会互相指责对方在处理提单时出现纰漏。一直以来各方做出多种努力,试图改变现状,但最后都不了了之。因此,这种国际交易模式的成本较高,且法律风险较大。

针对这种情况,以色列初创企业 Wave 试图在运输行业掀起数字革命。由于涉及利益各方,且双方之间往往缺乏互信;同时,由于处于不同的国家和地区,以传统的法律诉讼或者仲裁的形式解决纠纷耗时耗力。在这种情况下,数据区块链有了用武之地。在区块链中,所有的支付或文件都必须经过各方同意,可立即测出期间做出的任何改动。不像电子文档如 PDF 可以复制无数次,经区块链同意的文档是独一无二的,因为它需要相关各方的电子“签名”。通过这种方式发送提单,可以消除所有安全和数据顾虑,免去漫长的提单传递过程。Wave 首席执行官加迪·鲁斯钦(Gadi Ruschin)表示,连接所有运货商、银行、货运代理人、贸易商以及国际贸易供应链其他实体的是点对点和完全分布式的网络。

(二)区块链技术的使用在票据交易中的优势

通过上述案例可以看出,区块链技术在票据交易领域中的应用主要是利用了区块链技术所具有的下列优势:

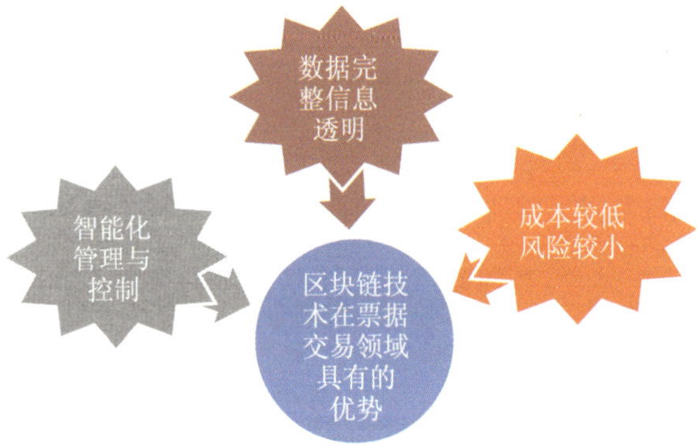

图 4-19 区块链技术在票据交易领域具有的优势

① 成本较低,风险较小。降低传统模式下系统建设及运维的综合成本,避免集中模式下服务器崩溃或被黑客控制的问题。分布式数据库具有强大的容错功能,不会因为一个或几个节点出错而影响所有参与者的运转,更不

会影响数据的进一步存储和交易更新。各个参与者记录的数据账本，既是分账本，也是总账本，可以减少中心化模式下数据反复被记录和保存的成本。通过分布式技术，上述各方之间的所有通信都可直接进行，无需借助特定的中心实体，可降低传统模式下系统建设及运维的综合成本，避免集中模式下服务器崩溃或被黑客控制的问题。

② 数据完整，信息透明。通过时间戳的可验证性，对任何价值交换都可以追踪和查询，方便调阅历史数据，清晰展示和控制票据的流转过程，一旦发生法律纠纷，易于行使相关权利并追索。通过参与者行为数据的记录和累积，可以建立信用分析和评估机制，形成权威性的企业信用记录，制约违约。通过票据状态的实时查阅，可以有效控制票据交易中的风险，避免现有模式下重复质押或合伙作案等问题。同时，可以通过相应的技术实现对商业秘密的屏蔽。

③ 智能化管理与控制。通过可编程的智能合约形式，票据可以实现约定的具体限制和控制。例如，票据代持（双买断）模式，可以在交易的开始就将约定买回的日期，通过代码的形式写入智能合约，待到期后票据将自动完成赎回买断。智能合约通过代码来实现，票据交易不再完全依赖线下合同进行约束，可以最大程度地避免执行过程中的违约。

第三节 资产数字化

1990 年前后，随着互联网技术产业化的发展，数字化资产逐渐出现并进入人们的生活。在信息时代之前，人类的主要资产是土地、生产器械等有限资源，而这些资源的有限性往往会限制社会的发展。进入信息时代后，数字资产具有空间无限拓展性、数量无限可复制性、多维度可塑造性等特点，使得数字资产具有极高的可开发价值，资产数字化正在成为目前的趋势。

随着资产数字化、互联网金融的蓬勃发展，信息共享的深度和广度发生了深刻的变化,区块链技术将大大推动资产数字化的进程。我们认为,资产数字化、互联网金融、区块链三者是紧密结合的,能够起到相互孵化、相互促进的作用。

未来,任何资产都可能以数字资产的形式出现。但是在目前社会中,各类数字化资产仍然需要通过法定货币或者可以转化为法定货币的方式,才能被证明自己的价值。因此,无论是何种类型的数字资产,在现代的货币体系中,都需要具有“变现”的渠道才具有意义。例如,知名的数字货币机构——以太坊的操作模式是:首先,创建 ERC－20 代币,并将这些代币变成股份;其次,使这些代币可以在数字资产交易所交易,这样整个资产数字化的过程便完成了。通过这一程序,可以让各种形式的资产像货币一样使用,同时达到变现的效果。以下是资产数字化的一些典型案例:

一、MI 基金的 ICO

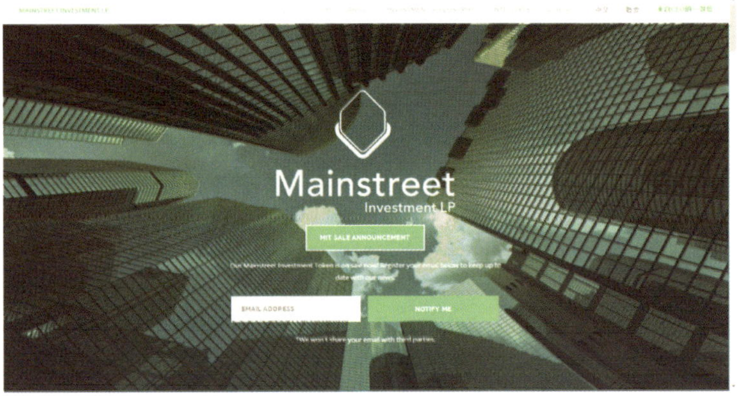

图 4－20 Mainstreet Investment LP

Mainstreet Investment LP(以下简称 MI)注册地位于开曼群岛,是一家典型的私募基金,其主要投资项目是美国房地产、共同基金,以及区块链相关企业。这个号称全球首个 ICO 项目,实质上是 MI 基金的一次融资行为。

所谓 ICO,是指 Initial Coin Offering,即在区块链网络上的首次融资行为。在这个项目中,MI 基金投资以太坊上的代币,实质上是对以太坊进行股权投资。此次投资的份额占 MI 基金的 50%,融资上限 5 000 万个代币,总价值为 2 500 万美元，实际供应量将取决于投资情况。在 ICO 完成后，MI 基金会将取得的代币分红分到每一位投资者手中。

MI 基金的 ICO 于 2017 年 2 月 13 日开始，于 2017 年 3 月 23 日结束。投资者可以贡献比特币和以太坊来换取 MI 代币。1 个比特币可以购买 500 个 MIT，在 ICO 的第一周，投资者可以获得 10%的奖金。在第 2～4 周，有 5%的奖金。ICO 的其他时间段则没有奖金。Mainstreet 也会对 MIT 提供“散装折扣”。对于投资 200 万美元或以上的投资者，提供 7.5%的折扣，而投资 50～200 万美元的投资者将获得 3.75%的折扣。批量折扣可以和以上列出的每周折扣进行叠加，投资资金将被发送到以太坊的智能合约上，在 ICO 结束时向投资者支付 MIT。其最大的投资目标为 2 750 万美元。①

由此可见，实际上该项目是一次股权融资尝试，是建立在区块链和数字货币基础上的一次资产证券化尝试。

二、点量金服：数字资产生态交易系统

贵州数字资产交易金融服务有限公司是一家以区块链技术创新和应用业务为主要发展方向的区块链科技生态公司。旗下点量金服是以区块链技术为底层架构的数字资产交易居间综合服务平台，业务涵盖区块链数字货币交易、ICO 投融资服务、资产数字化咨询等领域。

该平台致力于为机构客户和个人用户提供专业的互联网金融、创新金融工具、云计算管理系统等领域的核心技术服务。其核心成员是国内最早一批研究比特币商业模型和底层核心技术——区块链的极客，对于其“去中心化”的思想和基于数字加密技术产生信用有着深入研究。独立研发的具有自主知识产权的区块链技术，大幅提升和优化了区块链的各项技术参数。公司的数字化资产交易平台建设，云计算实施与管理等服务，已经成功实践在现实资产交易管理领域，部署了全球七大数据中心。

---

① 参见钱包开发：“本年度最复杂的区块链投资组合项目 ICO 即将上线”，http://www.qqya.cc/c/38411/，最后访问时间：2017 年 3 月 1 日。

点量金服在全球最大的社交编程及代码托管网站 github 做了开源代码托管。其所搭建的基于区块链技术的数字资产交易平台，具有处理能力强、安全系数高、性能稳定、成本低、易于维护等特点。

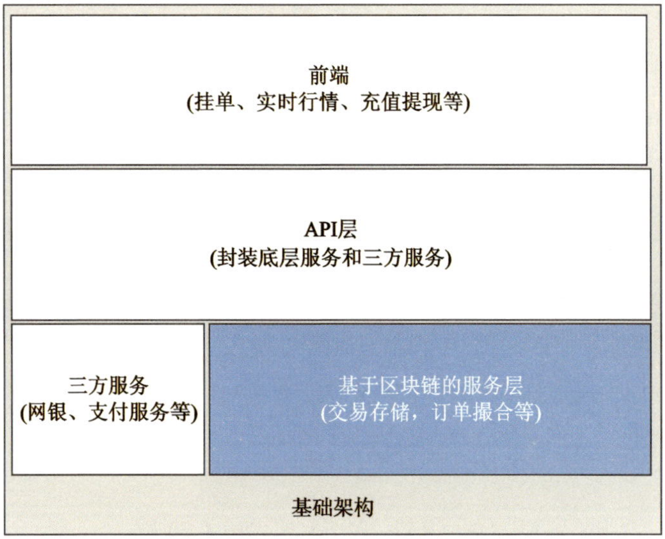

图 4－21　点量金服——区块链数字资产交易平台整体架构

该平台整体架构的核心是位于最底层的区块链服务，它同一系列第三方服务一起给中间的 API 层提供各类基础服务，包括账号管理、交易撮合、订单存储、充值提现等，中间层整合这些服务，已统一的 API 暴露给前端使用，前端根据不同的场景，展示账号管理、充值提现、挂单撤单、实时行情等供终端用户使用。

区别于传统交易平台的最大特色，点量金服平台的核心底层功能都是基于区块链技术实现的。

底层服务由一系列的点对点的服务节点组成，每个节点都拥有自己的一份区块链数据，节点之间通过 P2P 协议连接和传输数据。

每个节点都运行着一个功能完整的服务，都可以拥有全部或者部分的区块链数据，API 层可以连接任意一个节点获取服务。

服务之间相互连接，以点对点的协议传输各类交易信息，从任何一个节点发出的交易都可以迅速地同步到整个网络，网络的形式可以参考下边的点对点网络示意图。这是一个完全去中心化的网络，每个节点都拥有完整的服务能力，单节点可以支撑的交易规模取决于服务节点的计算性能。可以方便地根据这个特点来对服务能力缩容扩容，或者组建适用于不同场景的网络。

区块链在该网络上处于核心的地位，区块链是一种新型的去中心化的协议，它能够安全地存储各类交易信息，并且这些信息不可伪造和篡改，可以自动执行智能合约。

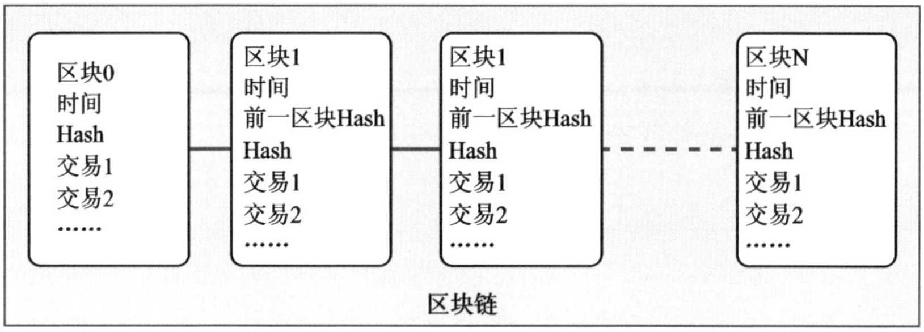

图 4－22　基于区块链的底层技术

点量金服团队搭建的金融科技产品具有四大特性如下：

1. 系统安全

数据存储、传输安全，从 Web 前端到后端双钥加密。区块链技术校验交易可信性，并全面使用最新加密技术存储数据。

2. 稳定可靠

交易平台实现了独特的区块链、Ripple 的 RTXP 协议，依循“去中心化”设计以及一致性共识机制，彻底解决单点故障。

3. 高可扩展

分布式系统保证性能的可扩展性，全面服务化模块设计保证业务的可扩展性，充分的文档和 API 保证功能的可扩展性。

4. 云计算应用

所有产品充分利用了全球云计算系统，以最小成本达到了最大化的扩展部署能力。

在依托强劲的技术背景下，点量金服的业务在不断创新和尝试。其致力于在区块链行业打造从技术研发、技术服务，到技术创新应用的产业生态圈闭环，成为最早布局区块链产业链的公司之一。

点量金服加入IBM超级账本项目及Linux基金会。HyperLedger项目是IBM和Linux基金会共同推动的区块链基础项目，旨在为行业提供一个开源的、标准的去中心化账本解决方案。为了应对各种各样的市场需求，公司核心团队利用HyperLedger的设计重点，解决了现有缺点，扩展了业内先行者原有的功能。在项目方面独立研发出了属于自己的知识产权，并申请了相关的著作权和专利。

同时，云计算实施与管理系统在运作大型分布式金融系统时，充分利用了多家云计算提供商的产品和服务，形成全球覆盖，并且在实践中总结和开发了一整套管理系统和运维体系。同时点量金服的网络开发人员中有云计算提供商的资深工程师和管理者，目前点量金服的实际运营经验，覆盖了全球各大云计算提供商，并保持深度合作，包括：亚马逊AWS、金山云、阿里云、UCloud、Windows Azure等。

区块链的未来充满了想象的空间，其技术特点可以帮助重塑金融行业。由于每一笔交易都可以被追踪，区块链技术可以协助保险公司解决保险欺诈的问题；由于交易成本低，券商可以使用区块链技术加快交易的清算和结算，降低资金成本和系统性风险，提高交易的安全性和合规性等，点量金服在朝着理念和愿景奔跑的同时，也积极和各行各业进行合作，致力将区块链技术渗透到更多的行业和领域，以尽快推广技术的发展和成熟，服务更多价值创新企业。

三、Everledger：钻石和收藏品的区块链化

初创公司Everledger从保护商品真实性的角度出发，试图构建基于区块链的钻石信息账本。展览数据库服务公司Vastari与Everledger合作，提

供商品流通过程中的信息追踪，将艺术品的完整生态链信息放到区块链上，为艺术品博物馆和私人藏家提供稳定可靠的平台支持。

图 4-23 BigchainDB

Everledger 位于伦敦，其向比特币区块链上传了 98 万个钻石规格的信息，从而被视为钻石领域的真实性鉴定专家。2015 年 12 月 3 日，Everledger 加入安联孵化器，获得包括 Bpifrance 和 Idinvest Partners 等机构在内的投资。2016 年 3 月，Everledger 也开始寻求与更前沿科技公司 Ascribe 的合作，Ascribe 的 BigchainDB 的高速处理能力和 PB 级容量，为 Everledger 构建钻石行业账本提供了技术支撑。

BigchainDB 是"利用亚秒时延和 PB 级容量，能在联合区块链数据库内达到每秒 100 万次处理能力"的账本。[1] 随着 Everledger 的加入以及相应的大量数据库的加入，区块链给保护商品来源真实性领域带来了新的机遇。钻石清晰的切割特征，使得每一个钻石都具有独一无二的特征，而 Everledger 在钻石信息维护方面取得了成绩。但是，由于艺术品存在模糊性，因而追踪和防诈骗的难度更大。但是相信区块链技术也将在这一领域取得突破。

---

① 参见搜狐财经：高速区块链技术将运用在钻石行业账本，http://mt.sohu.com/20160303/n439257627.shtml，最后访问时间：2017 年 3 月 1 日。

四、OKLink:资产数字化的借鉴

OKLink 作为数字资产交易平台,虽然不直接涉及资产数字化,但是它关系到数字资产的交易问题,对于未来数字资产代币的使用、交易是很好的借鉴。

长期以来,跨境转账存在支付时间长、手续费高等问题。跨境转账的手续费一般高达 1.5%以上,时间需要 2 个工作日。这一高成本低效率的模式随着 OKLink 的出现而改变。OKLink 类似于比特币的支付宝,它可以连接不同的商家,构建 B2C 的桥梁。在 OKLink 平台的基础设施中,有钱包:通过手机号或者 e-mail 收发比特币;有保险柜:利用签名技术为客户保管比特币避免丢失,还提供增值服务;有商家工具:向商家提供支付按钮 API 等工具,手续费低廉,在全球范围内帮助商家将数字货币兑换成各种本地货币。通过保险柜和钱包,OKLink 可以使其客户数量快速增长,最终达到使用该平台进行交易、支付的目的。OKLink 以其发行的数字货币 OKDollar 作为传输结算的介质,通过区块链技术进行传输,增加了传输的稳定性和安全性,同时解决了跨境汇款的耗时长、手续费高等问题。该平台的跨境汇款仅仅需要 10 分钟,OKLink 还能够促进小额国际汇款的发展,加速了价值的流动,增强了经济的活力,使一些落后国家能够与国际接轨,共享世界经济发展的成果,达到金融"普惠"的价值。

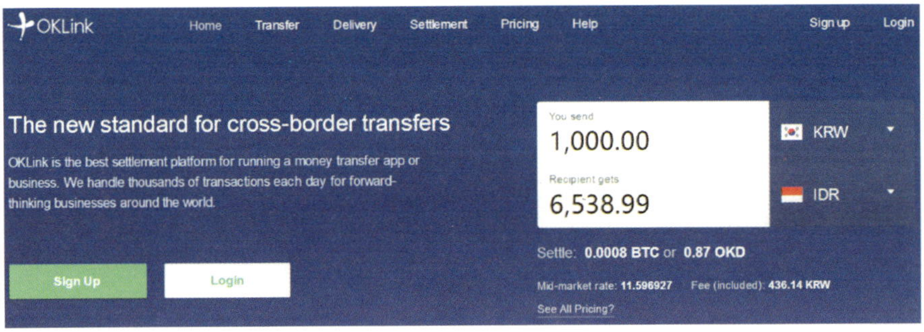

图 4-24 OKLink

除 OKLink 之外，浙商银行推出的移动数字汇票产品完成了第一笔交易，标志着“区块链”概念在国内商业银行的核心业务中得到了应用。可以预见，随着区块链技术在更多的金融交易中使用，资产数字化的场景和案例将越来越多，直至成为一种生活常态。

五、合链科技

北京合链共赢科技有限公司，自 2014 年开始从事区块链底层技术和应用的研究及探索，目前已经开发出自有的高性能、高扩展、高可控的底层区块链产品，同时已经具备多个行业应用开发经验，是一家专业的区块链技术服务提供商。合链科技开发的基于区块链技术，在数字资产流转方面主要拥有以下优势：① 安全机制。合链科技构建了一套以加密算法、隐私保护、权限控制、单数据访问频度控制为核心的安全机制。② 共识机制。合链科技的区块链采用“即插即用”的共识机制，针对建设以生态为主要目的的联盟链，当前公司提供了 PoW、PoS、PBFT、dBFT、DPoS 与 PoT（Proof of Time）共识机制，并且新增节点采用入口验证准入机制。③ 成熟稳定性。合链科技开发的区块链借鉴目前多种成熟的区块链技术，打造出成熟稳定的区块链底层技术平台，以适用于灵活多变的商业应用场景。

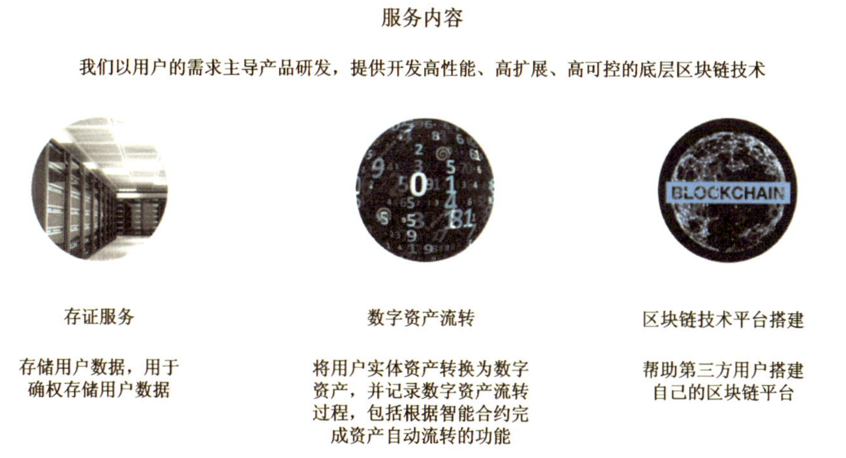

图 4－25　合链科技服务内容

合链科技的区块链底层技术平台应用场景主要运用于分享经济、公益慈善、保险领域、股权众筹、数字资产、债券资产、医疗服务、溯源系统等。合链科技在为第三方用户提供搭建区块链底层技术平台的基础上，也提供数字资产的流转服务，它将用户实体资产转换为数字资产，并通过区块链记录数字资产的流转过程，包括根据智能合约完成资产自动流转的功能。通过区块链的特性记录后，资产的属性唯一且确定，基于区块链技术的网络平台进一步增强了流转环节的信任度，数字资产在区块链平台上的流转是通过技术实现的而不依赖于任何一个中心机构的信任。合链科技还可以给其他接入机构提供更多的数字资产领域的实现场景，包括发行数字资产，以及通过微信公众号将积分和会员服务进行整合与集成。

合链科技目前已经有积分商城、数字资产、电子文档存证等多个基于合链科技区块链的应用正在运行，也在积极探索并建立以合链共赢区块链为基础的跨领域综合应用。合链科技日前已通过创新技术，帮助客户实现创新用户场景、降低运维成本、提高业务效率、提高信任等。其工作原理是通过结合不同应用场景的各个合作方，形成合力与协调机制，整合区块链资源，并针对成员间业务逻辑的差异，根据用户的具体情况量身定制不同的业务应用方案。

目前，合链科技在用户数据储存、数字资产流转、代为搭建区块链平台方面都取得了一定的成果。首先，合链科技能够帮助用户进行数据储存，同时证明数据的真实性、可靠性，便于用户日后用于确权，同时保证用户数据的安全性；其次，合链科技推进数字资产流转，将用户实体资产转换为数字资产，并记录数字资产流转过程，根据智能合约完成资产自动流转的功能；最后，合链科技帮助用户搭建自己的区块链平台，从而帮助用户实现在不同场景下运用区块链技术的目标。总之，合链科技基于区块链的多中心化、防篡改等特性，为各行业在互联网上的业务开展提供了坚实可靠的安全基础和透明可信的服务。

第四节 征 信

一、现代征信产业

现代征信是指依法收集、保存和加工自然人、法人及其他组织的信用信息,并对外提供信用报告、评估和信息咨询等服务,帮助客户判断和控制信用风险,进行信用管理的活动。① 互联网征信业务是互联网金融的重要部分,它是在现代征信业务的基础上,依托于互联网的平台,综合运用云计算、大数据等新兴技术,从而形成的一种新型征信业务模式。

在互联网技术和征信体系的建设方面,美国一直处于世界领先的地位。早在20世纪50年代,费爱哲公司就研发了FICO信用积分。FICO指标包括15～20个变量,通过一系列数据计算,形成一个在325～900分值区间内的评分。FICO信用积分发展至今,逐渐成为世界消费信贷风险的标尺。自20世纪末以来,随着电子计算机的普及,尤其是互联网技术的发展促进了美国全国性征信市场的建立和美国征信业务的互联网化,构建了以益百利(Experian)、艾克飞(Equifax)和环联(Trans Union)为主的三大信用局,向在美国境内居住的居民和开业经营的中小企业提供完善的个人和企业信用服务。互联网技术的普及,使得信用交易记录能够同步转化为电子化的信用记录,通过互联网实现在线查询,节约了数据在收集、传递和整理阶段的时间,降低了人工处理数据的成本和差错的可能。以艾克飞为例,从全球范围内处理PB级别的数据,对海量的看似杂乱无章的数据进行分析和处理,形成相应的数据征信产品。开发人员将消费者个人信用评分和水电费支付历史建立联系并建模,形成了一款产品,可以帮助企业应用分析技术避免不良客户。

① 吴晶妹. 未来中国征信:三大数据体系. 征信,2013(1).

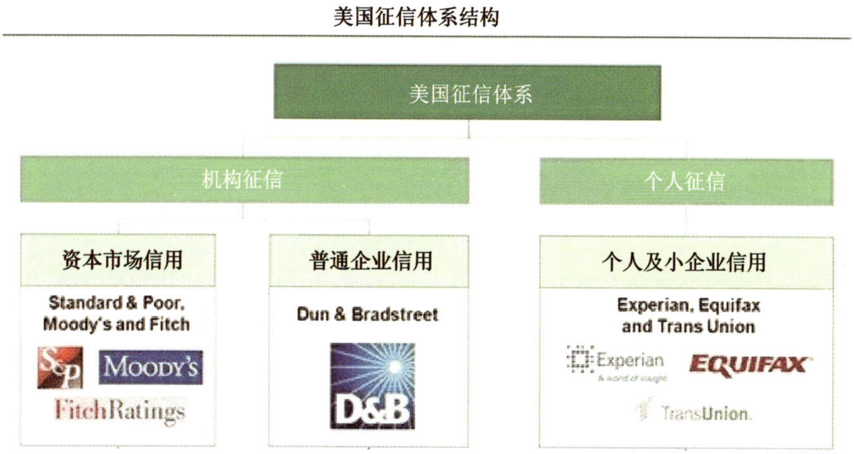

图 4-26 美国征信体系结构①

相比于欧美发达国家，我国的征信业务起步较晚。20 世纪 80 年代后期，为适应企业债券发行和管理，中国人民银行批准成立了第一家信用评级公司——上海远东资信评级有限公司。同时，为了满足涉外商贸往来中的企业征信信息需求，对外经济贸易部计算中心和国际企业征信机构邓白氏公司合作，相互提供中国和外国企业的信用报告。1997 年，上海开展企业信贷资信评级，经中国人民银行批准上海市进行个人征信试点。1999 年上海资信有限公司成立，开始从事个人征信与企业征信服务。1999 年底，银行信贷登记咨询系统上线运行。2002 年，银行信贷登记咨询系统建成地、省、总行三级数据库，实现全国联网查询。2004 年，人民银行建成全国集中统一的个人信用信息基础数据库，2013 年 3 月，《征信业管理条例》正式实施，明确中国人民银行为征信业监督管理部门，我国征信业步入了有法可依的轨道。②

由于起步较晚、缺乏规范等原因，我国当前征信体系存在一些不足之处。以央行征信中心为首的政府征信面临覆盖率不足的情况，现有的征信

---

① 图片来源：零壹财经，美国三大征信巨头发展历程启示录，http://mt.sohu.com/20150107/n407610796.shtml，最后访问时间：2017 年 4 月 1 日。

② 参见中国人民银行：《中国征信业发展报告（2003—2013）》，第 5 页。

报告能够提供的信息维度单一，只包括个人基本信息以及信用卡、贷款、社保等，其他能反映客户信用度的情况无法纳入。另一方面，随着互联网金融的蓬勃发展，在市场的驱动下互联网金融企业开始利用其业务上的便利进行用户数据收集、分析，构建自身的征信体系。2015 年 1 月 28 日，蚂蚁金服旗下的个人征信机构芝麻信用开始在部分用户中进行公测。首推芝麻信用分，这是中国有史以来首个个人信用评分，可以直观呈现用户的信用水平。2015 年 1 月，中国人民银行印发《关于做好个人征信业务准备工作的通知》，要求芝麻信用、腾讯征信等八家机构做好个人征信业务的准备工作，这意味着个人征信市场“开闸”。在我国征信体系建设与欧美发达国家存在差距的情况下，互联网背景企业的介入为我国互联网征信的发展提供了无限可能。

区块链技术的出现给征信业提供了新的发展方向。由于区块链中的信息是分布式存储，没有中心节点，任何人除非掌握整个系统中超过 50%的节点，否则对于单个节点的数据篡改都是无效的，节点越多，数据就越安全。互联网大数据征信较之以前的征信，面临许多新的问题，比如信用信息采集数据的真实性、数据的安全性等，但是如果将区块链与大数据征信相结合，就可能在保持大数据征信数量大、速度快、来源广等优点的基础上，弥补其数据的真实性、准确性不足的问题。区块链与大数据的结合，为互联网时代征信的快速发展提供了新的方向。

二、区块链在征信领域的应用

（一）甜橙信用

2016 年 7 月，甜橙信用（天翼征信有限公司）与布比（北京）网络有限公司达成战略合作，要打造首个区块链征信平台。未来甜橙信用将和布比等实力雄厚的数据提供商建立数据联盟，通过将各家的数据加密存入区块链，解决征信等行业数据紧缺的问题。存入区块链的数据部分公开可见，有需要的用户可以通过搜索找到需要的数据并向数据所有商购买。区块链技术解决了数据提供商之间的信任难和交易难的问题，大大减少了数据交易的程序和成本，使各家数据互通有无从想象变成了现实。

图 4-27　甜橙信用服务内容

(二) 银通征信

银通征信旗下的云棱镜也正着力于运用区块链技术提供征信服务。银通征信与微软在金融科技领域有过很多合作，银通征信专注于与互联网金融相关业务系统的开发，微软则提供安全稳定的公有云基础设施。2016 年 11 月 30 日至 12 月 2 日举行的微软技术大会上，云棱镜做了题为《FinTech 重构生产力——基于微软 Azure 的金融区块链应用》的课程分享，向行业顶尖的人才分享交流其在区块链征信行业的探索、经验与最新成果。云棱镜征信区块链致力于征信数据开放共享与个人征信数据防篡改两个目标。云棱镜承诺将打造非中心化的征信查询、信用履约、违约记录，并提供给所有征信用户以及使用客户征信记录的消费金融成员伙伴，营造共享共建式信用数据平台。作为一种新型的信用数据分享平台，成员伙伴可使用并分享不可篡改、不可抵赖、公开透明的用户信用数据。同时，云棱镜区块链征信系统中，个人资产、交易行为、信用使用记录、履约违约等数据将以加密的形式，按照时间顺序生成永久、不可逆、不可修改的记录，并且广播到所有的成员节点上，从而形成具有有效的、不可抵赖的用户个人信用凭证。合作伙伴与用户不再需要第三方的信用背书，直接利用区块链中的真实信用数据进行各项信用支付交易。

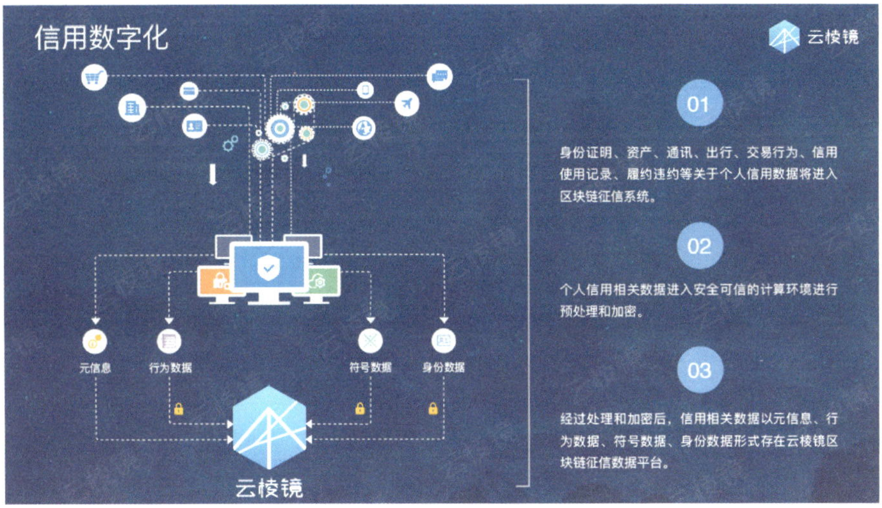

图 4-28　云棱镜区块链征信

（三）公信宝

公信宝（杭州存信数据科技有限公司）成立于 2016 年，是一家基于区块链技术的非中心化数据交易所，适用于各行各业的数据交换。当前数据领域的交易所混乱不堪、乱象丛生，交易的数据存在造假、过时等多种问题。而且数据交易所通过“黑市”进行交易，存在着严重侵犯公民个人隐私的风险和可能性。公信宝的底层架构采用了区块链技术，是一种联盟链，适用于各行各业的数据交换。公信宝数据交易所具有的不缓存数据，保护个人隐私、数据版权保护、数据新鲜度高、打击造假以及可以设置匿名交易等特点。面向的典型客户为互联网金融领域的网络贷款、汽车金融、消费金融、银行等企业以及有数据交换需求的政府部门、保险、医疗、物流等政企部门，以非中心化思维解决了各个行业的共享数据交换问题。它可以为全社会所用，广泛应用于公民的学习、工作、生活等各种应用场景，最终实现公民的个人数据由公民自己来管理。

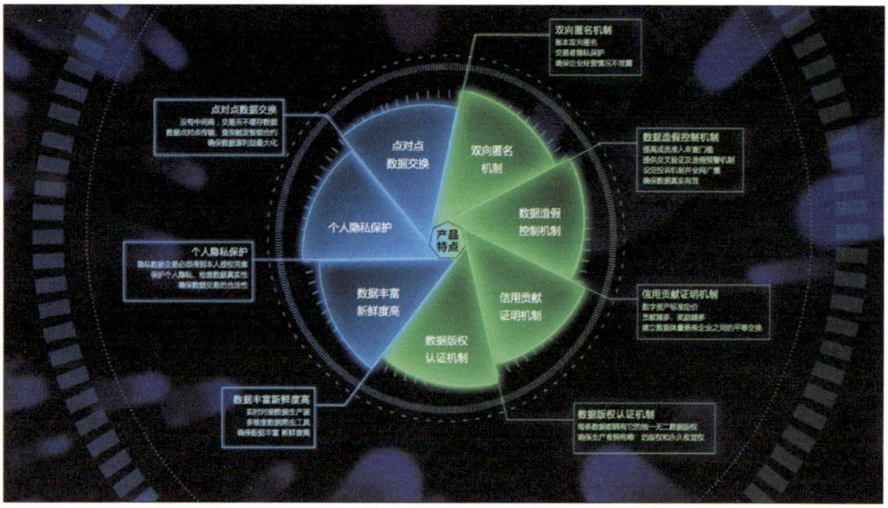

图 4-29　公信宝

（四）万达征信

万达在国内也是区块链应用探索的先驱。其在 2016 年 8 月内测上线了基于 Hyperledger 的区块链征信应用。不仅如此，万达已经完成了在支付、保险区块链等领域的布局。万达集团本身的运营数据非常有价值，无论是个人消费行为数据、供应链运营数据，还是制造业、工厂贷款、商户和连锁品牌数据的结合等，这些数据彼此之间的跨界结合将创造大量的创新业务场景。这些新场景最直接明显的好处是基于区块链利用海量数据关联开展征信工作，弥补了当前市场信息孤岛造成的大部分消费者征信数据的缺失。

第五章
区块链在金融市场重点领域的应用

区块链技术具有“非中心化”的信任机制、不可篡改和可追溯的技术特征，将大大缓解、甚至彻底解决由信息不对称所引发的市场低效。

信息不对称一直是困扰金融市场发展的重大难题。无论在证券领域、保险领域，或是其他金融市场领域，如何解决由于信息不对称造成的交易效率低下、价格发现机制错位、流通性差等问题，一直是人们研究的重点领域。而区块链技术具有“非中心化”的信任机制、不可篡改和可追溯的技术特征，将大大缓解，甚至彻底解决由信息不对称所引发的市场低效。

第一节　证券领域

作为资本市场中重要的组成部分，证券市场无疑在金融市场中扮演着极其重要的角色。区块链技术是互联网技术进一步发展的产物，区块链通过基于计算机代码构建的分布式记账，所有在区块链上发生的交易都会被如实地记录下来。区块链中的每一个节点都如同大脑中的神经细胞，相互协同沟通，不断将新的信息发布出去，并根据网络中的信息不断更新，使每一个节点都更新记录，始终获得一份真实、完整、准确的数据库，实现全网的信息对称与同步。区块链在证券市场的应用能够促进信息更加公开透明、真实可信，记录难以篡改、伪造、删除，使投融资双方信息更加对称，使股权流通和资源共享更加便利快捷。因此，有必要对区块链技术在证券市场领域可能产生的颠覆性影响，进行深入和有针对性的阐述与讨论。

一、股权登记

股权登记是证券交易的基础，其发展经历了纸质化凭证存管到电子化凭证存管的历史沿革。然而，目前股权登记每年耗费的成本仍然十分巨大。根据相关报道，全球证券市场行权成本约为50～100亿美元，结算成本、托管成本和担保物管理成本为400～450亿美元，而交易后流程数据及分析成本为200～250亿美元。[①] 基于区块链技术带来的方便快捷、非中心化、安全性提升、成本降低等优势，区块链技术的推行将为股权登记带来新的突破。例如，美国BitShares公司试图通过区块链技术实现非中心化的清结算交易平台，从而为众多金融资产提供登记服务。[②] 类似的平台还有Equibit，这是一种通过区块链技术实现的点对点(peer-to-peer)的股权登记和股权交易的网络，实现24小时不间断股权发行和即时交易，从而降低成本。[③] 2015年10月，美国纳斯达克证券交易所推出区块链平台Nasdaq Linq，尝试将区块链技术运用到私人证券交易与股权代理投票系统当中。[④] 代理投票机制虽然十分重要，但由于参与人数众多、程序复杂，因而成本较高，同时也需要各上市公司合作完成。区块链技术可以为代理投票提供安全、不可更改的公开分布式账本，使得投票者可以更便捷地进行投票，且记录可以永久保存。纳斯达克的上述实践表明，区块链技术可以减少结算和清算时间，降低交易对手的风险，消除对基于纸币或者电子表格记录的依赖，减少交易的人为差错，提高交易平台的透明度和可追踪性。对股票的发行方而言，区块链技术有助于推进股票数据管理功能的实现，从而实现股权的数字化。

除了国外的应用，国内股权登记的"区块链化"也在稳步推行，其中以"小蚁"系统为代表。"小蚁"系统基于区块链技术，将实体世界的资产进行数字化，并通过点对点的网络进行登记管理、转让交易、清算交收，通过使用电子合同来记录数字资产的流转，通过共识机制对链上事物顺序达成分布

---

① 参见巴比特：欧洲央行分布式账本技术报告，http://www.8btc.com/distributed-ledger-tech，最后访问时间：2017年3月31日。

② 参见Fabian Schuh，Daniel Larimer：" BITSHARES 2.0：FINANCIAL SMART CONTRACT PLATFORM "，http://docs.bitshares.eu/。

③ 参见EDC："Equibit：A Peer-to-Peer Electronic Equity System"，http://equibit.org/equibit.pdf。

④ 参见Nasdaq：" Nasdaq Linq Enables First-Ever Private Securities Issuance Documented With Blockchain Technology"，http://ir.nasdaq.com/releasedetail.cfm? ReleaseID=948326。

式共识[①]。"小蚁"系统致力于构建一种能够对接实体世界资产的金融系统，用电子合同取代代币，以用户控制数字证书的身份认证替代实体世界实名身份认证，从而使交易更便捷，保护双方当事人的个人隐私。

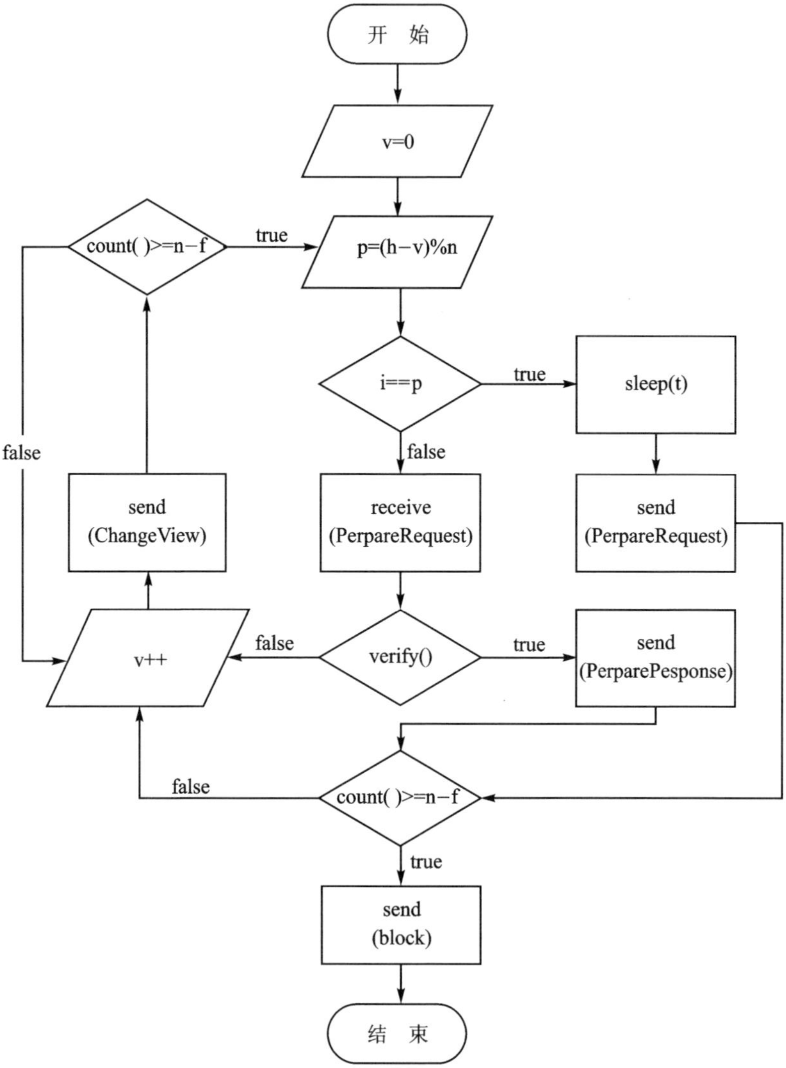

图 5-1 小蚁算法流程图

① 参见小蚁 Antshares："小蚁白皮书"，https://github.com/AntShares/AntShares/wiki，最后访问时间：2017 年 5 月 5 日。

此外,“布比”系统在加密股权、债券证券化等领域也取得了一定的成绩,对于完善企业股权登记与流转服务,大幅提升资产跨域流通效率,降低交易成本,起着重要的作用。① 当前,股权登记常借助于人工处理,存在股东名册维护烦琐、历史交易追踪困难等问题;而传统的股权交易特别是场外的股权交易,往往建立在双方互信的基础上,需要建立双边受信才能进行,因而阻碍了市场的发展。“布比”区块链股权登记系统,能够提供唯一真实的数字凭证,提供跨域的加密证券化资产的转让与交易服务,并增强信息披露强度以符合监管满足合规性要求,因而在股权登记和股权交易领域有着广泛的应用空间。

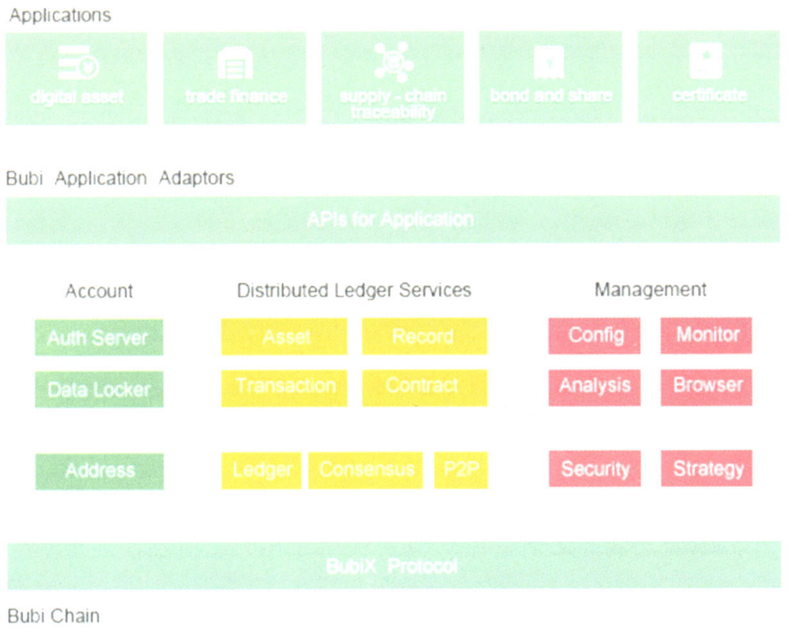

图 5－2 布比区块链逻辑框图

除此之外,国内的交易所也在积极投身于区块链技术开发和应用的大潮中。由齐齐哈尔市金融办、工信委和北方股交联合创办的北方工业股权

① 参见布比:“布比区块链产品白皮书”,http://www.bubi.cn/bubichain-white-paper,最后访问时间:2017 年 3 月 24 日。

交易中心是国内首家尝试使用区块链技术的股权交易所。[①] 其和云科技共同开发的TERS区块链股权登记系统现已进入内测环节，据悉已有10家创业企业完成了在区块链系统上的股权登记和持股凭证发放，登记企业总注册资本达到3亿元。

二、证券交易

(一) 区块链在证券交易领域的应用

在传统证券交易中，证券所有人发出交易指令后，指令需要依次经过证券经纪人、资产托管人、中央银行和中央登记机构等四个环节才能完成交易。同时，四个环节的验证复杂且昂贵；交易指令执行后的结算和清算环节也十分复杂，往往需要人工参与和大量的时间。整个流程手续繁杂、效率低下、成本很高，且这样的模式造就了强势中介。一般来说，从证券所有人处发出交易指令，到交易最终在登记机构得到确认并完成结算，通常采取“T+3”的模式。而区块链可以在非中心化系统中实现一对一的证券交易，从而建立无中心机构信用背书的金融市场并实现“金融脱媒”。同时，利用区块链自动化智能合约和可编程的特点，能够有效降低成本和提高效率，避免烦琐的中心化清算交割过程，实现方便快捷的金融产品设计和交易；区块链及其数字货币即时到账特点可使资金交割更为快捷、经济和安全。使用区块链，买方和卖方能够通过智能合约直接实现自动配对，并通过分布式的数字化登记系统，自动实现结算和清算，这种去中介化的交易流程毫无疑问将大幅节省交易费用。由于录入区块的数据不可撤销且在短时间内能被拷贝到每个数据块中，录入到区块链上的信息实际上产生了公示的效果，因此交易的发生和所有权的确认不会有争议。

与传统交易确认需要“T+3”天不同，区块链上的证券结算和交割的完成仅仅需要10分钟(即在区块链上确认完成一笔交易的时间)。区块链技术

---

① 参见新华网:“2016区块链国际峰会聚焦区块链落地应用”，http://news.xinhuanet.com/info/2016-07/01/c_135481607.htm，最后访问时间:2017年3月23日。

使得金融交易市场的参与者享用平等的数据来源,让交易流程更加公开、透明、有效率。通过共享的网络系统参与证券交易,使得原本高度依赖中介的传统交易模式变为分散的平面网络交易模式。

(二)区块链在证券交易领域的应用案例

1. 澳大利亚证券交易所的区块链应用

澳大利亚证券交易所(ASX)于2016年9月完成了区块链技术分析研究的第一阶段,提高了数字资产控股的投资,尝试搭建新的平台。2017年3月,澳大利亚证券交易所已完成区块链或分布式账本技术(DLT)的能力测试,并将继续探索使用DLT解决方案来替代其现有的基础设施,以及将区块链技术用于该国现金股票市场中的后交易流程的可能性。[①] 澳大利亚的另外一家企业Computershare与英国区块链开发商SETL合作共同开发基于区块链的证券登记系统。

根据金融时报消息,澳大利亚证券交易所首席执行官Elmer Funke Kupper近期在一次采访中说道,该交易所作为澳大利亚最大的交易所,目前正考虑申请区块链技术以提高其交易系统,Funke Kupper表示:“我们正密切关注区块链,时机正好。在区块链可以产生巨大影响的领域,我们会给予高度关注并研究区块链技术是否可以帮助我们改变股票市场。”Funke Kupper强调澳大利亚证券交易所并不急着接受区块链思想及技术,此外即便再过六到七个月也不会做出任何决定,这些评论与他今年早些时候说的话相吻合,当时,他告诉《悉尼先驱晨报》该交易所正权衡是否要通过区块链技术来提高其清算和结算系统。[②] 澳大利亚证券投资委员会(ASIC)的主要领军人物Greg Medcraft先生在出席一年一度的经济论坛时公开表示,2017年将把目标对准澳大利亚区块链技术的研究与发展。

---

① 参见澳大利亚证券交易所在区块链测试方面取得进展,http://www.blockvalue.com/app/12854.html,访问时间:2017年5月9日。

② 参见 Australia's Biggest Stock Exchange is Taking a 'Close Look' at Blockchainhttp://www.coindesk.com/australian-securities-exchange-taking-very-close-look-at-blockchain/,访问时间:2017年5月9日。

澳大利亚目前现金股票市场交易流程的核心系统——信息交换所电子注册系统(CHESS),已经可以被DLT解决方案的发展所取代。澳大利亚证券交易所的CEO Dominic Stevens在年度股东大会上表示,DLT解决方案将是一个在私有网络上运行的系统,其安全参数等于或优于目前正在使用的系统,DLT可以显著提高清算和结算的效率。但是同时,ASX在其网站上说明,现阶段还不会让CHESS系统停止提供服务,更换CHESS系统还需要时间,ASX正在评估用更现代的技术替代CHESS系统的好处及可能性,与客户、监管机构及行业各方进行磋商。[①]

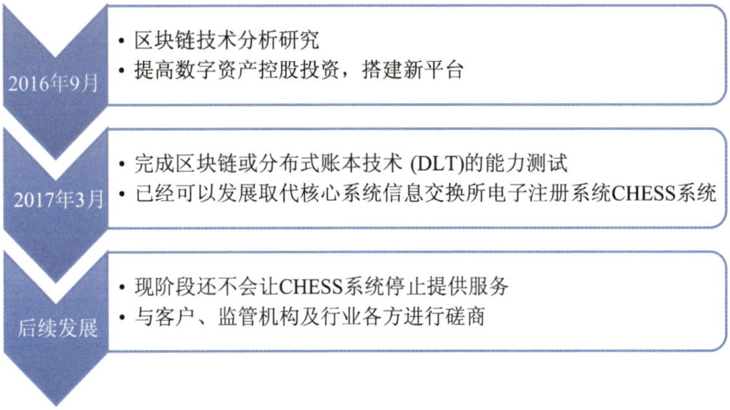

图5-3 澳大利亚证券交易所区块链应用记事

2. BitShare公司

BitShare公司推出基于区块链的证券发行平台,可承担10万笔/秒的交易频率。DAH公司为金融市场交易提供基于区块链的交易系统;Symbiont帮助金融企业创建存储于区块链的智能债券,当条件符合时,清算立即执行;Overstock.com推出基于区块链的私有和公开股权交易“T+0”平台,提出“交易即结算”(The trade is the settlement)的理念。Nasdaq Linq为Overstock.com在2015年年底发行的私募债,成功地实现了这个场景。对

① 参见Australian Securities Exchange Makes Progress with Blockchain Tests,https://www.cryptocoinsnews.com/australian-securities-exchange-makes-progress-with-blockchain-tests/,访问时间:2017年5月9日。

于股票交易者而言，区块链可以消除对基于纸币或者电子表格记录依赖的需求，减少了交易的人为差错，提高了交易平台的透明度和可追踪性。

3. 瑞资科技

瑞资科技成立于2016年5月，致力于ABC（Asset-Backed-Chain）的搭建，运用区块链技术为资产证券化和房地产投融资服务提供一站式的解决方案；利用区块链公开透明和数字资产高流动性和跨境流动的特点，该公司试图创建一个面向全球的数字资产交易平台。瑞资链（REITS CHAIN）直接对接金融资产，并在DLT系统上进行资产的登记、交易等，这一系统包含法律、审计等各领域的综合交叉。基于瑞资链，还搭建了金融资产交易所FAX，计划未来在日本、新加坡和中国大陆各自搭建一个交易所。除此以外，区块链浏览器MONITOR是整个体系中非常重要的一部分，独立对瑞资链的资产转移、权限管理等所有功能进行监控。

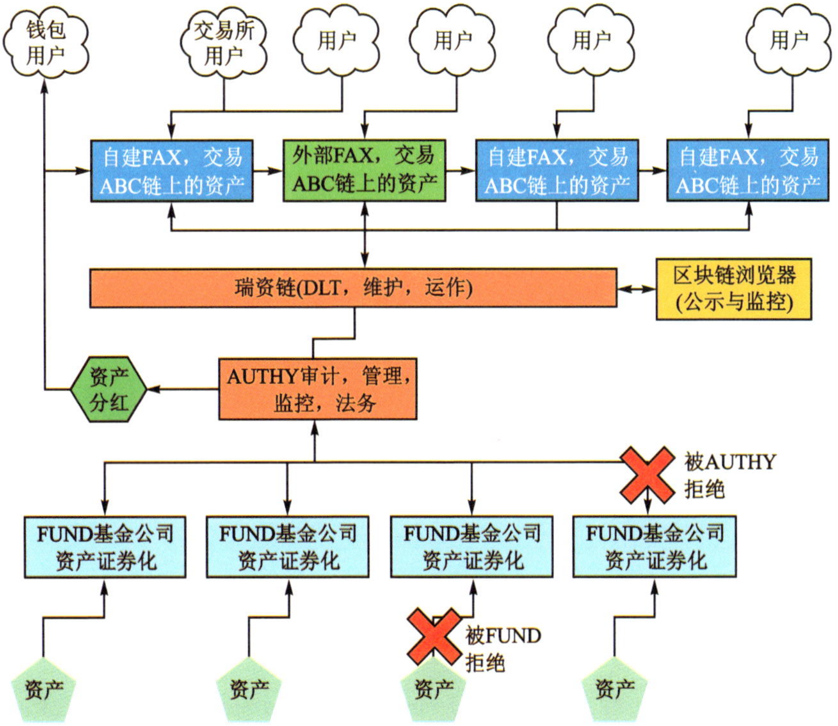

图5-4　瑞资链逻辑示意图

我国初创企业也参与到以区块链技术为基础的证券交易平台的研发中。据央广网财经报道，区块链铅笔旗下的 REX 平台已经处于研发阶段，这是一个非中心化的交易系统，其交易频率基本上可以达到每秒数十万的撮合。同时，这个交易平台能够有效对接各种类型的数字货币，可以嵌入多种复杂的智能合约设计。因此，这样一个交易平台实际上承担了类似交易所的职能，能够有效地实现各类型数字资产交易的目的。2017 年，点融网和富士康集团旗下的金融平台富金通宣布，双方共同推出了名为“Chained Finance”的区块链金融平台，在业内首次借助区块链技术破解供应链金融和中小企业融资的难题。

第二节 保险领域

一、现代保险行业

“保险是集合同类风险聚集建立基金，对特定风险的后果提供经济保障的一种风险财务转移机制。”[①]现代保险具有转移风险的功能，合理避税的功能，财产信托的功能，以及稳健的投资功能，它将不确定变为确定，通过合理避债避税，达到财富传承和资产保全目的。作为一种风险财务转移机制，保险已经具有几百年的历史。而在 2014 年 8 月 13 日，国务院发布的《关于加快发展现代保险服务业的若干意见》中仍指出，“总体上看，我国保险业仍处于发展的初级阶段，不能适应全面深化改革和经济社会发展的需要，与现代保险服务业的要求还有较大差距。”中国现代保险业自 1980 年恢复以来，经过了高速发展的阶段。近年来随着科学技术的发展，技术本身以及技术所带来的新兴管理模式、运营思维等驱动了产业发展，带动全社会的经济高速运转，给许多传统行业注入了新的力量。互联网与保险行业的结合就是一

① 周海珍. 保险监管效率的经济学研究. 北京：中国金融出版社，2016.

个重要例证。“互联网＋保险”的出现意味着保险行业迈入了个性化、场景化，以客户需求为本的，需求驱动的行业。根据易观智库发布的《2015 中国互联网保险发展模式专题研究报告》（以下简称《报告》）显示，最近几年中国互联网保险保费收入增长迅速，2011 年中国互联网保费收入仅 32 亿元人民币，经过三年时间，在 2014 年迅速超过 800 亿元人民币。相应地，中国居民对保险有了更多的认识。《报告》中提到从 2011—2014 年，中国居民用于保险消费的资产占比从 1％增长到 8％，呈现逐年增长的趋势，复合增长率达 68％，但相对于发达国家 15％以上的资产占比，存在一定的差距，未来仍有较大的增长空间。

近年来保险行业出现了与互联网融合的趋势。互联网保险为保险的销售提供了更为便捷且接触面更广的销售方式。与传统的柜台销售和业务员销售不同，互联网保险可以利用线上进行销售，从而大大提高了受众的范围。在这一层面上互联网和保险的结合比较浅，只是简单地结合和相互利用。随着信息技术的深度发展，使用网络的个人在互联网上留下了大量宝贵的行为数据和身份数据，互联网保险公司可以基于数据核对投保人的相关信息等，有效缓解了保险行业信息不对称的情况；另一方面还可以在分析数据的基础之上设计出更加个性化的保险产品和保费，满足不同的保险消费人群。传统保险行业是一个信息极其不对称的行业，也正因此，保险企业难以有效地了解用户需求、评估用户信用，导致行业存在大量同质化的产品，而互联网的出现有效缓解了这种情况。

然而互联网保险并非万能，保险行业依旧存在一些问题。第一，保险行业的欺诈风险仍然存在。保险合同的投保人虚构标的，或者谎报保险事故等，骗取赔付金的情况时有发生。另一方面，保险人利用签订合同的优势地位侵害保险消费者的合法权益，以及进行虚假宣传、虚报收益率等，侵害消费者的合法权益。虽然大数据的出现可以缓解上述问题，但是现有的 IT 技术无法对数据的真实性进行检测；同时，信息泄露的风险仍然存在。第二，保险企业针对消费者的教育和推介难度也在提高。保险业利用互联网进行产品销售时，保险公司和投保意向人在虚拟的世界中交流沟通。互联网可以借助多媒体的手段，通过动画、图片等方式进行演示，使保险消费者能够在短时间内了解有关保险的知识等，但是另一方面，夸大宣传、沟通不彻底的情况仍然时有发生。第三，理赔仍然是保险发生纠纷的主要阶段。理赔时发生的纠纷有很多种，例如投保人与保险人当初对合同条款的理解有歧义，抑或者对于保险事故责任的认定意见不同等。第四，监管的难度加大。保险行业多态化发展，产品不断创新，新模式层出不穷，新产品、新模式出现的周期缩短，且再结合了新兴技术后，其专业程度、法律关系等变得更为复杂，这都给监管带来了挑战。

二、区块链在保险领域的应用

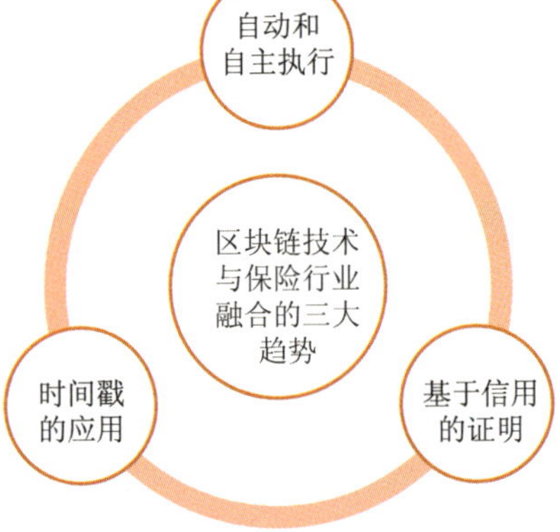

图 5-5 区块链技术与保险行业融合的三大趋势

（一）自动和自主执行

这是区块链应用于保险行业最大的亮点。例如在某些航空延误险中，相关的系统可以读取航空公司的相关数据库，就可以直接获知飞机到达时间的数据，进行比对后，系统可以自行判断是否延误，如果延误，就自动将赔偿金赔付给受益人。此功能主要利用了区块链的智能合约功能，而智能合约的“智能”就体现在自动和自主执行层面。通过在脚本中写入预设的代码，在满足一定的条件时，执行某预定命令，实现双方约定的结果。具体写入的代码内容由双方当事人通过合意决定。保险的赔付涉及事故认定，如若事故较为复杂，则保险的自动和自主赔付就会受到影响，变得没那么“智能”了。因此目前自动执行也主要应用于较为简单和清晰的保险中。这一应用可以极大地降低保险公司和用户沟通的成本，提升用户体验，从而有助于保险公司提升自身的竞争能力。

（二）基于信用的证明

区块链技术特有的共识机制，使得存储在上面的数据必须真实，否则无法进入主链被保存下来。而且，区块链的技术特征也保证了数据在后续过程中不会被篡改，从而区块链上的保险信息具有一致性与准确性的特点。因此，区块链能够记录每一个主体真实的信用数据以及个人信息。现代金融离不开信用与征信，而“区块链即信用”的优势，能够使得很多线下因无征信数据从而无法开展的业务，或者效率低下的业务搬到区块链上，提高效率，降低风险。上述案例中的身份证明、信用评级，正是对区块链技术强化信用特点的有力实践。

（三）时间戳的应用

每一项数据后加上了具体的时间戳，那么每个用户的行为数据便不再是简单的数据，而是具有时效性的实时数据。如此一来，就能够从过去以及现在的行为轨迹等预测未来可能的行为模型。换句话说，数据更加个性化、准确化、时效化。结合当今的大数据技术，能够有效改善“劣币驱逐良币”的行业现状。

互联网与保险行业的结合走过了三个阶段——销售渠道、产品创新、商业模式创新，这是一个从简单到复杂的过程，期间也伴随着频繁地摸索与创新。通过上述的分析可知，当前的“区块链＋保险”的应用还是较为简单的、直接的，多停留于表面，互联网对于保险行业更多的还是扮演着销售渠道的角色，未能走向对保险行业商业模式产生深刻影响的更深层次的应用模式。区块链技术历时较短，人们对它的期待更多的是来自理论层面，其在实务中面临的挑战，能否达到预期的效果还未知，需要大量实验和运用进行探索和完善。

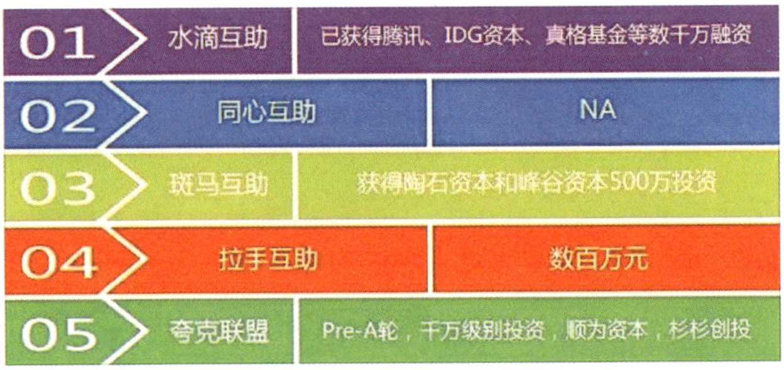

图 5-6　部分基于区块链的互助保险社区的名单

三、区块链在保险领域的应用案例

随着大数据技术、云计算技术等技术的广泛应用，海量非结构化数据得以有效处理并真正具有了商业化价值，这也成为保险行业个性化、场景化发展的基础设施。然而在这个过程中有一个问题不容忽视，在数据的几何级增长及其利用的过程中，数据被盗、被篡改的可能性升高，数据真实性难以得到保证，同时用户的隐私泄露风险也在提高。区块链能在一定程度上解决保险行业的上述问题。由于区块链具有可追踪、不可篡改等特点，存储于区块链上的信息不会被篡改。而且它基于密码学，使用公钥、私钥等加密技术，无法查看到数据的真实拥有者是何人。正是基于这种特点，区块链可以为保险行业提供许多场景化的服务，解决已有的痛点。

我们通过总结与归纳，发现目前区块链在保险行业已经有如下的应用案例：

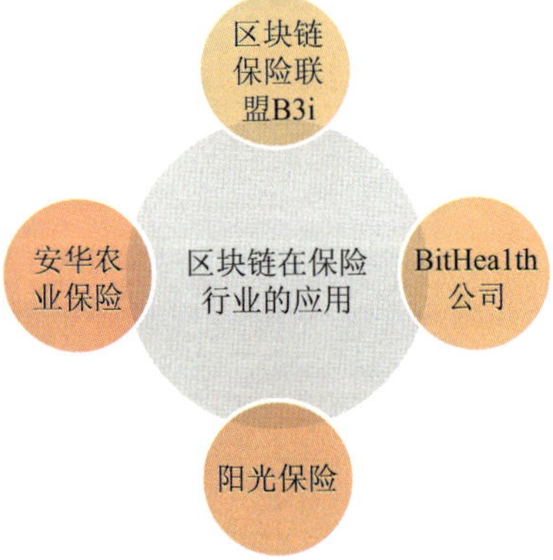

图 5-7　区块链在保险行业的应用

（一）区块链保险联盟 B3i

区块链保险联盟 B3i 组建于 2016 年 10 月，最初的成员是欧洲保险业的五大巨头——安联保险（Allianz）、荷兰全球人寿保险（Aegon）、慕尼黑再保险（Munich Re）、瑞士再保险（Swiss Re）和苏黎世保险（Zurich）。其后其他保险公司 Liberty Mutual、Sompo Japan Nipponkoa、美国再保险集团、Hannover、Generali Group 和 SCOR 也陆续加入到这个联盟当中。B3i 项目是区块链保险行业计划（Blockchain insurance industry initiative）的缩写，目的是为保险公司等提供一种交换信息和协作测试原型和用例的方法，从而使保险公司拥有一个可以高效地进行趋势测试并改善公司间流程的平台。同时，该平台也会寻求使用区块链智能合同简化再保险业务的销售和理赔处理过程。[①] 区块链能够帮助保险行业节省大量的成本，但是在大规模商用之前，必须通过有效的实验去检验这种技术的安全性与风险，因此这一平台仍面临着挑战；另一方面，区块链的引入是需要全行业的共同努力，如果想让上述平台发挥更大的作用，则需要更多的保险公司参与进来，共同实验，提高区块链行业联盟的广泛性与社会化。

（二）BitHealth 公司

区块链技术的发展促进了比特币的支付，给予病人进行保险支付更多的选择。对于健康医疗保险公司而言，区块链作为其金融服务的一个重要部分，其重要性日益显现。

BitHealth 是一家区块链技术公司，其主要目的是将区块链技术运用于医疗健康数据存储和保护。数据隐私、数据外泄和数据可信度是医疗健康产业面临的比较重要的几个挑战之一。BitHealth 则致力于存储和安全地在全球范围内传送医疗健康数据，运用区块链技术来存储医疗健康数据并能够将其从世界各地任一节点恢复。由于数据通过 P2P 的文件分享技术形式进行传播，万一出现网络故障，则系统内的数据可以从本地节点恢复数

① 参见 http://www.01caijing.com/article/11525.htm，最后访问时间：2017 年 2 月 10 日。

据，从而保证了数据的安全性。另外，这项技术还可以解决诸如数据复制、减少保险费用和其他支出、医疗记录分散化等问题；患者借助于区块链技术的匿名性保护个人隐私数据，而医生则可以调取和记录医疗信息，保险公司则可以调取真实可信的医疗历史记录。

（三）阳光保险

阳光保险目前上线了一款叫做“阳光贝”的产品。“阳光贝”采用最新的区块链技术作为底层技术架构，并以此推出了“阳光贝”积分，用户在享受普通积分功能的基础上，还可以“发红包”的形式将积分向朋友转赠或与其他公司发行的区块链积分互换。另一款产品则利用区块链的证明和安全特性做二次认证，用户通过手机登录以实现区块链认证。

图 5－8　阳光贝领取流程以及数贝荷包说明

（四）安华农业保险

安华农业保险于2014年成立，是商业化运作、综合性经营，并为政府代办政策性业务的全国性农业保险公司。目前安华农业保险与数贝荷包进行区块链项目的合作推出了航空延误险。这种创新型航空延误险是将传统的实务保险卡单数字化，并能够通过社交软件进行移转的一种新型产品。

第三节　供应链金融

一、供应链金融概述

供应链金融是指为了适应供应链生产组织体系的需要，金融机构或企业基于综合性电子信息平台提供的一系列贸易融资服务。供应链金融是银行从整个产业链的角度开展综合授信，并将针对单个企业的风险管理变为对产业链的风险管理，其本质是贸易融资的延伸和深化。

作为一项金融创新，供应链金融不仅能够解决由全球性外包活动导致的供应链融资成本居高不下，以及供应链节点资金流瓶颈的问题，还能够缓解后金融危机时代日益凸显的中小企业融资难的问题。据估计，2011年供应链金融业务在发达国家的增长率为10%～30%，而在中国、印度等新兴经济体的增长率为20%～25%。[①]

供应链金融强调上、下游企业相互竞争与相互协作的特殊关系，简言之，即有竞争优势的企业更有话语权，能够主导交易条件与习惯的制定。而特定的行业从原物料的采购、加工、制造到产品销售的整个链条具有不同的特征，形成了该行业特性。在此种情形下，金融机构应当了解上、下游议价能力与行业交易特性，经过风险评量，提供综合化、多样化和客制化的金融

① Demica，Growth Trends in Supply Chain Finance. Demica Report Series No. 13，2011. 转引自：谢世清、何彬，“国际供应链金融三种典型模式分析”，《经济理论与经济管理》2013年第4期。

产品或服务,满足链条上成员企业金融需求的解决方案。[①]

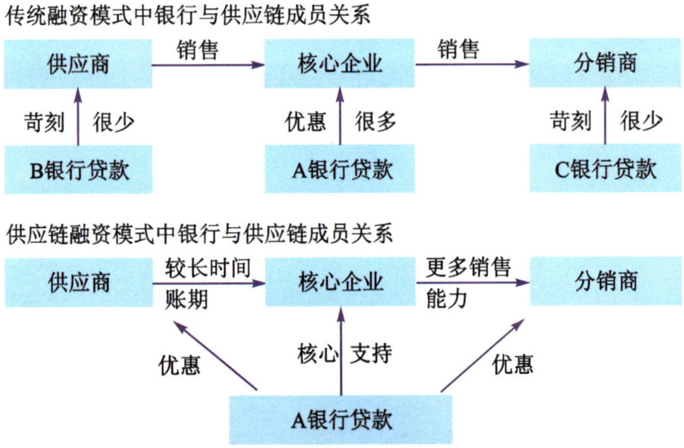

图 5-9 传统融资模式 VS 供应链融资模式[②]

二、区块链在供应链金融领域的应用

(一)区块链让供应链更透明

消费者在购买商品时,往往会忽视该商品背后遍布全球的供应链——随着经济全球化的发展,一件商品的供应链可能相当长,而消费者通常基于对商品品牌的信任就建立了对商品的供应链的信任。例如,当消费者去麦当劳购买汉堡时,他相信麦当劳的厨房是卫生的,食材是新鲜的。[③] 这种信任对现代商业社会的形成和发展至关重要,真实的物流信息是供应链金融的重要先决条件之一。通过区块链技术的应用,我们完全可以和所购的东西建立起一种新的关系,如明白它们来自何处,确定它们又是如何到达消费者手中。区块链提供了一种透明的供应链,并为参与者们创造了全新的机

① 周立群,李智华.区块链在供应链金融的应用.信息系统工程,2016(7).

② 图片来源:MBA 智库,http://wiki.mbalib.com/wiki/%E4%BE%9B%E5%BA%94%E9%93%BE%E9%87%91%E8%9E%8D#.E4.BB.80.E4.B9.88.E6.98.AF.E4.BE.9B.E5.BA.94.E9.93.BE.E9.87.91.E8.9E.8D,日最后访问时间:2017 年 3 月 1。

③ 参见里德·威廉姆斯,"比特币区块链技术如何让供应链更透明",http://www.8btc.com/blockchain-supply-chains,最后访问时间:2017 年 3 月 1 日。

遇。作为一种共享、安全的交易记录方式，区块链跟踪与产品相关的信息，将供应链数据公之于众，为每一位参与者揭示产品的出处。例如，对于食品，区块链可以提供一个共享、安全的记录方式，让用户了解食材的来源及其产生的方式，更进一步还包括运输方式，使用户对食品走上餐桌的每一个步骤都能放心。如果能够实现对厂商供应产品的全流程监控，则其对于产品的质量控制和安全控制而言无疑具有十分重大的社会意义。同样的，对于其他产品，区块链可以让用户了解一件产品的构成，即使其已经在多个不同的公司经历了多个制造步骤。

区块链也可以用于防止零件供应商擅自更换部件。实践中，可能会发生零部件供应商擅自使用与订购者指定的型号不同而成本略低的假货来替换。通常来说，由于零部件体积小、数量大，这种替换是难以发现的。

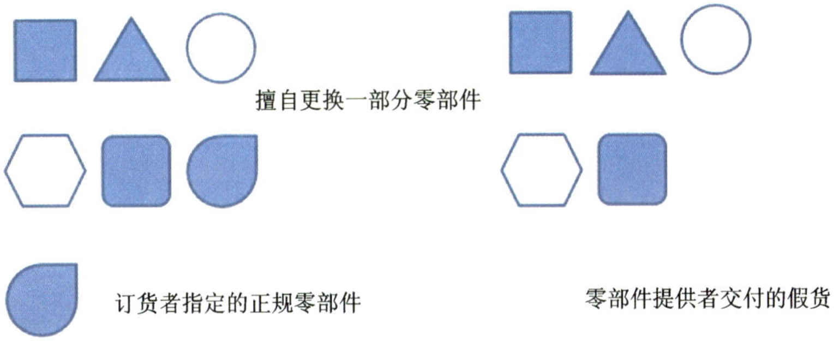

图 5－10　零部件可能被擅自更换的示意图

由此可见，在传统的供应链中，由于监管机构和终端企业缺乏对进货产品的环环相扣的监督，因而实际上对产品质量的控制能力有限，这也是制约食品产品质量有效监督的重大难题。此时，应用区块链技术可以是一个较好的解决方案，计算出只有正规的合约制造者才可实施的附有数字签名的交货单的哈希值，将其记载到区块链中，就可以作为验货的标准，防止用伪造的交货单替换。[1]

---

① 杉井靖典. 非金融领域内区块链的可能性与课题//马渕邦美. 区块链的冲击. 东京：日经 BP 社，2016.

通过运用区块链技术公开而可靠地记录供应链数据，金融平台可以了解供应链的全貌，从而使供应链金融成为可能。但对供应链资产和交易的真实性审核是巨大的市场痛点，透明、高效的信息平台是发展供应链金融业务的基础设施条件，现今的技术极大地制约了供应链金融的深入发展。由于融资抵押物在供应链中的实际流动和使用状况与融资还款的保障息息相关，企业和银行必须对信息平台建设投入充足的人力、物力和财力，才能有效控制风险。[①] 区块链技术以其公开透明、可追溯、安全的特点，将来很有可能成为信息平台的一个高效解决方案。

（二）区块链让关联企业授信更简易[②]

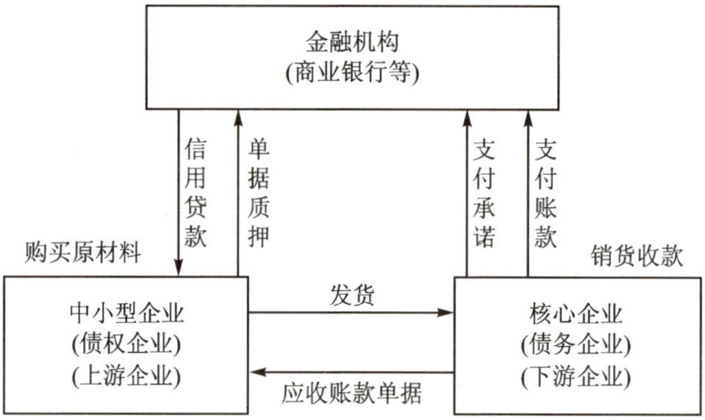

图 5-11　供应链金融的应收账款融资模式[③]

基于风险管理的考虑，银行只愿意对核心企业中有应收账款的上游供应商（一级供应商）提供保理业务（应收账款融资）或是对其直接下游经销商（一级经销商）提供预付款融资或存货融资，因为银行信赖核心企业的控货能力或是调节销售能力。反之，除了一级供应商或经销商外，银行一般不进行直接授信。另外，在金融实际操作中，银行关注应收账款债权"转让通

① 谢世清，何彬. 国际供应链金融三种典型模式分析. 经济理论与经济管理，2013(4).

② 周立群，李智华. 区块链在供应链金融的应用. 信息系统工程，2016(7).

③ 图片来源：MBA 智库，http://wiki.mbalib.com/wiki/%E4%BE%9B%E5%BA%94%E9%93%BE%E9%87%91%E8%9E%8D#.E4.BB.80.E4.B9.88.E6.98.AF.E4.BE.9B.E5.BA.94.E9.93.BE.E9.87.91.E8.9E.8D，最后访问时间：2017 年 3 月 1 日。

知"的法律效力,因此银行会要求一级供应商或核心企业签回"债权转让同意书",如果一级供应商或核心企业无法签回,则将导致银行不愿授信。

若银行在区块链技术支持下,开发供应链金融"智能保理"业务应用系统,提供给所有供应链上的成员企业使用,则二级供应商利用"智能保理"系统将开给一级供应商的发票上记载着该应收账款已转让给某银行的编码(编码 A),发布在区块链上,一级供应商在此发票记录上添加其他必要的编码(编码 B)之后连同原转让信息变成编码 A+B,再发布在区块链上。依据合同法第 79 条和第 80 条规定,此智能发票已达到债权转让法律通知的效果,核心企业当货款到期时依法应直接将款项付给银行。此外,银行也可以利用"智能保理"系统追溯每个节点的交易,勾画出可视性的交易全流程图,所以区块链技术为推广供应链金融"保理"业务到核心企业的二级以上的供应商提供良好的基础。

银行对中小企业或小微企业除了担心其还款能力外,也关注交易数据信息的真实性。供应链金融业务实际操作中,核心企业是以其 ERP 为中心化的模式,串连上游采购信息与下游销售信息,所以银行必定调查核心企业所使用的 ERP 系统的生产商,由于国际或国内大厂生产的 ERP 系统结构较为复杂,交易信息不易被篡改,银行对其信息的信任度有所增加。尽管如此,银行仍然担心核心企业与供应商或经销商勾结篡改交易信息,所以投入人力与物力反复验证交易信息的真伪。反观区块链具有一致性、可溯性和非中心化的特点,因此可将供应链上所有的交易数据记录分散在所有节点的数据库上,且区块链上的数据都带有时间戳,不重复记录,即使能篡改某个节点的交易数据,也无法只手遮天,所以区块链解决了银行对信息被篡改的疑虑。

另外,银行在操作供应链金融的"存货融资"和"预付款融资"的贷后管理,必须编列一定人数的"巡核员",来核实押品是否存在与押品价值是否减损等工作,造成银行投入很多的人力与物力,增加银行操作成本,致使中小企业或小微企业融资成本提高。如果银行利用区块链"智能资产"来管理所有供应链上交易押品,那么不但能够验证押品的真实性,同时也可以监控押品的转移,如此一来,银行可以节约投入大量的人力巡核与盘点押品,也可以减少操作风险和降低作业成本。

三、区块链在供应链金融领域的应用案例

(一) Fluent 公司

目前,美国已经有一家创业公司 Fluent,正在进行运用区块链技术改善供应链金融的有益尝试。其创始人 Wilson 和 Taylor 发现区块链技术也能带来和比特币一样的改革:解决当前金融基础设施之间的摩擦。[①] Fluent 旨在提高供应链金融的信息化程度和效率水平。在此之前,供应链金融由一系列个人维护的账本和流程组成,这是一种效率极低且极其容易出现偏差的管理模式。因此,有必要对其进行颠覆性改进。“目前大多数金融供应链由孤立不透明的系统组成,这样的系统效率极低。雪上加霜的是,供应链顶端的大型公司通常都会尽可能突破支付条款,增加现金流。这特别是给供应商带来了很大压力,他们需要现金及时支付工资给员工,买原材料以及其他开销。”[②]

图 5-12 FLUENT

① 参见 Aaron van Wirdum,“Fluent 如何用区块链简化金融供应链”,http://chainb.com/?P=Cont&id=1150,最后访问时间:2016 年 12 月 31 日。

② 王腾. 供应链金融下的效率提升. 首席财务官,2016(19).

针对上述问题，Wilson 和 Taylor 相信区块链技术就是解决方案。他们设计的 Fluent 网络可以从引进代币化的发票中获益，在区块链上追踪发票可以防止重复支付，更重要的是：可以实现重要支付流程的自动化。在这样的程序设计下，供应链金融的运营模式大大简化。例如，在交易中如果买家收货时表示满意，就可以在 Fluent 网络上确认，在规定时间内买家会自动确认收货，发票会直接支付给发票所有人；而持有密钥的特定交易对手则可以获得相应的资产。这是一个可以验证发票的加密平台，具有即时结算功能，而低操作费可以降低各方之间的交易成本，从而让各方获益。因此，这对买家、卖家以及供应商来说是三赢的。Fluent 网络的区块链在很大程度上是建立在比特币架构上的，但正因此而具有全球化的属性，同时借助于比特币也能较好地实现支付需求。因此，对于初创企业而言最好的方案是在当前银行业架构之上建立支付系统；实际的资金特别是美元一直处在银行监管中。该网络将在金融机构以及全球参与供应链的企业推行。

Fluent 网络的独特之处在于，为客户建立的私人区块链由混合共识模式组成，同时具有联邦系统和工作证明机制。该工作证明机制运用 SHA-256，其运行原理和比特币一样，但是有一个很大的区别：挖矿不是一个可以让任何人参与的公开流程，参与者需要加入 Fluent 许可的系统方可进行挖矿。

(二) Skuchain 公司

Skuchain 是位于美国的供应链区块创业公司，主要开发区块链供应链的解决方案，以此来占领具有 18 万亿美元市场的全球贸易金融市场——目前，这一市场依旧依赖纸质文件处理问题，因而效率极低。全球贸易金融市场目前仍旧以信用证和保付代理为主导，大量的纸质文件在传递、保存过程中容易丢失或遗失，这在全球贸易金融市场中都将是很棘手的问题。而区块链上则完全以数据和代码替代传统的纸质文件，并且提供了一种安全程度高的数字化解决方案，使得交易时间加快，成本降低。据资料显示，Skuchain 正在与多家国际银行开发合作项目，并且得到了数字货币集团

(DCG)、分布式资本、AminoCapital 的投资支持。在 Skuchain 所打造的供应链“商务云”中，贸易伙伴可以无摩擦交互，能得到具有高度透明性的供应链。Skuchain 认为，上述尝试将改变贸易金融行业。[①]

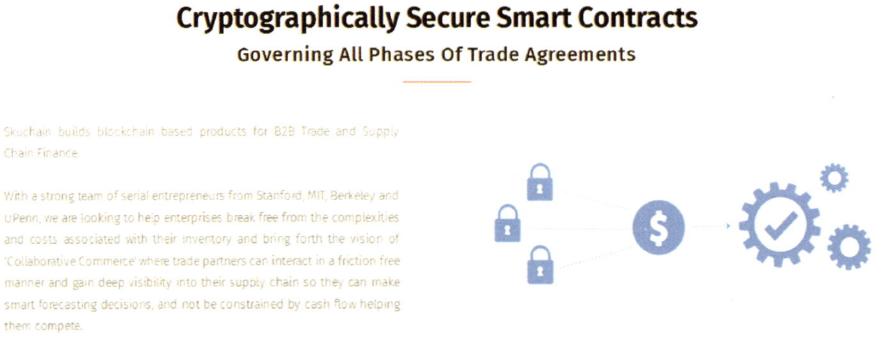

图 5－13　Skuchain

（三）布比供应链金融平台

2016 年 5 月 16 日，布比与互联网金融平台钱香在上海签约，就双方采用布比区块链共同打造区块链技术的黄金珠宝终端供应链金融平台达成战略合作。

图 5－14　布比供应链金融

① 参见 Amber 丁丁:《供应链区块链融资 Skuchain 无纸化时代的到来》，http://chainb.com/?P=Cont&id=1336，最后访问时间：2017 年 2 月 13 日。

布比是国内领先的区块链服务商，开发了可扩展高性能的区块链基础服务平台，具备快速构建上层应用业务的能力，能够快捷、可靠、安全地基于布比区块链构建大规模商业系统。而钱香是一家立足行业协会和产业链上下游，重度垂直于黄金珠宝终端资产的互联网理财平台。其宗旨是打通供应链企业，以真实贸易为基础，把控供应链物流、资金流和信息流，通过集采实现借钱给货，服务产业链终端企业以降低成本、提高效率，从而为广大互联网理财用户提供安全而优质的金融资产。钱香主要做珠宝黄金类借贷服务，在没有使用布比区块链之前已经有不少资产在流通中，主要覆盖珠宝行业中小品牌(长尾占80%以上市场)。

在传统模式下，理财者对理财平台标的物的真实性有质疑的情况很常见，因为所有的交易记录都只存在于该网站的服务器上。为此，钱香引进了布比区块链技术。布比区块链技术能够有效地实现信息披露和透明化处理，从而解决很多平台虚构资产、隐秘交易方面的一些违规问题。此外，全面运用区块链技术还能够方便监管，对于行业各个平台交易的真实信息进行实时掌握。双方将基于布比区块链携手打造全新的供应链金融服务平台，开展黄金珠宝终端供应链金融服务，依托区块链技术共识、安全、不可篡改的特性，对加盟商的资金用途、进货渠道、还款能力等实现全方位管控，连接上下游供货商及下游终端门店，实现金融与供应链物流、信息流的精准融合，为各终端门店提供单笔小额授信，实现资金快速、灵活、低成本运转。①

布比和钱香结成战略伙伴关系引入区块链技术，根据区块链的方式由单点记账变为多点记账来取代中央式的管理机制，极大地便利了理财者直接核实标的物的真实性，同时也方便了监管。

---

① 参见齐鲁壹点："布比与钱香达成战略合作，打造区块链供应链金融平台"，http://news.ifeng.com/a/20160519/48804494_0.shtml，2017年3月30日最后访问。

第四节　P2P 领域

一、区块链在 P2P 领域的应用

P2P 是英文 Person-to-Person(或 Peer-to-Peer)的缩写,即个人对个人(伙伴对伙伴)。P2P 又称点对点网络借款,是一种将小额资金聚集起来借贷给有资金需求人群的一种民间小额借贷模式。P2P 属于互联网金融产品的一种,是一种借助于互联网技术实现网络信贷及相关理财行为、金融服务的平台。

区块链的成熟和应用可以为 P2P 领域打开新的篇章。在 P2P 网络借贷领域,区块链可以作为一种支付网络来创建一个去中介的、全球性的、实时 P2P 借贷市场。我们认为,目前 P2P 网贷可以借助比特币为载体开展借贷服务,它为我们提供了构建基于区块链技术的 P2P 网贷的思路。首先,借款人在区块链终端发起自己的借款需求,详细列出贷款总额、期限、利率、过往信用记录等基本信息,并说明自己可接受的借款跟踪检查项目;其次,意向贷款人也可以通过已提供信息或者与借款人直接交流来决定是否借款,到期后借款人通过系统设定自动还款;最后,它不需要任何中介机构或中间商的介入,通过智能合约自动完成交易,所有的交易和协议都会透明、公开地记录在的账本上,为政府部门提供监管依据,并大大节省了平台的组织成本,降低了执行借贷关系的监督和服务成本,控制了业务风险并提高了工作效率。[①]

区块链的技术特点符合互联网金融普惠化的方向,它增强了 P2P 网络借贷平台的活力,深化了“金融脱媒”的趋势,降低了交易成本,为构造令人信任的交易组织形式而建立了适宜的基础设施框架。它是分布式的,实现

---

① 参见 Printemps:欧洲区块链孵化器推出第一个区块链概念项目 MoneyCircles.com,http://www.8btc.com/blockchain-moneycircles-com,最后访问时间:2017 年 4 月 25 日。

了点对点、多中心的组织结构；它是非中心化的，实现了无中介、低摩擦的自治管理；它是一体化的，实现了风险管理、收益分享、权责分担的全流程业务模式；它是智能化的，实现了价值转移、可编程的智能金融。

二、区块链在 P2P 领域的应用案例

总部位于旧金山的初创公司 BTCJam 是一家全球借贷平台，其独特之处是使用比特币作为支付渠道，从而为其开展跨国界的借贷业务提供了技术支撑。目前，该公司已经在全球范围内提供 P2P 借贷服务，并使用比特币作为主要支付渠道。借助于比特币，BTCJam 绕过法定货币的限制，允许全球的任何人通过其平台接收贷款；同时，由于比特币及区块链的低成本特点，BTCJam 的服务有效地降低了电汇成本和账户成本，推动资金交割可以实时实现。另外，该公司的服务也大大降低了借款的流程，借款人无需专门开设银行账户，无需担心不同法律环境和监管的差异，从而降低了未来法律适用方面可能存在的争端。

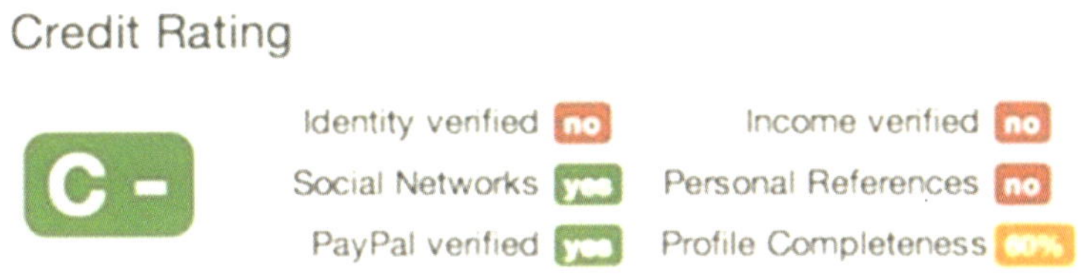

图 5－15 BTCJam 页面的信用评分验证板块①

BTCJam 还解决了限制很多 P2P 网站获得更多地域发展的问题。通过使用所谓的“machine learning”的人工智能创建了自有的信用评分系统，BTCJam 可以评估全球各地借款人的可靠性。然而，由于全球发展的差异性，部分用户没有信用记录和信用评分，传统金融机构往往只能屏蔽这些人的贷款需求。而 BTCJam 通过设计一套信息收集程序，依靠评分技术对一系列数据进行分析并形成信用评分。当用户在 BTCJam 网站注册登记时，

---

① 图片来源：网贷之家“比特币如何操作 P2P 平台 BTCJam”，http://www.wdzj.com/news/guowai/12315.html，最后访问时间：2017 年 5 月 10 日。

需完成一系列的验证问题，并创建信用评分，其中也包括身份验证。通常，BTCJam 收集的信息包括其既有的信用记录；但如果用户没有传统的信用历史，则 BTCJam 可通过连接其社交媒体账号，提供收入证明，验证电话号码以及上传私人资料进行评估。目前，BTCJam 已经与巴西的 Mercado Bitcoin 交易所达成合作，未来也计划与中国及墨西哥等国的交易所达成合作。[①]

---

① 参见网贷之家："比特币如何操作 P2P 平台 BTCJam"，http://www.wdzj.com/news/guowai/12315.html，最后访问时间：2017 年 4 月 25 日。

第六章
非金融领域

区块链所具有的“非中心化”的信任机制，将对这一领域的模式产生颠覆性的影响。

在非金融领域内，“如何解决信任问题”是各个行业的核心要义。传统上，为了建立公信力、取得信任，往往需要通过公权力机构或者特定授权机构背书，方能取得社会的一致信任。区块链所具有的“非中心化”的信任机制，将对这一领域的模式产生颠覆性的影响。

第一节　电子存证

区块链在电子存证领域的应用主要是利用区块链技术的时间戳功能实现数据真实性证明的。由于区块链的特殊工作机制，区块链技术具备的由共识节点共同验证和记录、不可篡改和伪造的特点使得其可以广泛应用于各类数据存储和公证的场景。区块链技术可以生成一定时间段的信息区块以及区块之间的首尾相连的数据链，从而形成不可篡改的真实数据链条。[①]由于每一个加盖的时间戳都可以保证数据存储的原创性，因而区块链信息能够有效保证电子信息的完整性。例如，区块链可以永久地安全存储由政府机构核发的各类许可证、执照、证明和记录等，并可以在任意的时间点方便地证明电子信息的存在性和真实性。利用这种特性，区块链技术在电子存证领域已经开始具备越来越多的应用场景。

---

① 参见曾福斌：“李礼辉谈区块链技术：潜在风险开始暴露，需有效管控”，http://finance.sina.com.cn/roll/2016-08-21/doc-ifxvctcc8152444.shtml，最后访问时间：2016 年 12 月 21 日。

一、公证领域首个应用:公证通(Factom)

全球最早将区块链技术应用在电子存证领域的应属“公证通”(Factom),其主要作用是进行数据管理和数据记录。它的运行原理是创建一个共识系统,用户将数据信息输入其中,“公证通”系统便会将信息及时记录下来。整个过程是分布式的,用户可以通过数据层为自己的数据创建一个独立的虚拟的区块链,而针对这些数据的形式与格式没有严格的限制,这就保证了电子存证的广泛性。由于“公证通”系统的正常运转是依赖于一整套密码学维持的协议,如果有人利用该系统进行违法活动,即使在数据的初级输入阶段不能被立即发现,那么之后不法分子的行为也会被其他内置系统甄别并剔除,从而尽可能地保证数据的准确性与原始性。除此之外,保全网也是提供数据存证的互联网科技公司,可以为用户提供数据保全、信任连接、公证等服务,保证数据存证的司法有效性和数据原始性不被篡改,在数据时代维护用户的数据所有权,避免对电子信息的重复验证,从而降低整个社会的信任成本。

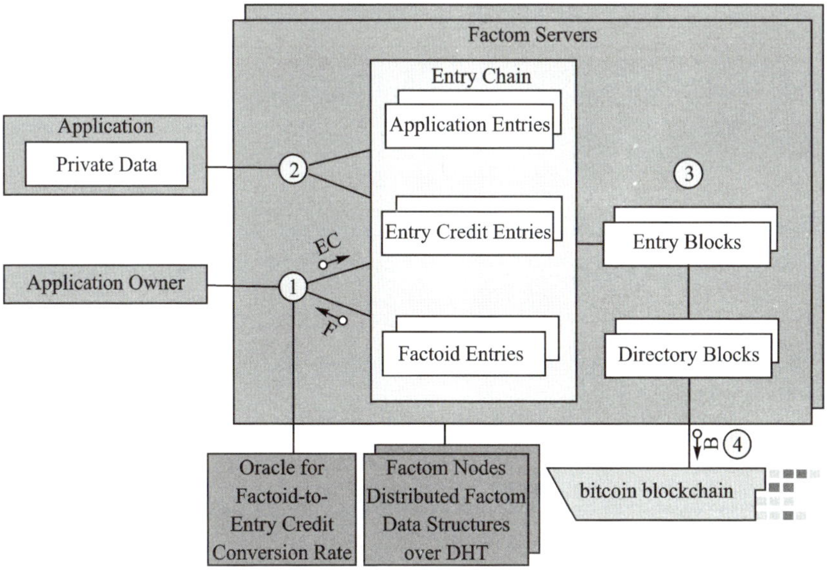

图 6-1 Factom 生态系统

二、电子存证区块链联盟:法链

2016 年 8 月 16 日,全球首个电子存证区块链联盟——“法链”宣告成立,它是一个大规模商用电子存证区块链联盟,是由 Onchain、微软(中国)以及法大大等多个机构参与建立和运营的证据记录和保存系统。“法链”的建立标志着区块链应用在电子存证领域正式落地。“法链”是将区块链技术与电子合同深度融合,交易双方一旦签订电子合同,那么电子合同的签署时间、签署主体、文件的哈希值等电子合同的数字指纹信息就会同步记录到“法链”所有成员的每一个节点上。[①] 基于区块链技术防篡改、数据零丢失的特性,在理想情况下,所有信息一旦被存储在“法链”上,则任何一方交易主体都无法进行篡改,充分满足了电子证据司法存证的要求。法大大的创始人兼 CEO 黄翔介绍,法大大平台可以提供庞大的电子合同文件,区块链技术与大量的电子存证发生关联之后并迅速投入商业使用则可以形成全球最大的商用区块链联盟。

图 6-2　法链电子合同

① 马树娟.区块链联盟“法链”成立,助力电子存证法律效力.法治周末,2016-08-17.

三、邮箱存证:阿里云邮箱

"法链"落地两个月后,在2016年10月14日,2016杭州云栖大会的区块链分论坛中,阿里云邮箱联合法大大,推出了全球首个基于区块链技术的邮箱存证产品。[①] 这个产品基于区块链技术,利用该技术非中心化、分布式存储以及难以篡改的特点,能够保证电子邮件中数据的稳定性,防止被篡改。

图6-3 阿里云邮箱

传统的电子邮件作为电子数据具有易于损毁、可篡改等特性,发生纠纷的时候,法院也很难将电子邮件直接作为证据加以使用,司法证明力较弱。而"区块链+邮件存证"的新模式可以帮助用户将重要邮件的电子数据信息同步存储到权威的第三方机构,当纠纷产生的时候用户可以将己方储存的电子邮件,发送至司法鉴定机构,实现原始邮件特征数据与存证数据进行对比,因此这样的一个平台实质上能够为电子邮件的真实性提供证明,从而降低了用户举证的成本。[②]

① 参见"区块链技术首次应用于电子邮件存证",载于网易财经 http://money.163.com/16/1015/18/C3EJC78300253B0H.html,最后访问时间:2016年12月21日。

② 参见"阿里+法大大,全球首个基于区块链技术的邮箱存证产品出炉!",https://www.fadada.com/notice/detail-191.html,最后访问时间:2016年12月25日。

图 6-4　阿里云邮箱存证

四、“互联网+”司法鉴定:存证云

图 6-5　存证云

2016 年 12 月，众签科技与具备法律认可的权威资质的中证司法鉴定中心进行合作，在众签科技已有的区块链技术的基础上，试图建设面向可信数据存证的区块链联盟，打造非中心化的可信数据存证生态。此次合作的双方分别利用自身优势：中证司法鉴定中心拥有完善的电子数据鉴定专家，曾经为大量涉及计算机与互联网的案件出具司法鉴定报告；而众签科技可以为用户提供由合法数字认证机构颁发的数字证书，可以检测到电子合同文件中包含的电子信息。当发生纠纷的时候，用户可以首先通过众签平台申请司法鉴定，然后由中证司法鉴定中心提供电子数据司法鉴定意见书。此次合作是“互联网＋司法鉴定”的新型模式，区块链技术应用在电子存证中可以大幅度提高取证效率，缩短出证的时间。

区块链技术正在改写传统的法律行为，区块链技术在效率、安全、成本等方面的优势会驱动传统法律的变革。区块链技术与电子合同、电子邮件等电子存证业务的结合，也会彻底改变传统的存证业务，带来更为安全、快捷的存证途径。我们认为，区块链技术对于现行法律规范、法律体系的变革与创新，源于其技术架构重构出的信任机制，这种信任机制会让传统交易和服务中的法律关系或结构得以简化。

五、文档存证系统：合链科技

2017 年 3 月，北京合链共赢科技有限公司完成文档存证系统的开发。基于区块链的文档存证系统具有强大的自保护能力，与其说它是一项技术创新，不如确切地说它是一项规则与技术的完美结合。这个系统自带的规则与技术天然解决了保全证据公证遇到的一些根本问题：

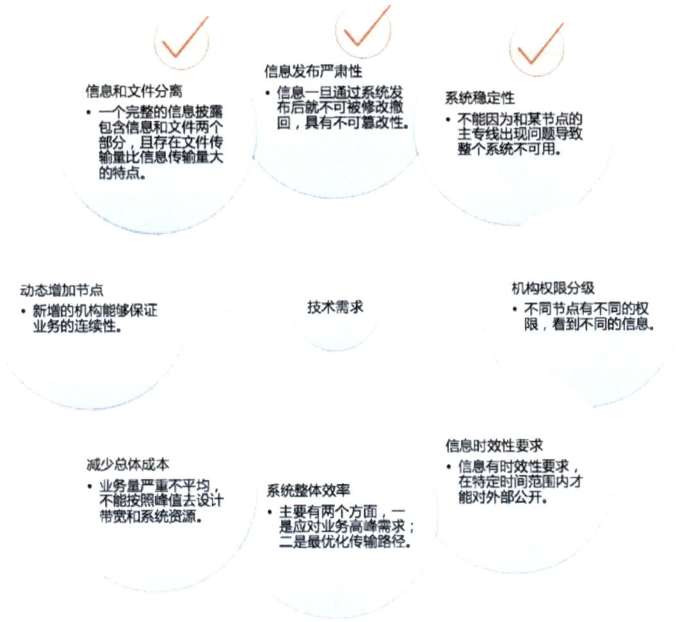

图 6－6　基于区块链的文档存证系统技术需求

① 第三方身份：区块链技术保全证据，是属于在关系双方之外，建立一个无利益的第三方身份，正如“公证”中的公证员的身份，“私证”中的见证人的身份。

② 非中心化结构：区块的基础规则之一就是非中心化的结构，即不存在作为中心的硬件或管理机构，不需要也无法人为地进行干预。保全内容被区块链无数的节点共同控制，有效地防止黑客、捣蛋者们对数据本身进行攻击、篡改。

③ 时间戳证明：每一次存取、变动等行为都会有一个时间戳记录，让每一个行为的时间点有据可查。

④ 证据链举证：区块链技术将每一次行为都保全下来，对行为形成了证据链证据，而非单点证据，有效还原了整个行为的真实过程。

⑤ 低成本：虽然区块链技术作用很大，但它还是一项低成本的技术，区块链技术本身对硬件的要求不高，也不需要很大的硬件投入，这点在保全证据公证领域的推广利用方面也是至关重要的。

⑥ 实现已发布信息的不可篡改，能够动态增加节点，保证业务的连续性。

第二节 数字版权管理

一、数字版权管理概述

数字版权，是指各类出版物、信息资料的网络出版权，可以通过新兴的数字媒体传播内容的权利，包括制作和发行各类电子书、电子杂志、手机出版物等的版权。[①] 数字版权管理（Digital Rights Management，DRM），是为了保护数字版权，对多媒体内容采用数字水印、版权保护、数字签名、数据加密等技术措施，防止多媒体内容未经授权播放和复制。它是内容提供商为

① 刘国龙，魏芳. 数字版权管理模式探析. 知识产权，2015(4).

保护其出版物(图书、音乐、软件)内容或其他数据免受非法复制和使用的重要手段。

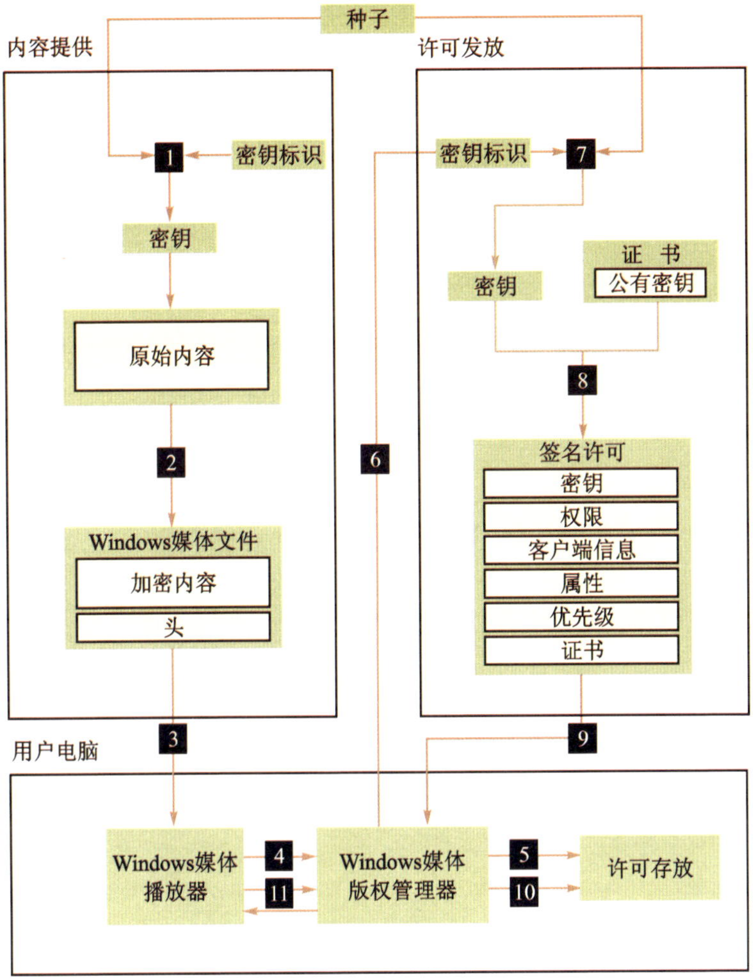

图 6-7 DRM 技术[①]

DRM 技术目前仍属于起步阶段,其发展已经经历了两代,第一代 DRM 技术主要致力于对数字化内容的安全性与加密技术的开发,从而实现对数字内容的控制,防止非授权的使用和传播。第二代 DRM 技术则扩展到对数字版权的描述、交易、论证、保护、监控、跟踪和版权持有者的管理上,从而提

① 图片来源:开花结果。

供更加完善的数字内容保护措施。一般而言，数字版权管理系统包括加密(Digital Certificates)、数字水印(Digital Watermarks)、存取控制(Across Control)、验证(Authentication)、安全通信协议(Secure Communication Protocols)、安全内容存储(Secure Content Storage)和权限描述语言(Rights Specification Language)等技术。[①] DRM 技术主要有两大功能，首先是数字内容的知识产权保护，通过数字版权保护和认证计费技术实现，数字版权保护技术可以有效地杜绝通过网络和计算机非法复制、传送数字信息产品；认证计费技术是一整套数字信息产品计费、认证、收费、报账的用户付款结算系统。另一个重要功能就是许可证获取(License Acquisition)，许可证获取是从 DRM 许可证服务器获得许可证的过程，以便允许设备播放受 DRM 保护的内容。

二、区块链在数字版权管理领域的应用

目前，DRM 都是集中登记式的，本质上是一种权威管理机构授权的中心化的版权管理机制。区块链技术为数字版权提供了一种不可更改的非中心化的版权登记形式[②]，因此可以借助于区块链技术对每一份经特许的数字版权进行记录，从而实现对数字版权流转的全过程监督。具体而言这一技术有如下几个特点。

图 6-8 运用区块链进行数字版权认证的特点

① 张建明，文学军. 数字版权管理系统的原理与应用. 现代图书情报技术，2004(2).
② 吴健. 非中心化数字版权保护技术初探. 应用，2016(12).

(一) 降低保护成本

理论上讲,区块链技术可以让版权保护系统不再需要来自第三方的监管。在所有出版发行的领域中,国家版权局制定统一的规则,并且进行管理。而区块链提供一个称为“工作量证明”的机制,让系统中的每个节点参与审批每一笔交易。该系统内置检查和平衡机制,以确保系统中的任何节点都无法欺瞒系统。所有的这些审查和监督完全由算法自动完成。虽然现在已有可以替代“工作量证明”机制的其他共识模型(比如 PoS 机制),但都保留了每个客户端或者节点能够点对点管理系统的这个核心理念。更加重要的是,区块链让系统中的每个元素都完全透明,从而利用“来源大众的监管”实现非中心化的监管,有效地降低欺诈行为。区块链技术为数字版权保护提供了新的方法,并可以极大地节省成本和提高效率。

(二) 提升安全性

区块链是一个完全的非中心化的点对点网络,由许多分布式节点和计算机服务器来支撑,有着很高的可靠性,系统中每一个参与的节点上都保存了一份完整的账本副本。基于区块链技术的版权保护机制能够像灾难恢复中心或数据库冗余中心一样,获得 7×24 小时全天候运营安全保障,从而实现低成本、高安全性的版权保护系统。整个系统具有很高的容错性,如果任何一部分的几个节点出现问题,都不会影响网络其他部分继续运作。

(三) 便于各方追踪

数字作品的所有者能够把版权信息和版权交易信息记录在区块链上。任何交易双方之间的交易都可以被追踪和查询,并被充分证明。这是因为所有的交易都需要一组公钥/私钥来加解密,一旦加入到区块链上,就永久性的不可改变。任何记录,一旦写入到区块链,都是无法篡改的。任何在区块链上持有的版权或者数字货币的人都会在区块链上有他们自己的公钥。当发生交易时,需要由控制这些版权的前一个持有者使用私钥进行签名。区块链还允许多种机制来发生交易,比如可以设定为需要两个人联合签名才能进行一笔版权交易。所以,基于区块链技术的版权保护机制可以提供比现行版权保护方式更强的可操作性。

（四）提升可扩展性

区块链技术可以根据不同的使用环境和版权交易需求，来分叉出全新的版本。新的版本同样需要符合区块链的整体理念，所有的这些改变必须获得系统中所有成员的认可，并且每个人能够获得相同的利益。此外，这些改变不会影响已经发生并且在区块链上进行确认过的交易。所以，基于区块链技术的数字版权保护系统具有足够的真实性和可靠性。[①]

三、区块链在数字版权管理领域的应用案例

（一）Mediachain 项目

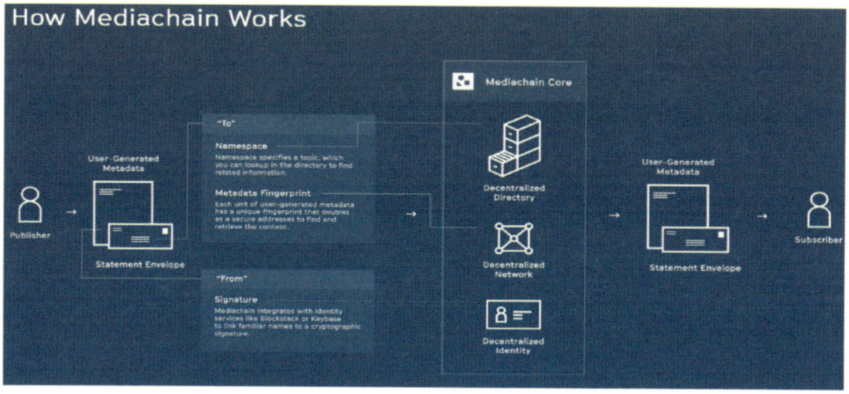

图 6-9 Mediachain 运作模式

Mediachain 项目吸引了众多投资者的眼球，它是近几年来在媒体领域里的一颗新星，如果能够成功那么对于该行业的影响将不可忽视。Mediachain 是一个在媒体领域内具有高度创新性的项目，由美国创业公司 MineLabs 开发。它是一个基于区块链技术的元数据协议，允许文化创意者在他们的创作作品上附加信息，并将数据添加时间戳传送到比特币区块链上，存储在分布式文件系统（IPFS）中，是一个整合了区块链技术各方面特征的分配式的文件系统。这样一套系统使用户不仅可以将身份认证信息附加

① 吴健，高力，朱静宁. 基于区块链技术的数字版权保护. 广播电视信息，2016(1).

在文件上，而且还可以反过来通过查询文件来搜寻创造者，即实现了身份认证功能和版权查询功能。这些功能在艺术品真实性鉴定、创作者鉴定等领域具有广泛的空间，有可能解决困扰艺术品收藏等领域几百年的难题——真伪鉴别问题。

（二）Blockai 企业

Blockai 是版权保护领域的区块链创业企业，它们帮助艺术家、摄影师和其他艺术工作者在区块链上注册作品版权，防止侵权行为。在美国，版权注册需要到美国国会图书馆正式注册，这一手续既费时又费钱。若是不进行注册，则作品往往难以得到有效的保护，因此饱受版权侵权的困扰。Blockai 的设计目的就是在区块链上方便有效地注册版权。

在 Blockai 平台上，只需要一个简单的鼠标拖放动作，拖放作品文件并上传到 Blockai 的网站，就可以进行作品注册，并获得对应的版权证书。如果之后有人不经允许复制了你的作品，Blockai 就会帮你发送一份版权证书来警告他。

当然，Blockai 还有一个极为重要的问题没有解决：在它的区块链系统上建立的记录是否会被法庭认可为充分证据，显然这样的努力还需要时间。另外，如何结合传统的知识产权保护法，识别文件是否具有独创性等也需要进一步的设计和验证。

（三）Ujo 音乐平台

Ujo 音乐平台是菲尔·巴里（Phil Barry）与基于以太坊平台的项目孵化器 Consensys 合作打造的开放式平台，致力于支持创新音乐知识产品的管理，追踪知识产权的使用情况并实现自动化版权付费。

Ujo 平台给每一个艺术家一个地址作为身份认证，艺术家可以通过这个地址上传自己的音乐作品到平台上。Ujo 平台利用区块链技术将数字文件的版权信息记录下来，并且与数字音乐本身进行绑定，这样，艺术家就可以管理自己的艺术家身份和创作的音乐，获得个人作品的许可证。粉丝在平台上可以直接购买音乐作品，艺术家则可以直接获得相应的收入。另外，数字文件本身具有“定位”的功能，包含了创作者和使用者的信息。因此，一旦音乐等被非法上传、下载等，平台可以快速地追踪到产品的泄露源头，从而实现音乐产品的全流程产权保护。

（四）Monegraph 平台

图 6-10 Blockai 运作模式

Monegraph 平台是法律公司 Pryor Cashman 计划推出的基于区块链技术的数字艺术和媒体新平台，它将能够在艺术家和买家之间促进数字艺术的转移。它将使艺术家能从菜单中选择出售、授权、转售以及合成音乐的权利，并允许他们按照自己的想法来规定价格。

对于买家，该平台允许其不通过中间商就能直接从创作者手中购买数字艺术作品。同时，艺术家的头衔和所属、使用者的信息等都可以通过区块链技术得到证实并被记录。

Pryor Cashman 的 Art Law 团队负责人威廉·查伦（William Charron）表示："Monegraph 为即时的数字艺术交流铺平了道路。"他还补充说："就像人们通过带圈的字母 C 了解什么是版权（Copyright），他们也将在相对较短的时间内通过字母 M 了解什么是 Monegraph。它将成为商业艺术和法律术语的一部分。"

第三节　医疗领域

区块链技术也将促使医疗行业进入一场变革之中。现实中泄露患者私密信息的事件时有发生，因此医疗部门的中心化数据库或文件柜式管理已不再是最优选择。随着指纹数据应用和基因数据检测手段的普及，越来越多的人担心一旦发生泄露将会导致灾难性的后果，而区块链由于高冗余、无法篡改、低成本以及能进行多签名复杂权限的管理，也许是目前人类能找到的数据保管的最佳方案。

一、电子健康病例（EHR）

医疗方面，区块链最主要的应用是对个人医疗记录的保存，可以理解为区块链上的电子病历。如果把病历比作一个账本，原本它是掌握在各个医院手上的，患者自己并不掌握，所以病人就没有办法获得自己的医疗记录和

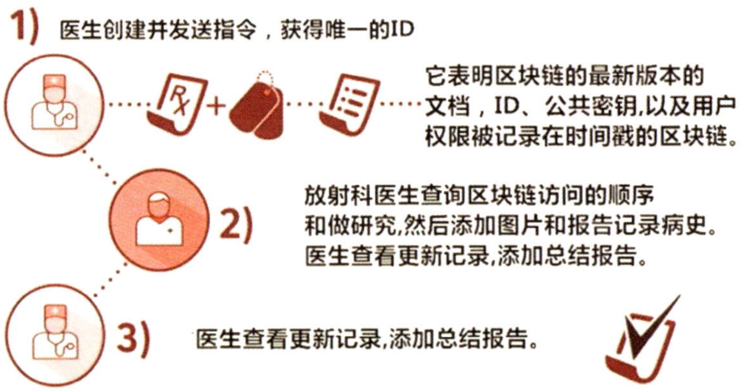

图 6-11 区块链电子病例[①]

历史情况，这对患者就医会造成很大的困扰，因为除了保管方以外的人——包括其他医生无法详尽了解患者的病史记录，这样的机制会给病人的治疗带来较大困难。但如果通过区块链技术来保存医疗健康数据，那么实际上患者自己就能够控制个人医疗的历史数据，可以用作个人健康规划以及寻找其他医生看病。这样的技术设计能够保证患者控制自身医疗数据的使用情况，而不是某个医院或第三方机构。目前在该领域率先进行探索的主要为 Gem 公司和 Factom&HealthNautica 公司。

Gem 是一家区块链企业，致力于构建一个全球化医疗保健综合体并为人们提供更加私人化以及更低费用的服务。Gem Health 是 Gem 旗下的一个应用开发网络，能够向医疗保健服务商提供网络基础设施。Gem Health 正在探索区块链技术在以下几个方面的应用：医疗数据、理赔过程、药品供应链、健康网络、通用健康身份以及基因数据管理等。区块链技术将会创造一个连接医药健康产业的新框架，将所有医疗平台的重要数据连接到一起。区块链技术保证了数据的有效性和安全性。对于医疗行业而言，这使得医院、保险公司和实验室能够实时连接并且即时无缝分享信息，而无需担心信

① 图片来源：中国比特币网。

息被泄露或者被篡改。Gem 正在建造一个网络基础设施，使得其将来能够在医疗健康领域采用更多的物联网方案。

图 6 - 12　Gem 企业的区块链实践

Factom 是一家区块链技术服务公司，利用区块链技术助力各种应用程序的开发，包括审计系统、医疗信息记录、供应链管理以及金融系统等。企业和政府部门可以利用 Factom 简化数据记录的管理、记录商业活动并解决数据记录安全性和监管性的问题。Factom 维护了一个永不可更改的、基于时间戳记录的区块链数据网络，大大减少了进行独立审计、管理真实记录以及遵守政府监管条例的成本和难度。HealthNautica 成立于 2000 年，总部在芝加哥，致力于使得医院、医生和病人之间的沟通更为流畅。HealthNautica 具有一个可定制化的客户驱动的云软件系统供医生操作和病人办理手续。HealthNautica 的 e-ORders 产品极大地缩短了手术治疗过程和程序调度过程，减少了网络延迟，克服了莫名的数据丢失问题。

2015 年 4 月，Factom 宣称与医疗记录和服务方案供应商 HealthNautica 展开合作，研究运用区块链技术保护医疗记录以及追踪账目，为医疗记录公司提供防篡改数据管理。通过运用 Factom 的不可变更账本来对医疗记录和合约进行验证和时间标记，HealthNautica 的客户（包括医院、医生）双方都希望在声明过程中提高效率以及确保医疗数据记录不被更改。Factom 的技术首先将私人医疗数据进行加密编码，然后生成一个数据指纹以供时间标记和验证过程。这种方式可以确保实际医疗数据不会泄露给第三方，这种做法保护了病人的隐私。可以说，通过将 Factom 的区块链技术运用于医疗健康产业，能够有效地保证医疗数据的完整性，同时保护病人的隐私数据不泄露。这对于医疗机构、患者而言，都是一件有利的事情。

二、DNA 钱包

基因和医疗数据能够运用区块链技术进行安全存储并且通过使用私人密钥来获得，这将形成一个 DNA 钱包。这使得医疗健康服务商能够安全地分享和统计病人的数据，帮助药企更有效率地研发药物。这种模式也正在逐步建立起来。

DNA.Bits 公司运用区块链密码学来以安全、可信、匿名的方式解决标签化、数据追踪、健康数据交互引用、大数据、基因数据分享以及相关的医疗数据问题。未来的药学、预防医学和药理学突破与我们对基因、健康、疾病相互作用的理解密切相关，基因组以及生活方式的不同导致治疗方案在个人身上的影响也不同。

三、药品防伪

与编码防伪技术类似的是，对于运用区块链技术防伪的药品而言，在药品包装盒表面有一个可以被刮去的面，底下是一个特别的验证标签，与区块链数据相互对照来确保药品的唯一合法性。Block Verify 就是一家基于区块链技术的防伪方案服务商，提供的服务包括：真伪验证，帮助专家验证产品真伪。正品保证，区块链能够为产品提供一个透明的环境，无需信任支撑。产品追踪，公司能够登记他们的产品并监视供应链。全球解决方案，Block Verify 能够创造一个受信任的全球解决方案来连接世界。Block Verify 能够鉴别的种类包括：伪造品、调换品、被偷商品、虚假交易。在医药行业中，能够通过药企供应链追踪来确保消费者收到的是正品。

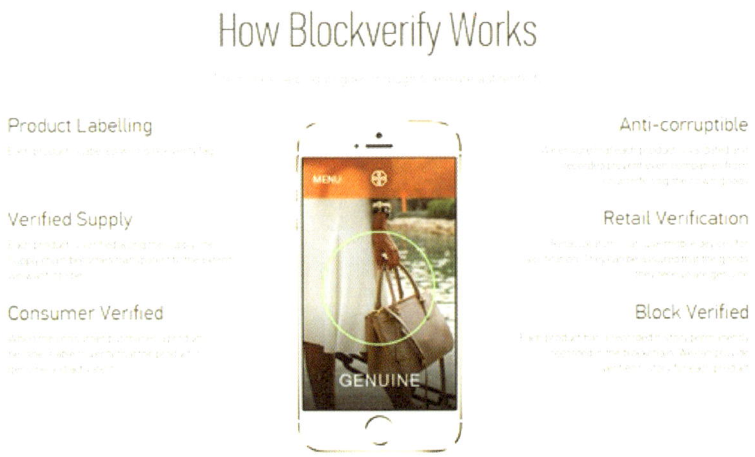

图 6-13 **Block Verify** 工作原理

四、蛋白质折叠

蛋白质折叠过程的研究属于生化领域最为先进的研究，需要耗费大量的算力。在传统的蛋白质折叠过程的研究中，科研机构往往需要借助于非常昂贵的超级计算机来模拟蛋白质折叠过程。这种方式花费巨大并且存在单点故障的可能性。通过运用区块链技术，能够选择使用一个巨大的分布式网络来进行高速运算，从而保证计算过程的稳定性和数据存储的安全性。[①] 为了实现这一设想，专注于医疗保健的初创公司 Hashed Health 在 Hashed Health 上推出了联盟链，试图降低数据存储的成本，提高其安全性。这一实践目前已经引起美国医疗保健公司对该技术的兴趣。[②]

虽然区块链技术还没有占据世界，但 IBM 公司认为它可能是提供更安全、高效和有效的医疗服务的关键。该公司最近宣布，其 IBM Watson Health（IBM 沃森健康部门）已与美国食品和药物管理局（FDA）签署研究计

① 参见付海天："神奇的区块链越来越火，它在医疗领域都有哪些应用场景？"，https://m.huxiu.com/article/152679/，最后访问时间：2016 年 12 月 13 日。

② 参见 Stan Higgins，"Blockchain Startup Hashed Health Raises ＄1.8 Million"，http://www.coindesk.com/blockchain-hashed-health-raises-1-8-million/，最后访问时间：2017 年 2 月 10 日。

划，旨在研究、开发和测试将区块链技术应用于公共卫生保健的多个方面，包括医疗记录、临床试验、基因组数据和来自移动设备的可穿戴设备和物联网（IoT）的健康数据。IBM认为，区块链技术有助于实现肿瘤相关的健康数据的“安全、高效和可扩展”的交换。该举措具有直观意义：区块链是非中心化的分布式数据库，可以记录、验证和组织用户在网上活动时生成的信息；因为区块链没有中心化枢纽，因此比传统的数据服务器更安全。正因为如此，上述系统能够成为一个相对完善的平台，可以有效解决目前缺乏的医院之间、医院与患者之间的数据共享问题。[①]

目前区块链的概念比较火热，但其技术发展尚处于初步阶段。区块链是未来数字社会的基础设施，具有广阔的应用前景，但其对于现有医疗秩序规则及信息化系统的替代作用亦不是一朝一夕的事，需要有区块链专家、医疗专家以及IT专家等各方通力协作来推动区块链技术在医疗行业的发展及运用。

第四节　能源领域

2016年2月，国家发改委、能源局和工信部共同发布了《关于推进“互联网＋”智慧能源发展的指导意见》，试图建立“一种互联网与能源生产、传输、存储、消费以及能源市场深度融合的能源产业发展新形态”，“加强能源互联网基础设施建设，建设能源生产消费的智能化体系、多能协同综合能源网络、与能源系统协同的信息通信基础设施”，实现“设备智能、多能协同、信息对称、供需分散、系统扁平、交易开放”。区块链技术拥有分布式、非中心化、不可篡改等特点，可成为能源领域信息通信等基础设施建设过程中的一项基本的、核心的关键支撑技术。

---

① 参见Eric Emin Wood，“IBM testing blockchain-powered medical care for U.S. patients”，http://www.itworldcanada.com/article/ibm-testing-blockchain-powered-medical-care-for-u-s-patients/389934，最后访问时间：2017年1月14日。

表 6-1 区块链与能源领域

特 点	区块链技术	能 源
非中心化	所有节点权利义务对等	各主体平等分散决策
协同自治	所有节点共同维护	不同形式能源高效协同
市场化	无需第三方的信任机制	多元化的能源市场
智能合约	能够自动执行合约	自动化交易无处不在

区块链技术将在能源领域的计量认证、市场交易、组织协同三个方面有巨大的应用空间。能源领域涉及广泛而复杂的交易，而交易的前提是具有公信力的数据记录，区块链技术无疑是最合适的。在计量基础上，进行市场交易，如碳排放权交易等。能源交易能够促进资源的有效利用、公平配置。区块链能够实现点对点交易，在不连接中心化系统的情况下，完成交易过程，降低成本。同理，作为一个分布式账本，区块链技术能够实现不同能源形式、不同阶段的市场主体参与到账本记录中，从而提高协同效率。此外，作为外延的能源金融也将促进该领域的发展。行业发展离不开金融，区块链技术应用于能源领域后，实现了资产数字化，其融资渠道有可能会变得更广泛。①

目前，在国外有一些企业已经在试验能源区块链项目。

表 6-2 试验能源区块链系项目

编 号	项目名称
1	布鲁克林微电网项目
2	电动汽车充电项目
3	智能电网项目

一、布鲁克林微电网项目

该项目是基于以太坊区块链的创业公司，由 Consen System 与绿色能源

① 张宁，王毅，康重庆，等. 能源互联网中的区块链技术——研究框架与典型应用初探. 中国电机工程学报，2016，36(15).

创业公司 LO3 Energy 共同开发，能够让居民越过国家电力公司，直接通过屋顶太阳能设备进行太阳能交易。项目参与的家庭都有连接到区块链的智能电表，追踪记录家庭使用的电量以及管理邻居之间的电力交易，每个家庭既可以是消费者，同时也可以是生产者，即生产型消费者。这种微电网电力交易比传统自上而下的能源配电系统更有效率，可节省整体开支，同时能够越过国有电力传输系统，避免因为垄断和传输造成的高成本。

二、电动汽车充电项目

该项目由德国电力公司 RWE 与基于以太坊区块链的初创企业 Slock.it 合作研发，利用区块链智能合约验证用户身份和管理计费过程的电力汽车充电站，项目的特点在于小型交易帮助用户省钱，同时提高电力利用率。在这个场景下，用户将不再与公司或个人签订合同，而是利用以太坊智能合约直接与机器签约。用户同意智能合约后，就可以与充电站互动。

三、智能电网项目

美国公司 Filament 在澳洲利用区块链技术对传统电网中的传输设备进行升级改造。把电线杆建设成物联网的数字化节点，将区块链技术和电力网状网络结合，用点对点物联网保证设备管理和电力安全，组成全新的点对点电力生产和分配模式。当智能电线杆出现故障时，通过物联网反馈给最近的回程网络并与公司通信进行处理。

第五节　物联网

一、物联网概述

物联网(Internet of Things，IoT)作为一种网络技术和产业模式，在业界受到广泛关注，从国际电信联盟(ITU)在信息社会世界峰会上发布的《互联网报告 2005：物联网》中可以总结出物联网所体现的两层基本涵义：① 目前的三大网络，包括互联网(Internet)、电信网、广播电视网是物联网实现和发展的基础，物联网是三网基础上的延伸和扩展；② 用户应用终端从人与人之间的信息交互与通信扩展到人与物、物与物、物与人之间的沟通连接，因此，物联网技术能够使物体变得更加智能化。

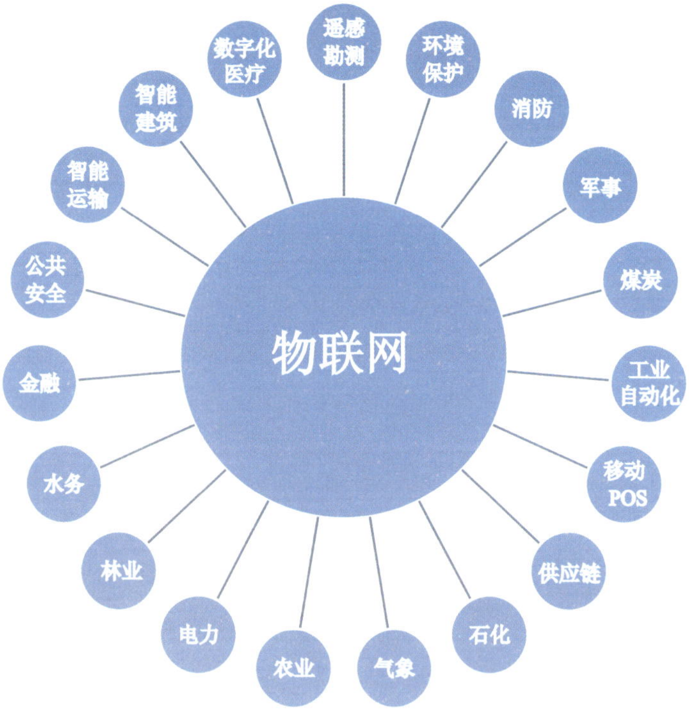

图 6-14 物联网

基于 TCP/IP 协议的万维网实现了人们信息的自由传输与交换，使得人类第一次从现实迁徙到了数字世界，让每个人可以自由平等地加入并分享来自互联网的资讯信息，实现了真正的信息高速公路。而目前这个崭新的世界面临着再一次创新的变革，万物互联这样曾经仅存于理论中的梦想逐步变为现实，区块链技术的兴起让“去中介化”的物联网体系逐步渗透到我们的生活之中。

表 6-3 物联网发展进程对比

物联网发展进程	成　本	管　理	安全和隐私
IoT 时代	运营成本高	需要中心数据库，不易管理	无法保障
CoT 时代	运营成本低	非中心化，自我管理	安全性高

二、区块链在物联网领域的应用

在区块链的助力下，物联网将从 IoT（Internet of Things）时代演进到 CoT（Chain of Things）时代，信息的载体将在网状的基础上发展出链上世界。现阶段的物联网发展在操作层面上，连接数以百亿计设备的成本高昂，且无法保障安全和隐私，商业应用更是难以落地。区块链的适时出现带来了共识机制和分布式网络，共识机制解决了数以百亿计的设备之间如何协作的问题，巩固了物联网的安全性问题；而分布式网络则使得节点不再需要中心化的数据库，能实现自我管理，降低物联网的运作成本[①]。分布式计算利用点对点计算处理物联网中发生的数以千亿计的交易，与中心化数据库建立和维护过程中产生的费用相比，区块链能够显著降低成本，利用分布在不同位置的大量闲置设备的计算力、存储容量和带宽进行处理交易。

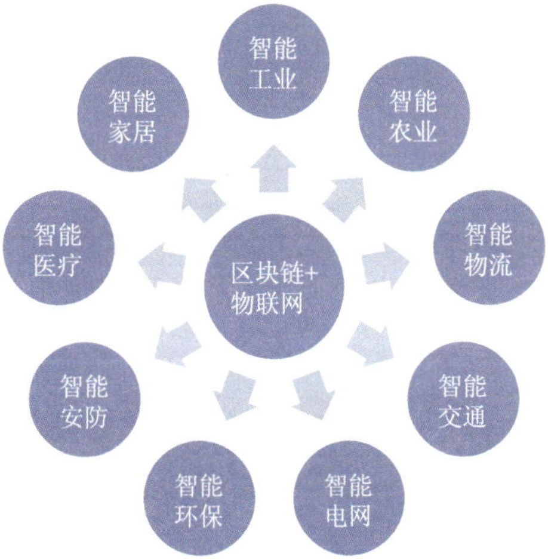

图 6-15 区块链在物联网中的运用

① 参见黄峤濛："区块链携手物联网——打造链上世界"，FinTech 论坛，2016 年 10 月。

根据美国著名区块链专家威廉·穆贾雅在其著作《商业区块链:开启加密经济新时代》中的论述,区块链的核心绝不只是当前分布式记账这种简单的单方向应用,区块链的价值在于构建一个非中心化的网络底层乃至成为一个全新的网络基础。区块链必然会使价值发生移动,多个区块链之间的交互作用于交易,将会导致前所未有的复合式网络变革,这个变革将会构建一个开放式的分布式服务系统,从而真正地对现在的网络进行变革。以下将从几个方面对区块链与物联网融合进行介绍。

第一,区块链将在互联网的基础上建立用户的信用,形成感知总体。物联网发展中面临的第一个问题就是如何实现用户的身份证明。传统上,用户需要借助特定的账号系统进行自我证明;但账户-密码机制存在诸多问题,而区块链应用则是通过个人的特殊身份标志——比如指纹或者瞳膜,实现安全的身份认证,从而将用户与大量物联网设备联系在一起,用户动态地创建设备交互规则,并且采取51%共识机制来确保只有合法的用户才可以进入物联网,真正建立起用户信用。在信用的基础上,区块链物联网的世界中感知泛在,各感知互联互通形成了感知总体,接入总体的人或物可以联通任何一处感知,从而实现了用户与硬件智能设备的无缝连接①。

第二,区块链将赋予设备智能化的功能,完成升级、自我维护、自动履约,强化物联网建设性和自我进化性。物联网采用最多的就是智能化的设备,使用和维护非常重要。运用区块链技术,物联网设备通过授权机制连接到搜索网络,进行自动化的维护和升级,甚至只需要通过区块链确认对方的可信度和支付情况,就可以设定自动化执行的数字合约②。电表、水表、燃气表这些日常开支都可以实现自行缴费,只需要提前设置授权和可确认金额范围,就可以实现设备的自我维持和自我服务。区块链以数字认证为纽带,可以实现能力、资源(例如计算能力、带宽等)的量化,并可以在分享的同时自动为所有者创造价值。

---

① 刘永谋. 物联网的本质、面临的风险与应对之策. 中国人民大学学报,2011(4).

② 江翰. 区块链,打开物联网的风口. 金融博览,2016(22).

第三，区块链物联网将引入新的生产力和生产关系，计算机算力将成为一种资源，而这种资源广泛深植于社会之中。“物”和“人”通过这种资源将越来越紧密地结合在一起。根据马斯洛的需求层次理论，现代社会成员在实现人的生理需求、安全需求、社交需求、尊重需求和自我实现需求时，更加关注超越自我的需求。① 区块链物联网正是满足人类自我超越需求的有效工具，万物互联是在人与人简单的信息互联之后，伴随着人类需求层次的逐步提高而催生出的产物。物联网通过区块链会不断发展并壮大，智能手机、智能手环、智能手表、智能眼镜原本是孤立的个体，伴随着区块链的应用，这些产品可以实现信息的相互传递，由我们自己定义区块链的代码进行存储和保存，并实时监控我们的身体健康状况，多维度的数据将大大提高监控的准确性。

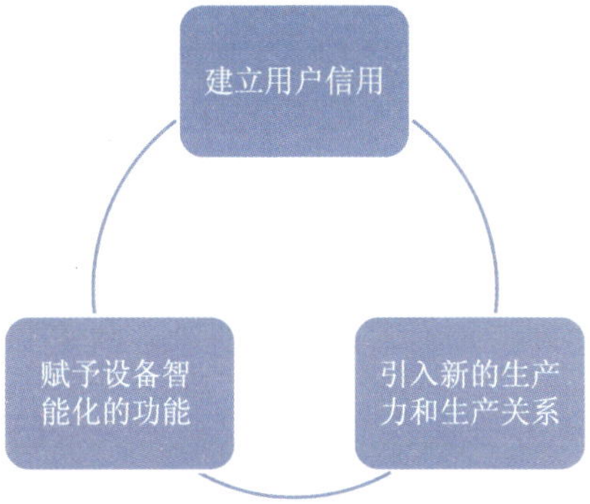

图 6－16　区块链与物联网的结合

中介服务也将在生活中越来越淡化，网状的物联网将供需双方的匹配直接相连，基于区块链的信用特征，这个过程将更快捷、更低廉。区块链对信用的建立也会直接反映在生活中，例如最为大众所关心的食品安全，采取区块链技术的物联网将可以追踪到食品生命的全流程，从原材料采购、制造、加工、运输到终端消费者，甚至可以通过区块链追踪到食品产地、周边环境以及相关影响因素，确保信息的真实可靠和食品的真正安全。

① 刘烨. 马斯洛的人本哲学. 海拉尔：内蒙古文化出版社，2008.

由区块链构建起的物联网社会，就是让智能终端实现一次量变到质变的过程，每个设备以及相连的人都成为网络的一部分，所有的控制权都掌握在我们每个人自己的手上，每个人都在贡献、共享着价值，同时区块链又大大降低了集中存储、使用、运算的成本，智能设备将会通过区块链加密之后分享自己的运算资源、网络带宽，从而建立起了一种共治的长效运转机制。目前互联网巨头和传统行业巨头都纷纷布局区块链与物联网，例如IBM正在开发基于区块链的物联网系统Adept，将兼顾低成本、高可靠和高效率的特点。未来区块链物联网将成为社会的基础设施。

第六节 电子商务

当前，我国经济发展进入新常态，生产消费模式深刻变化，市场供求格局深度调整，以开放、共享、协同、智能为特征的互联网等现代信息技术快速发展。电子商务作为信息技术与商业活动结合的产物，经过十多年的发展，已经融入国民经济各个部门，对传统的商业模式、商业流程和思维习惯带来了变革性的影响。电子商务从商品交易领域拓展到物流配送领域和互联网金融领域，从商品供应链到产业供应链。电子商务涉及的经济活动已逐步在社会各部门高度融合，形成一体化发展模式，成为国民经济中最有活力的经济领域。

近年来，我国电子商务在各行业中的应用不断取得新突破，网络零售、跨境电子商务、在线生活服务、互联网金融等日新月异，“互联网＋传统业态”成为各行业发展的一个新“标签”，“大众创业、万众创新”蔚然成风，电子商务成为扩大消费的新亮点，成为带动就业的新载体，也成为促进经济转型升级的新引擎、推动经济增长的新动力。

一、区块链在电子商务领域的应用

区块链将互联网的信息互联升级为价值互联，同样的去中介化思维让电子商务面临下一个风口——“区块链+电子商务”。从互联网和区块链在电子商务领域的IT的角度出发，两者的差异性主要体现在对于信息的认同上。如果是在互联网语境和单纯的分布式数据库环境里，信息只是在单点得到确认后就被动地同步到各个节点上。然而，在区块链环境中，这种信息有效性的确认往往不是在单点完成的，大家需要有一个合理的共识机制，以确保信息的有效性。更为重要的是，互联网语境下分布式数据库往往还只是在企业的局域网范围内，很少有超越企业边界的大规模信息共识。

表6-4　原电子商务行业数据处理模式及问题

编　号	方　式	问　题
1	授权单一组织记录资产数据	风险集中
2	各参与者自己维护数据库，企业最终校对信息	流程昂贵且又易于出错

更让电子商务行业欢欣鼓舞的是，区块链多中心化的计算方式向用户提供了一个可靠的、永不宕机的信任体系。在区块链出现之前，企业机构可以通过两种方式转移资产：一是授权单一组织记录生态系统中的所有资产数据，二是让各参与者自己维护自己的数据库，最后才校对信息是否一致。

第一种方式面临风险集中的问题，并伴随着道德风险，需要建立信用，而信用的建立是高成本的；第二种方式是一种昂贵且又易于出错的流程。区块链给出了第三种选择：一个共享的、不可篡改的、极难被单个节点控制的基础设施，不需要进行协调。对于电子商务而言，这是继第三方支付和物流服务之后更加重要的基础设施，因为第三方支付仅仅是实现了资金流的信息传递（第三方支付从本质而言也是信息的传递，最终由支付结算系统进行价值传递），物流服务仅仅是线下服务与互联网的简单结合，真正实现线上的价值传递并极大降低风险和成本的基础设施将是区块链技术。

区块链提供的新的信用建立模式与电子商务天生具有较高的契合度。

区块链需要共识，依靠多节点的共建，而商业文明同样需要共识和共治。西方商业文明发展进程中出现过的“柠檬市场”等困境充分说明，电子商务市场需要解决“劣币驱逐良币”的问题。电子商务的发展急需具有互联互通、相互监督、建立共识、驱逐劣币、共同发展的新型科技，而区块链将成为最好的解决方案。

在电子商务领域，这两年的迅猛发展让电子商务完成了从创新模式到完善模式的过程，B2B2C、C2B2S 等模式进一步扩大了电子商务产业链，部分解决了 B2C、C2B、B2B 模式中存在的问题。解决信息断裂问题是模式完善的核心所在，电子商务模式的完善需要提升商务活动中的协调性，生产商、批发商、零售商之间也需要形成更好的协作关系及流程，并加入银行支付、物流配送、通信服务、技术支持等多方的协作。

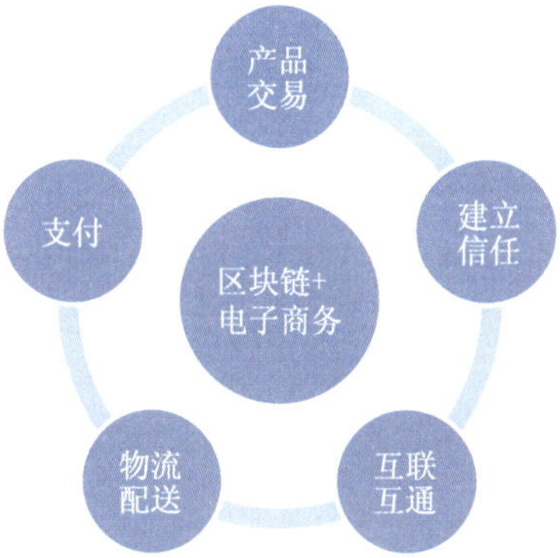

图 6-17　区块链＋电子商务

区块链技术应用场景的不断实验、落地及实现，为电子商务模式的再一次创新提供了可行的提升空间。目前区块链可应用于农产品的交易环节、物流配送环节及资金结算环节等。通过区块链技术在共享经济的模式下，为用户建立信任，建立社会共治的底层技术基础。利用区块链技术，加强电子商务平台成员互联互通是电子商务物流模式进一步转型升级的机会。区块链技术的应用避免了操作风险，并且缩短了交易时间，可实时追踪货物信息、提高供应链效率、降低人力成本。清华大学与中物联大宗商品交易市场流通分会已经达成协议试点，香港通衍公司也已经在中国内地进行大宗商品交易的区块链业务，电商巨头纷纷布局区块链，紧跟前沿。

二、区块链在电子商务领域的应用案例：OpenBazaar项目

OpenBazaar是将区块链技术运用于电子商务领域的典型案例。OpenBazaar是一个为网上点对点交易创建的非中心化网络的开源项目，2016年4月5日OpenBazaar的开发者宣布发布其首个正式版本软件。在该平台上买卖双方使用比特币进行交易，不会受到政府监管机构的审查。电子商务诞生于去中介化的互联网背景下，而OpenBazaar则是彻底将权力归还到用户手中。因为交易中已经不存在所谓的第三方，甚至连平台这一最后的阻隔也打破了，因此电子商务的交易是点对点的、没有中间机构参与的，所谓的“平台”不再掌握用户的真实信息和交易内容，也不参与到实际的交易当中，个人信息和交易内容公开的决定权掌握在用户手中。[①]

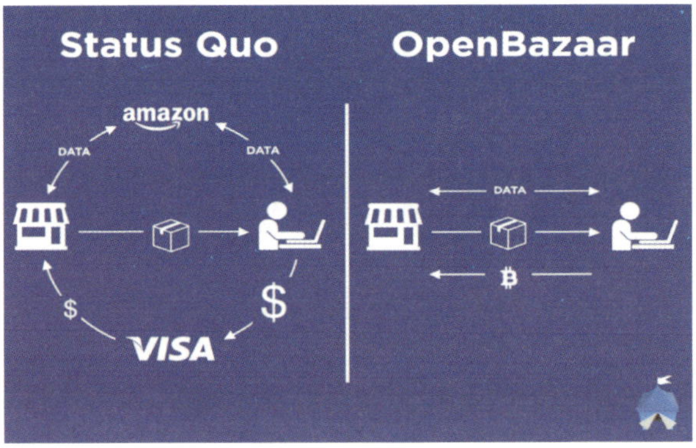

图 6－18　OpenBazaar

比如，你打算出售你的旧手机，你可以在你的计算机上创建一个商品目录，标识手机的种种细节信息。当你在OpenBazaar上公布这一商品目录

① 参见OpenBazaar Blog：“What is OpenBazaar?”，https://blog.openbazaar.org/what-is-openbazaar/，最后访问时间：2017年4月27日。

后，目录会被发送到 OpenBazaar 的分布式 P2P 网络上。世界上任何一个 OpenBazaar 用户通过关键词检索就可以发现你的商品，该用户可以接受或者提出新的报价。一旦达成合意，OpenBazaar 客户端就会用交易双方的数字签名创建一个合约，该合约还将被发送至第三方公证人（OpenBazaar 的用户），第三方为合约作证，并创建多重签名比特币账户，只有当集齐三个签名中的两个时，比特币才会被发送给卖家。一旦交易双方产生纠纷时，第三方公证人也会介入交易。

除此之外，OpenBazaar 还有一个信用评分系统，允许用户对其他用户进行反馈评分；在选择第三方公证人时，也能够通过对比第三方的信誉评分进行合理的选择。

第七节　慈善事业

当前我国慈善事业不断发展壮大，慈善机构数量不断激增，专业化程度不断提升，但目前我国慈善事业的公开程度较低，资金的来源、流向等关键信息缺乏权威机构进行统一发布和管理。因此，任何风吹草动，如郭美美事件及中非希望工程等事件就可能对我国慈善事业形成重创。也正因为此，全社会会迫切呼唤重建慈善行业的公信力。目前我国慈善行业在发展过程中存在主体界定不清晰、财务不透明、管理效率低下、行业监管缺乏有效手段等一系列问题。随着区块链技术的飞速崛起，2015 年《经济学人》杂志刊文宣称，区块链已被公认是基于加密算法、非人治的科学公信力机制。[①] 从重塑慈善行业公信力和节约慈善项目运行管理成本的角度来看，利用区块链技术建构的慈善机构公信力模型可以为慈善行业健康发展提供一个可行的技术方法。

---

① 参见：The trust machine（Link：http://www.economist.com/news/leaders/21677198-technology-behind-bitcoin-could-transform-how-economy-works-trust-machine.）。

一、现代慈善事业及其困境

公信力是慈善机构的生命线,其地位不言而喻。[①] 慈善公信力是指在社会系统中获得的社会认可和公众信任的程度。[②] 其内涵既包括捐赠人对慈善机构的信任,也包含慈善对象对慈善机构的信任,还包括普通民众对慈善机构的信任。换言之,慈善事业是各方通力合作完成的,需要来自各方的相互信任。随着郭美美因赌博而身陷囹圄,针对红十字会的闹剧似乎已尘埃落定,但是细细盘点,除了郭美美事件外,红十字万元餐事件、河南宋庆龄基金会雕像事件、西安宝马彩票事件[③]、中非希望工程事件等一系列打击,慈善行业公信力似乎已千疮百孔,如何从这样公信力的“荒漠中汲取甘泉”,如蜀道之难。当前,各个领域的专家学者对慈善公信力的关注逐渐增多,但多局限于理论的探讨,并没有对如何重建公信力提供可供实践的具体选项。因此,如何为重建公信力提供一个切实可操作的实践选项应当是我们关注的重点。国际著名资讯机构麦肯锡公司对中国慈善行业做出这样的评价——“中国社会并不缺少善心,缺少的是对公益组织的信心。”我们认为,慈善行业虽然失去了公信力,但仍然有可能借助于技术和制度的建设恢复社会对慈善机构的公信力。

表 6-5 具有公信力的慈善机构应具备的特点

序 号	特 点
1	对捐赠者和获捐者保持绝对的忠诚
2	公开资金来源
3	公开资金去向
4	避免“利益的冲突”
5	保护捐赠者和获捐者的隐私
6	尊重各方主体

① 参见:THE TRUST REPORT(link:http://www.charitystar.org/wp-content/uploads/2011/05/The-Trust-Report1.pdf)。

② 杨思斌,吴春晖.慈善公信力:内涵、功能及重构.理论月刊,2012(12).

③ 参见“历时近9个月反响强烈 西安宝马彩票案事件回放”,http://news.xinhuanet.com/legal/2004-12/03/content_2290707.htm.最后访问时间:2016年9月14日。

2014年英国政府的研究报告显示，人们对于公信力最为关注的核心是慈善机构如何使用其收入，报告显示，英国每年约有40%的人需要通过慈善行业的帮助才可以维持日常生计，这样一个数据比2013年的34%整整高了有6%之多。[①] 慈善机构实际上搭建起了资金财产捐助者和需要慈善捐助人士之间的桥梁，是社会的良心所在。因此，一个权威、具有公信力的慈善机构至少应该具备以下特点：① 对捐赠者和获捐者保持绝对的忠诚，特别是在资金的使用上必须严格遵守先前约定的用途，慈善机构不得从获捐款项中抽成或将善款用于行政管理。② 公开资金来源，包括捐献金额、接受捐赠流程等。③ 公开资金去向，公开慈善机构的经营方式、善款去向、决策原因、决策过程、决策数据和经营方式。这一点对于构建慈善机构的公信力极为重要。④ 避免"利益的冲突"，慈善活动的动机、程序要向大众公开，避免任何可能引发利益冲突的行为，如不可捐赠给慈善机构管理者的亲友，不得帮助本无需援助的人，同时要保证与政府利益挂钩。⑤ 保护捐赠者和获捐者的隐私。⑥ 尊重对各方主体，即对于慈善机构供职人员、捐赠者、获捐者、慈善机构志愿者等主体的尊重。

但我国的慈善机构仍有所欠缺，尤其是资金来源和资金去向的信息公示基本处于空白。当前我国捐献金额的公开主要以季度为单位进行，且并未详述每笔捐赠资金的去向，政府对慈善机构疏于监管的情形也时有发生。在《慈善法》出台之前，我国只有《公益事业捐赠法》、《基金会管理条例》等框架性立法，未涵盖组织运作、财产披露、设立等细则方面的内容。2016年3月16日通过的《慈善法》基本弥补了慈善领域基本法的空白，利于重振慈善公信力，对推动我国慈善事业的健康发展具有极为重要的意义。其具体规定了慈善机构设立的条件、运作模式，慈善募捐、捐赠、信托等开展方式，慈善财产的利用，信息公开制度，监督管理主体及职责等方面。但是，此法于2016年9月1日才开始施行，其具体落实情况，以及相关部门的配合机制

---

① 参见：report from UK（Link：https://www.gov.uk/government/uploads/system/uploads/attachment_data/file/361441/public-trust-and-confidence-in-charities-final-200614.pdf）。

仍没有得到有效的呈现。当前对于慈善事业的监管,《慈善法》第92条规定,主要由县级以上人民政府民政部门对慈善活动进行监督检查,对慈善行业组织进行指导,但具体监管方案尚不明朗,例如,中国红十字基金会(简称中国红基会)是中国红十字会总会主管、经民政部登记注册的具有独立法人地位的全国性公募基金会。其与民政部门显然存在隶属关系。自2011年起,民政部计划将慈善类组织,统一从社会组织中剥离,单独由慈善司负责,并开展单独的行业监管。慈善类组织,将改变先找"业务主管单位",再到民政部门登记注册的双头管理局面。这一美好的设想到目前为止仍然未能落实,我国慈善机构依旧由民政部单独管理、审计。媒体及社会各界人士虽然有意成为监管主体,保证慈善行业运营的公开透明,但囿于自身法律主体的不适格,只能扼腕叹息。如何改变单一主体监管的局面,值得深思和探讨。但是《慈善法》也强调鼓励公众、媒体对违法慈善活动进行曝光,发挥社会监督作用,可以说我国目前尚未形成对慈善机构的有效监管。

如上文所述,构建慈善机构公信力的最重要方式是信息公开,保证资金流向的高度透明性。然而在具体实践中,这一设想却面临窘境。以红十字会为例,2014年红十字会为挽回公信力,公布了其年度收支账目,但民众并不买账,红十字会捐赠收入持续滑坡。[①] 我们认为,信息公开要全面,红十字会的做法虽然属于进步,但如果想要重新获得信任需要更加全面、更大尺度的信息公开。在实践中,慈善机构信息不公开、不透明并非都基于慈善机构的主观故意,实质在于多年来我国慈善机构的机构建设、人才队伍建设、信息系统建设相对落后,缺乏项目全流程监督管控机制和手段,客观上也仅仅能够公开部分信息,做不到全过程信息公开。这样公开的结果只能起到扬汤止沸的效果,难以服众。之所以公信力问题没有改观,深层次的内因在于没有找到合适的、低成本解决社会公信力的手段和方案,那么加强慈善机构

① 经我们查阅,中国红十字会总会迫于压力曾开放捐赠信息发布平台,不知为何目前该网以被关闭:http://fabu.redcross.org.cn/。访问时间:2016年1月14日11时。也可参见市红十字会公布的收支账目:http://news.163.com/14/1225/05/AE9NQ7HI00014AED.html)访问时间:2016年9月14日。

的内部管理规范化，提高慈善项目信息公开透明度，以及提升政府对慈善机构的治理能力自然成了一句空话。

二、区块链在慈善事业的应用：善圆科技

伴随着科技对经济的驱动，大数据、云计算和互联网等技术手段在其中发挥了至关重要的作用。而区块链正呈现出蓬勃发展的运行趋势，其应用版图正在迅速扩张，从最初的数字货币，到证券交易结算、互联网金融，逐渐应用到政府、医疗甚至公益等社会公共服务领域。区块链应用于慈善领域的路径为，区块链技术通过分布式的记账方式，记录所有相关的交易信息同时无法修改，保留所有原始交易信息，因而，区块链可以在技术层面最大限度地保证交易的公正、公平和公开。具体在慈善事业上，慈善组织可以通过该机制有效防止社会的信任危机，提升慈善事业的透明度和信任度。区块链作为不可篡改的数字技术账簿，通过设立区块链公益账户，改变了原来由特定一方掌握账簿的弊端，区块链技术能够将慈善捐赠环节的账簿记录分享至所有参与者。同时，所有账簿记账与信息同步，便于审计和监管。其中，善圆区块链公司在慈善领域迈出了重要的一步。

善圆区块链公司成立于 2016 年 6 月，作为区块链技术领域的新兴力量呈现出了非常明朗的发展前景。该公司初期发展旨在为我国的公益慈善事业提供“一站式”的数据服务，通过借助区块链、物联网、云计算、智能合约等互联网前沿技术，充分挖掘“善经济”资源，实现即时将一笔微利转化为定向善款，并且不可篡改、不可撤销，这种公共透明性天然地是区块链的属性，从而克服了近年来我国的公益慈善公信缺失、供给乏力、人才匮乏、监管有限等困境，为社会企业提供共享经济式的投融资服务。

善圆公司在慈善领域运用区块链技术解决了诸多问题。首先，利用善款管理与追踪系统在确保慈善组织信息安全的前提下，设计联盟链，不同类型组织给予不同权限，进而即时准确地更新每一笔善款且没有时间差，实现了动态更新账本的目标，同时，对善款进行大数据分析亦有利于监管部门决

策。可以说，该系统克服了善款管理缺乏数字化标准、民众认为善款管理不透明、大多数慈善组织认可善款管理“水至清则无鱼”等弊端，真正做到了慈善信息公开，克服了传统视域下难以解决的资金来源和资金去向的信息公开问题，从根本上也有利于提升慈善机构的权威和公信力。其次，借助善行者存证系统，在善圆区块链平台上，用户通常会捐出数额不等的善款，每笔善款都类似于包裹，经过的每个节点都会被盖上邮戳，这些邮戳均能够被公开查询，用户的善款进入该系统后，全生命周期的资金流动都将自动记录在区块链上。同时，该系统可以为志愿服务存证，献血记录存证，善圆、善分捐献存证，累积个人社会贡献、企业社会责任分值，作为个人或企业社会征信的重要指标，克服行善者存在好人风险。好事不出门、坏事传千里，社会负能量太多，做好事不留名的观念不利于善文化的传播。最后，善圆建立了智能慈善合约系统，追踪受助者是否按照捐赠协议使用善圆，设计智能协议和受益人群。当潜在受益人触发条件时即可自动接受救助；设立慈善组织预警机制，当某些组织面临慈善资金紧缺的困难时，自动从指定的资金池中划转指定额度，以克服受助者存在的道德风险。现有慈善资源供需匹配效率低，精准扶贫、助学、助医都应当按需分配，以提升边际收益，否则会出现慈善资源分配不均等问题。

此外，善圆区块链公司还建立了善圆区块链劝募劝捐平台、慈善信托认证与管理系统、项目管理与咨询系统，等等，通过区块链科技解决传统慈善领域的问题，提升慈善组织的社会公信力和权威，以更加有效地实现社会资源公平分配。

第三篇

区块链应用的法律风险及其监管

3

第七章

区块链技术对行业监管的革新

相关法律的执行离不开行之有效的手段——先进的技术。优良的手段方式，可以让不可能变为可能，完成在过去不可能完成的事情。区块链技术从其技术特点上来看就具有这种作用。

行业的规范发展离不开有效的法律规制和行业监管。为实现该目标，必须从立法、执法、司法、守法等多个维度出发。有好的立法，相关内容才有可能被执行，实现公平正义；有高效、正确的执法，才能让好的立法得以实现；有正义的司法存在，才能让公民的权利有所保障；有良好的守法观念，才能让社会系统更有效率地、健康地、可持续地运转。这是在法律效力层面上而言的规制与监管。在实操中，相关法律的执行离不开行之有效的手段——先进的技术。优良的手段方式，可以让不可能变为可能，完成在过去不可能完成的事情。区块链技术从其技术特点上来看就具有这种作用。

要分析区块链技术对既有的法律和监管提供的解决方案，则必须立足于现实情况。本章将围绕金融市场的基础设施和相关重点，并在总结归纳近年来我国热点和难点问题的基础上，结合区块链的优势来阐述其能够提供的解决方案。

第一节　金融市场的关键基础设施

一、支付结算

（一）支付结算的监管要求

《中华人民共和国电子商务法》（征求意见稿）要求第三方支付服务提供者必须确保第三方支付的指令一致性，可跟踪稽核和不可篡改。这一规定是针对小型支付机构中存在的交易数据篡改问题而提出的，意在通过对支付服务提供者施加保证支付指令安全性的义务，来维护第三方支付服务接受者的权益。

监管部门多次强调要实施第三方支付备付金集中存管制度，而这一制度本身就存在一些问题。监管部门“要求支付机构将客户备付金统一缴存人民银行或符合要求的商业银行”，对于其中“符合要求的商业银行”如何界定则值得深思。打破现有非银行支付机构对接多家银行的现状，加剧了银行与支付机构之间的不平等地位。另外，客户备付金未来将集中于少数几家存管银行，也将在各银行之间造成不平等竞争，并且与鼓励竞争的市场原则相冲突。根据经济学原理，市场竞争格局和行业规范应由市场主体自发形成。在经济体系中，自由竞争与宏观调控应是紧密相连、相互交织、缺一不可的。本次整治方案单纯地从政策上对行业加以限制并进行政府干预，缺乏对市场调节的充分考量，打破了行业中支付机构间的竞争关系，对市场竞争格局可能产生不利影响。同时，鉴于目前支付行业发展迅猛，整个行业备付金规模十分巨大，采取备付金集中存管可能会扩大系统性风险，也违反了互联网技术规律。最重要的是，目前实质爆发的备付金风险主要集中于预付卡机构，所以对所有非银支付业务一概采取备付金集中存管可能会产生南辕北辙的效果，对预付卡领域的风险不能够对症下药，却实实在在地影响了第三方支付的发展。

（二）支付结算监管的区块链应用

区块链技术在指令一致性、可跟踪稽核和不可篡改方面具有非常好的作用。凭借着可靠性和可用性，区块链的设计就能够有效地预防故障与攻击，即使区块链中某单一节点出现故障，也不会影响其他节点上信息的完整性；透明性（对参与者来说），任何数据的更新都会被同步至整个区块链上，区块链上的任何节点都可以查询整个区块链上的数据记录；不可改变性，存储的记录具有不可撤销的特征，当新数据写入区块后，新生成的区块将会复制到区块链中的全部区块中，这样的流程不可逆转也不可撤销，这就降低了交易中的欺诈风险；数字性，由于几乎所有的文件或资产都能够以代码或分类账的形式体现，所以通过设置区块链上的数据处理程序，智能合约及自动交易就可能在区块链上实现。[①]

针对备付金存管要求，借助区块链技术的透明性，监管部门可以在分散存管的背景下，实现对数额巨大的备付金进行有效监管。通过区块链的技术治理已足以规制支付领域的风险，相关法律规制可以适当放宽，以节约监管成本，最大程度地促进市场自主发展和创新。

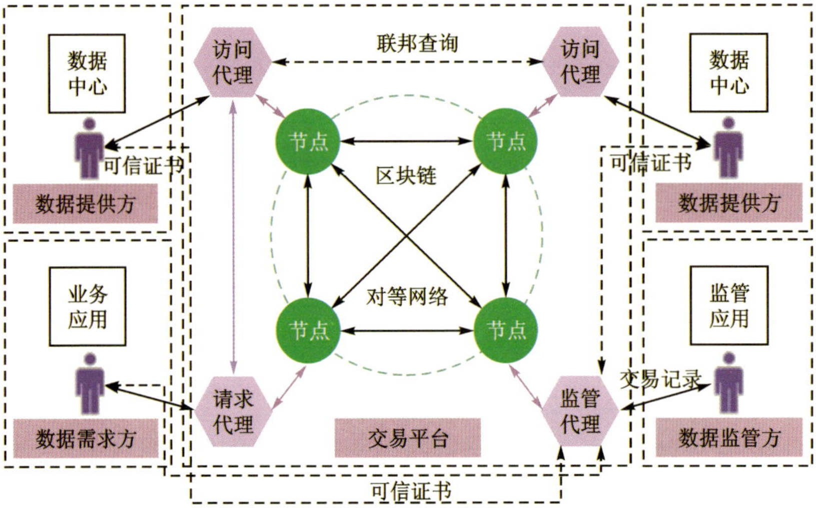

图 7-1 数据监管方作为区块链节点加入网络

二、数字货币

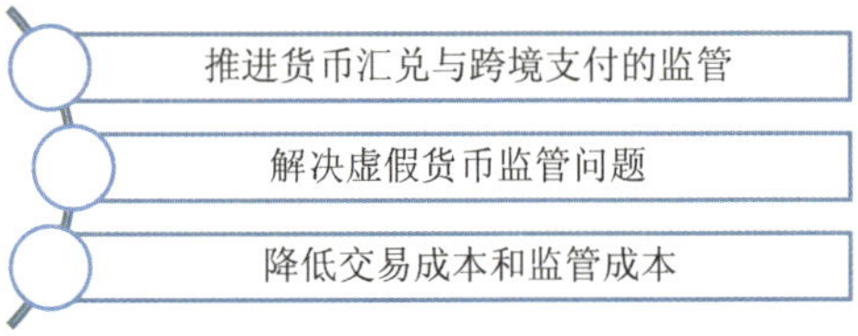

图 7-2 区块链技术对数字货币的推动

① 袁勇，王飞跃. 区块链技术发展现状与展望. 自动化学报，2016(3).

（一）推进货币汇兑和跨境支付

区块链是为了实现货币与支付手段的非中心化，数字货币优于法定货币的一大特点就是其世界货币的属性，任何人都可以挖掘、购买、出售或收取，并可以在任何一台接入互联网的计算机上管理。因此，数字货币在使用价值和交换价值上并不比法定货币低，相反，在不同法定货币的交易中，数字货币可以充当媒介或缓冲，甚至可以成为交易货币，作为解决不同国家间货币兑换问题的直接工具。通过区块链技术，数字货币可以轻松地与不同的法定货币兑换，并保障交易的流畅性与安全性，实现法定货币的实时兑换，实时监管。

货币兑换问题还有更深层次的一环，即国际跨境支付，而区块链对国际跨境支付的监管作用却不容小觑。由于数字货币不具有国家立场，不会明显受国家外汇政策与货币政策的影响，因此在跨国境的货币流通中，可以凭借互联网的优势产生比法定货币更强的流动性以及更便利的清算结算功能。跨境支付对银行来说是一项有利可图的业务。根据埃哲森的数据，每年银行间处理的跨境支付均在 25 万～30 万亿美元之间，交易量达到 100 亿～150 亿笔。由于跨境支付的复杂性和风险性，不少公司都在用区块链技术简化流程，加强监管。其中，OKLink 是构建于区块链技术之上的新一代全球金融传输网络，致力于推动全球价值传输效率，同时提升全球汇款用户体验。[①] OKLink 链接全球中小型金融参与者，包括银行、汇款公司、互联网金融支付平台等，借助于区块链技术将极大地提高价值传输的速度、透明性及安全性，同时降低成本。

（二）解决虚假货币问题

就监管而言，虚假货币一直是困扰各国的难题，中国也不例外。在利用实体货币进行的交易中，就有大量伪造、仿制的虚假货币冒充法定货币在市场中流通，极大地影响了货币市场的秩序，损害了经营活动双方的交易公平

① 参见“区块链产品 OKLink 获得新加坡全球支付峰会最佳汇款”，http://mt.sohu.com/20161014/n470296737.shtml，最后访问时间：2017 年 3 月 1 日。

性。因此，我国刑法在第三章“破坏社会主义市场经济秩序罪”中专门以第一百七十条至第一百七十三条规定了伪造、变造货币以及相关的此类假币犯罪来打击假币，维护市场经济秩序。虽然刑法严格打击虚假货币，但是此类犯罪行为依然存在，很难杜绝虚假货币的出现。

账户货币虽然没有实体的货币形态，但由于其数据流也可能被恶意攻击，所以依然存在货币被复制、伪造、篡改的危险。虽然随着加密技术的不断升级，账户货币的安全性也持续升高，但黑客的破译和攻击技术也在更新换代，熟练的黑客依然可以非常轻松地攻破一个安全系统，系统漏洞在所难免。因此，中心化的存储、记载体系难以保障其免受虚假货币的侵扰，一旦中央存储器被攻陷，其存储的信息就会遭到复制、伪造和篡改。

区块链技术的核心是非中心化，利用区块形成公有、私有链，通过分布式记账保证数字货币的绝对真实性，其信用监管不依赖于某一中心的权威，而是每个账簿的分布式记账无法在同一时间内被大量篡改，整个区块链中每一个网络节点所能够相互印证的信息直接导致了虚假信息无法藏匿。因此，使用区块链技术的数字货币是无法被伪造、篡改的，每一个被挖掘出的数字货币都有其特殊的哈希值，具有绝对的真实保障，从而解决了虚假货币问题。

图 7－3　虚拟货币能够解决虚假货币的问题

（三）降低交易成本和监管成本

区块链技术的便捷与低成本是全世界有目共睹的。使用货币进行的交易需要消耗大量的人力与物力，越是复杂的金融系统，其交易成本越是昂贵，银行每年所流转的资金以及资本市场中流通的货币都是需要消耗大量资源才能正常运转的。但是，为了保障人们的交易与生存，这样的交易费用与成本往往被人们无条件地接受了，直到新的货币技术出现之前，人们已习惯于既有的货币交易方式并承担其成本。

在实体货币时代，人们需要携带大量的纸币、硬币甚至黄金等一般等价物进行交易，以保证在交易过程中能够达到双方对于利益的诉求，达到交易的目的。从黄金、珍珠、贝壳等实物货币发展到铜钱、金币、银锭等法定实体货币，再到纸币、银票等法定象征性货币的不断转变，也是实体货币本身降低货币交易成本与费用的体现。

账户货币相较于实体货币，已经在极大程度上增加了货币交易的便捷性，降低了交易、监管的成本。多数账户货币是与实体货币相挂钩的，以实体货币的数据形式存在，数据流的交易不受时间、空间的限制，比实体货币有了极大的进步，每个货币交易的操控人员都能够在短时间内处理大笔的交易，以很少的人力时间投入与简单的设备完成货币交易全过程。但是，这并不意味着账户货币的交易费用与成本已经足够低廉，大量的信息数据流依然存在巨大的成本问题，每年全世界的交易所、银行、企业等机构为此支出的费用以亿计数，而这些还不包括交易延迟所产生的时间成本，数据转换所产生的机会成本，以及账户货币交易安全所投入的成本等，从而导致更加高昂的数额账户货币交易条件。

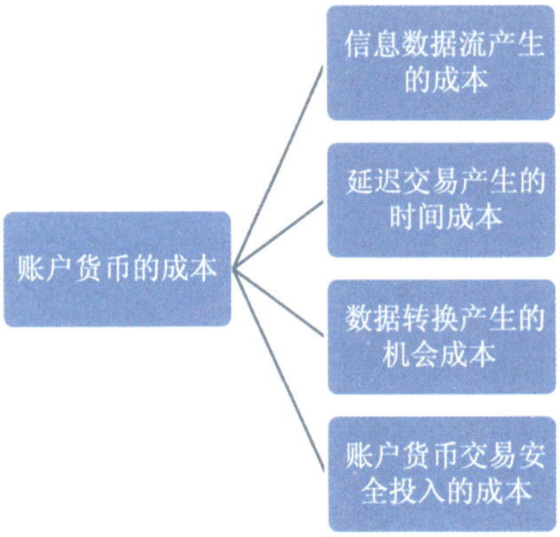

图 7-4　账户货币的成本

区块链使货币交易的便捷性又提升了一个层次，只需知晓对方比特币地址就可进行支付，并无额度与手续的限制，而且交易几乎是实时交易且无手续费的，大大节约了各方面的成本。数字货币运用区块链技术，能够有效地降低货币交易的费用，节省监管机构的成本。区块链消耗最多的就是计算机的算力，而随着信息技术的不断发展，算力的成本已经越来越低，相对的货币交易成本和监管成本也越来越低。

三、票据交易

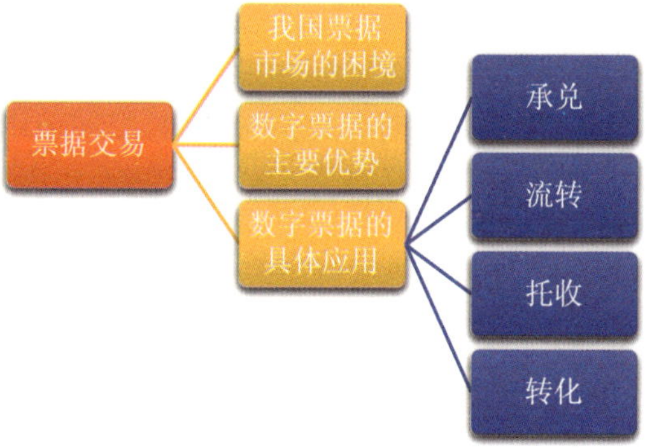

图 7-5 票据交易问题

（一）我国票据市场的困境

《中华人民共和国票据法》规定，票据包括汇票、本票和支票。汇票分为银行汇票和商业汇票，是出票人签发的、委托付款人在见票时或者在指定日期无条件支付确定的金额给收款人或者持票人的票据。票据是一种有价证券、一种信用工具，由出票人签发，无条件约定自己或者委托他人无条件支付一定金额，可流通转让，持票人拥有票据对应资产的权利，这些构成了票据业务的基本要素。票据是便捷的支付结算工具和融资工具。票据的承兑能够为企业支付结算提供便利，适应企业之间短期资金支付的需要，有利于加快资金周转和商品流通。票据背书转让和票据贴现能够为企业提供便捷、低成本的融资。与一般贷款相比，银行承兑汇票具有银行信用、操作流程简便、融资成本低的优势。票据业务发展与宏观经济正相关。2014 年，我国累计签发商业汇票22.1万亿元，比2001年增长17倍；金融机构累计贴现60.7万亿元，比2001年增长33倍；同期我国GDP增长近5倍。[①]

票据业务正在推动金融市场的发展。在票据交易的二级市场中，金融机构之间的转贴现业务加快了短期资金的融通和调剂，已经成为金融机构一项重要的资产业务，有利于商业银行平衡资产负债表、合理配置资金、提高资产收益。以票据为载体的金融衍生品，例如票据资产证券化、票据贴现和转贴现期权、票据转贴现利率互换和期限互换等，将有可能成为新型的金融产品。票据交易价格既反映承兑人的信用等级，也直接反映资金市场的供求关系，初步具备市场价格形成机制，有利于全面推进利率市场化。票据也是中央银行重要的货币政策工具，人民银行利用票据再贴现、票据回购来调节货币供应量，引导市场资金价格，实现宏观经济调控的目标。

近年来，监管部门对票据市场的监管规则不断完善，监管力度也在不断加大，但是"一票多卖"、空壳公司签发虚假商业汇票等风险事件仍然时常发生，对我国票据市场的健康发展带来了很大的挑战。现行票据业务的主要缺陷，在于难以有效管控与防范操作性风险和道德风险，以及由其引发的市场风险和信用风险。票据交易环节发现的问题主要是：贸易背景造假，票据真实性认证失效，纸质票据"一票多卖"，电子票据贴现款到账与票据背书不同步；票据业务监管只能通过现场审核的方式来进行，缺乏全流程快速调阅和审查的手段，监管效率低、成本高；此外，票据变成融资套利工具和银行规避监管的"掩体"，形成过量的虚拟资金需求，推高市场融资价格，造成金融机构资产负债过度错配，导致银行业资本监管失效。

解决上述问题不能仅仅依靠监管上的"小修小补"和"一乱就收"，而是需要通过制度创新和技术创新，从根本上改变我国票据市场的运行模式。区块链技术自2008年首次应用于比特币以来，得到了越来越多的国际组织、政府、金融机构和企业的重视，在支付结算、产权登记、智能债券、企业管理等多个领域进行了试验性应用。区块链的兴起，使得我国推出数字票据成

---

① 龚鸣. 区块链社会：解码区块链全球应用与投资案例. 北京：中信出版社，2016.

为可能，也为解决长期以来我国票据市场存在的风险多发、监管效能不高的问题提供了新的路径。

（二）数字票据的主要优势

通过数字货币与电子货币的对比可知，电子货币只是实物货币在互联网中的虚拟化，只能完成支付结算的作用，并且需要中心化的服务器记载数据，也需要第三方的支持才能产生信任关系。比如，存储在支付宝中的是电子货币，它只是用电子信息流来替代实物货币，最终的数据记录人是支付宝背后的中心服务器，产生的价值交换需要支付宝作为第三方证明，支付的电子货币功能、流转方向等也是不可控的。但是基于区块链的数字货币，由于其具有分布式的记账规则、不需要任何的中心机构或者第三方来认证的特点，所以可以实现点对点的转账，还可以对货币的流转通过编程的方式进行控制，实现更高级别的智能化。与电子票据相比，数字票据拥有以下几点核心优势：

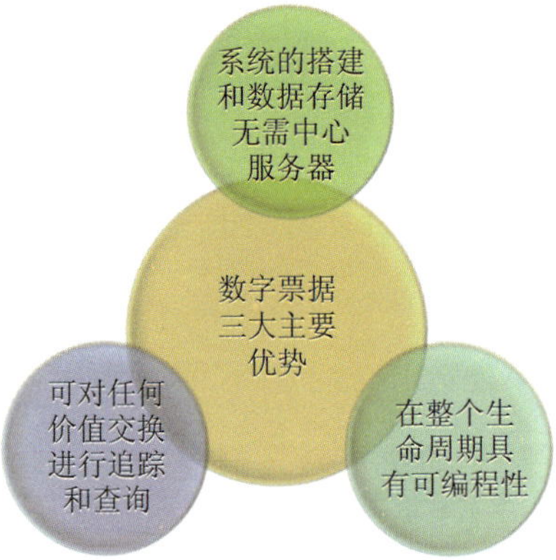

图 7－6　数字票据的优势

首先，系统的搭建和数据存储不需要中心服务器，省去了中心应用和接入系统的开发成本，也减少了系统中心化带来的风险，不会出现集中模式下服务器崩溃或被黑客控制的问题。分布式数据库具有强大的容错功能，不会因为一个或几个节点出错而影响所有参与者的运转，更不会影响数据的进一步存储和交易更新。由于减少了中心化模式下数据反复被记录和保存的成本，所以各个参与者记录的数据账本既是分账本，也是总账本。

其次，数据的完整性、透明性和通过时间戳的可验证性，对任何价值交换都可以追踪和查询，不仅可以将这些信息保存在某一个服务器或者某一个参与者机器中，而且可以通过相应的技术来屏蔽涉及的商业秘密（比如出票人、承兑行等）；另外，通过所有参与者任何行为数据的记录和累积，易于形成信用分析和评估机制，最大限度地降低了违约后无人知悉的可能性。

最后，智能合约的形式使得票据在整个生命周期中具备了可编程性，即具备限制性和可控制性。一是交易的控制方式更加多元化，比如在实际的交易中会存在票据代持（双买断）的模式，可以在交易的开始就将约定买回的日期通过代码的形式写入智能合约，待到期后票据将自动完成赎回买断。二是智能合约通过代码来实现，其硬控制性使得票据的交易不再需要线下合同作为保证，以避免执行中存在违约现象。

（三）数字票据的具体应用

数字票据主要依托区块链技术进行设计，并将投资人、持票企业、票据P2P企业以及监管方等纳入银行的P2P票据交易平台中。在云票据的生命周期中，共经历承兑、流转、托收和转化4个环节。

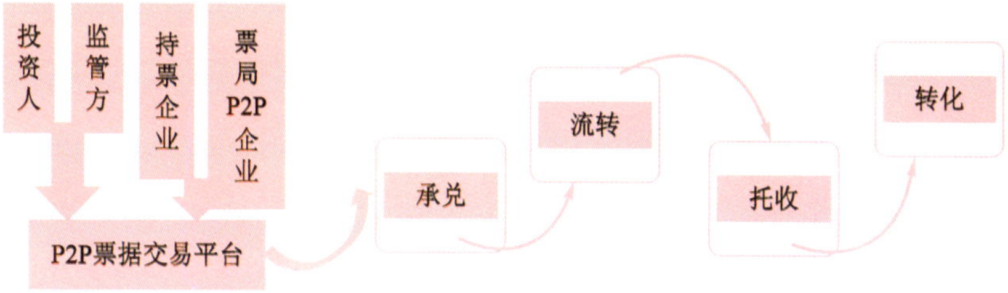

图7－7　数字票据的应用流程

1. 承　兑

在承兑环节，不同的企业在整个区块链体系中占据不同的节点，如果企业A需要为企业B开立票据，那么承兑人相当于对出票企业A进行第三方担保，这与比特币的第三方记账有类似之处，只是比特币争夺记账时比的是运算能力，而承兑环节则通过建立一套完整的算法（可包含承兑方对出票人的授信，出票人指定的开户行、服务效率等）来完成承兑环节，并生成相应的数据区块。其主要特点如下：

① 不同于现有的承兑需要与中心的 ECDS 系统进行数据交换和信息登记，实现了非中心化的出票过程。

② 省去了现有模式下企业需要到开户行开立企业网银的困扰。

③ 通过记录数据块的时间戳解决了所有参与者对持票企业的信任问题，无需通过中心化系统的信息交换来证明其票据的权利归属。

④ 解决了现有模式下的信息安全问题。现有模式企业主要通过企业网银接入 ECDS 系统，等于把风险转移给企业网银的信息安全体系，一旦 U 盾丢失或者被破解，将给企业带来资产被盗的风险。通过区块链方式，每个节点都有自己的私钥，一旦私钥丢失或被破解，产生的信息将在全网公开，资产被盗取的风险将大大降低。

2. 流　转

在流转环节，包含企业间流转、贴现、转贴现、再贴现、回购等一系列业务，电子票据系统中心化的要求和限制均被打破，比如做回购业务约定买入返售到期日，可通过点对点的编程方式来实现。在流转中可参照比特币中的交易场景，卖出方公布公钥，买入方拿自己的私钥进行匹配，这其中只需建立合适的规则由第三方完成信息的记录并生成数据区块即可。其主要特点如下：

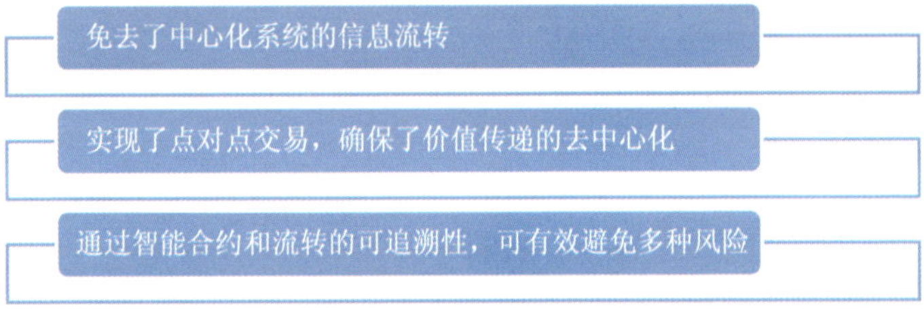

图 7－8　区块链应用于票据流转环节的特点

① 免去了中心化系统的信息流转。

② 实现了点对点的交易，确保了价值传递的去中心化。

③ 通过智能合约和流转的可追溯性,可有效避免道德风险、操作风险和信用风险,实现交易的公平性和价格的真实性。

3. 托　收

在托收环节,由于票据的到期日在承兑时已写入代码,所以程序控制会在到期时由持票人向承兑行自动发出托收申请,待托收完成后只需按照一定的规则由第三方完成信息的记录并生成数据区块即可。其主要特点如下:

① 价值交换直接完成,如果直接与资金清算挂钩则不存在托收逾期的问题。

② 通过代码的控制在托收时不能进行其他操作,确保了账实相符。

4. 转　化

在纸质票据转化为数字票据的环节,由于纸质票据在市场中占比较大,且在未来很长时间内将一直存在,所以,关联企业势必存在将纸质票据转化为数字票据后,能与原始纸质票据具有相同功能的需求。这可以参照当前纸质票据办理贴现业务时进行查询查复的业务场景:贴现行根据贴现企业提供的票据向承兑行发出查询,承兑行在确认核实后回复"此票据为我行所承兑,无公示催告,无挂失止付,真伪自辨"的报文。类比此模式,在区块链构建的数字票据系统中,托管方作为一个交易节点之一,发布一条信息(包含票据的所有要素)至委托方所在的交易节点,并声明委托方拥有该票据资产,票面真实,且目前保管在托管方,此时,票据承兑行作为该信息记录的第三方节点,在完成记账并生成数据区块后,就为委托方所在的网络节点增加该票据资产,并以数字票据的形式流转和使用。其主要特点如下:

① 当消息的发起方为托管方节点时,就表明已完成票据的审验和保管,托管方必然要对票据审验的真伪性负责,这样就解决了票据的真实性问题。

② 由承兑行验证和记账,可有效防止托管方和委托方节点联合作弊(即托管方发布委托方并不拥有的票据资产信息),解决了票据的存在性问题。

③ 由承兑行验证和记账,还解决了承兑行、托管方和委托方三方联合作

弊的问题，起到对承兑行的限制作用，解决了票据的有效性问题。

因此，可以说，植入“区块链”基因的云票据，是利用区块链技术，并结合当前银行票据的属性、法规和市场，研发出的一种全新的票据展现形式。与现有的电子票据相比，它既具备电子票据的所有功能和优点，又融合了区块链技术的优势，成为一种更安全、更智能、更便捷、更具前景的票据形态。

四、数字化资产

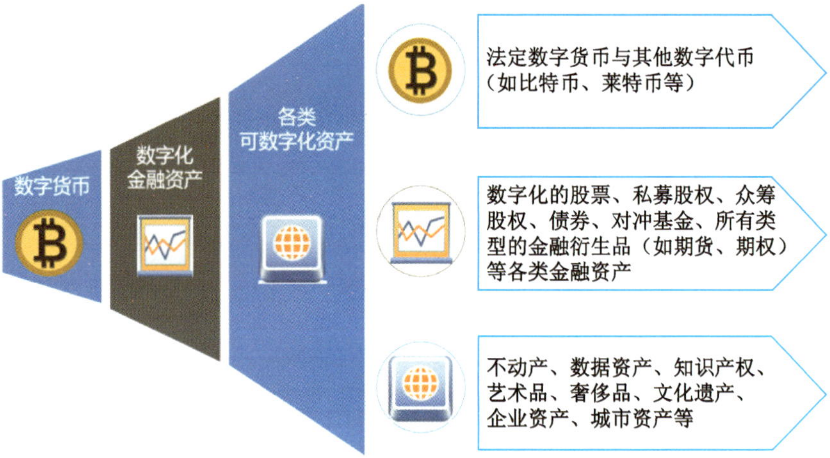

图 7－9　数字化资产的种类

截至目前，互联网已经实现了信息交互，但是由于互联网缺乏信用基础，所以资产登记、支付结算等金融行为还需要具有资质的金融机构来记账和进行价值传递。区块链技术的出现便为互联网的信用基础提供了可能，区块链非中心化、分布式的记账方式通过上述技术建立了信任机制，能够实现点对点的价值转移，而不仅仅是之前的信息转移。在区块链技术中，买方和卖方的交易信息不用经过中间机构校验和结算，而只需要利用私钥签名创建交易，通过 P2P 网络向全网广播，各个记账节点进行交易验证，最后，各个节点将取得共识的验证结果写入账本。在这个过程中，区块只是信息存储的中介，每个区块上都有索引数据，链接起来就构成了区块链。每笔交易最后都会盖上不可更改的时间戳，这样就形成了信任机制。在这种非中心化的机制下，不存在服务器出问题而导致整个系统崩溃的问题，当一个节点出现问题时，其他节点会继续交易数据的验证和存储。除非出现51%以上节点被同时控制的情况，这个网络才可能被突破，然而仅有一个节点几乎不可能做到。

通过区块链技术，数字化资产在很大程度上克服了技术难题，解决了信用问题，实现了价值的传递。可以说，区块链从技术层面上为数字化资产提供了条件。数字化资产的应用离不开区块链，因为区块链是一种具有非中心化、不可篡改、开放性等特点的技术，能够降低资产交易的成本和风险。金融资产的交易是合同权利交易和债务支付的过程，但目前交易过程十分冗赘。比如通过银行交易，必须对账户进行处理对账，要经过众多银行账户，交易时间长、风险高、成本高。这些是传统银行记账方式带来的缺点，而新技术区块链的分布式记账方式则能够给数字资产交易的监管带来以下便利：

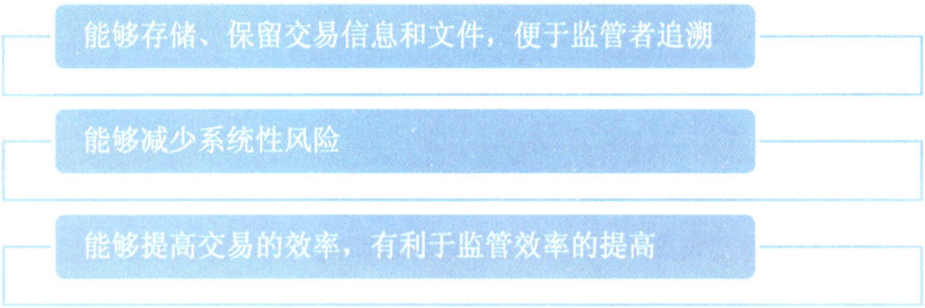

图7-10 区块链给数字资产交易的监管带来的便利

第一，能够存储、保留交易信息和文件，便于监管者追溯。复杂的资产交易一般都有特定的条款，需要手动处理烦琐的程序。如果运用区块链技术，则交易信息和过程相关的所有文件就会自动记录进智能合同，而且透明、可追踪、不可更改，因此交易双方和监管者都能够追踪、查询和验证交易信息及文件。

第二，能够减少系统性风险。传统金融机构的中心系统一旦遇到故障和攻击，如光大银行事件，就会遭受严重的后果。但是，区块链系统在点对点网络上有许多分布式节点和计算机服务器来支撑，部分出现问题不会影响整体的运作，并且每个节点都会保存区块链数据副本，所以区块链内置业务具有连续性，非常可靠，并且容错。此外，漫长的交易周期经常带来资金短缺的问题，而区块链基本可以消除信用风险和流动性风险，从而减少系统风险。

第三，能够提高交易的效率，有利于监管效率的提高。首先，区块链技术能加快清算结算，在区块链的场景中，当交易确定之后，直接就会进行清算、交收和审计，并且所有交易都会同步到每一台计算机上。我国股市施行的是 T+1 交易制度，而区块链能将这个时间缩短到几分钟之内。其次，有了区块链技术，资产交易就能够实现交易标准化和条款统一化，这样就能够减少中间和后台环节，同时，冗余的簿记系统就可以免除了。最后，区块链技术可以提高账户的处理效率。有了如此便捷、透明、高效的交易环节，对金融资产交易的控制和监管就会变得更加高效。

五、征　信

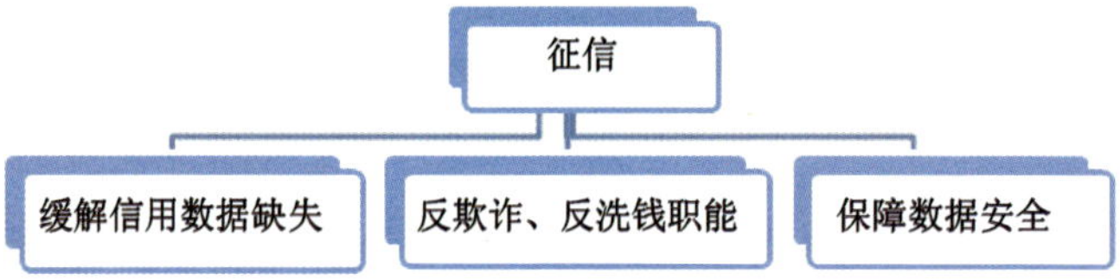

图 7-11　区块链给征信带来的益处

（一）缓解信用数据缺失

区块链技术在一定程度上缓解了当前中国社会普遍存在的征信难问题。目前，商业银行信贷业务还是以借款主体本身所具备的金融信用作为最基础的考量。各家银行将每个借款主体的还款情况上传至央行的征信中心，需要查询时，在客户授权的前提下，再从央行征信中心下载参考，其中存在信息不完整、数据不准确、使用效率低、使用成本高等问题。[①] 区块链的优

① 蔡钊. 区块链技术及其在金融行业的应用初探. 中国金融电脑，2016(2).

势在于，依靠程序算法自动记录海量信息，并存储在区块链网络的每一台计算机上，信息透明、篡改难度高、使用成本低。各商业银行以加密的形式存储并共享客户在本机构的信用状况，客户申请贷款时不必再到央行申请查询征信，即非中心化，贷款机构通过调取区块链的相应信息数据即可完成全部征信工作。

再比如P2P行业，随着P2P网络借贷行业监管力度的日益加强，平台为了提高竞争力必然会寻求解决信任问题的方法，监管方也希望尽快促成P2P平台的优胜劣汰。信息不对称、征信信息难以准确衡量个人信用程度且不能实现共享是我国征信行业目前发展所面临的瓶颈。区块链技术对于P2P网络借贷平台来说就是一种新的征信手段，可以使平台征信不再依赖银行、传统征信机构，而是逐步建立一套新的征信体系，从而缓解信用难题。首先，区块链技术依靠计算机程序和算法，可以自动、完整地记录平台上发生的所有交易，能够形成较为完整的征信记录；其次，包含出借人、贷款人真实交易信息（包括履约情况、违约信息等）的账本副本保存在平台每一个参与者所持有的终端（计算机等终端设备）上，征信记录实现了一定范围的共享；再次，信息公开透明、不可篡改且可查询，平台上每一个参与者都可以通过自己保存的账本副本，快速、便捷、低成本地查询其他参与者的交易信息，为借贷决策提供信用依据。此外，平台亦可以利用海量的交易信息，通过大数据、云计算等手段对参与者信用状况进行分析预测，为资金交易达成提供借贷咨询等服务。

（二）反欺诈、反洗钱职能

区块链的运用对于反欺诈、反洗钱具有重要的作用。当前各国商业银行为了满足日趋严格的监管要求，不断投入资源加强信用审核及客户征信，以提升抵御复杂金融衍生品过度交易导致的系统性风险的成效，使得银行的客户征信及法律合规的成本不断增加。2014年，UBS为了应对新的监管要求，增加了约10亿美元的支出；汇丰集团在2013—2015年间，法律合规部门的员工人数从2 000多增至7 000多。为提高交易的安全性及符合法规要求，银行投入了相当多的金钱与人力，已经成为极大的成本负担。[①] 记载于区块链中的客户信息与交易记录有助于银行识别异常交易并有效防止欺诈。区块链的技术特性可以改变现有的征信体系，在银行进行 KYC 时，可将客户的所有数据存储在区块链中，一方面，客户信息及交易记录可以随时更新；另一方面，能在客户信息保护法规的框架下，实现客户信息和交易记录的自动化加密关联共享，从而减少银行及银行之间进行的大量重复性工作，为各家机构节省大量的合规成本。同时，银行也可以通过分析和监测在共享的分布式账本内客户交易行为的异常状态，及时发现并消除欺诈行为。总而言之，区块链的使用将为金融机构在挖掘潜在业务机会、识别风险暴露方面提供很大的帮助。

（三）保障数据安全

运用区块链技术可以加密存储信用交易双方完整的交易记录，成为各自信用资料的一部分；在此过程中，双方对于数据的所有权也非常明确，不会被篡改、泄露。不仅如此，利用区块链技术还可以追溯信用交易过程的明细。因此，将大数据写入区块链，将使每个主体明晰自己享有的数据所有权，也为数据交易提供了前提条件。

以央行为代表的各国家机关、金融机构、国有企业与私营企业相互之间的信用信息交易、共享渠道不畅通是制约我国征信行业发展的主要瓶颈。虽然如今许多互联网企业已经开始建立自己的信用数据库，但是各企业之间出于竞争等原因也难以主动互通有无。虽然官方掌握了大量的信用信息，但出于安全等因素考虑也未能向社会开放。区块链由于其记录不可篡改的特性，以及智能合约等技术的运用，可以跨平台打造一个安全、稳定的信用信息交易、共享渠道，可能会成为我国征信行业进一步发展的突破口。

数据确权以及数据交易的规范化在突破征信行业发展桎梏的同时也有利于政府部门对数据交易监管向便捷化、准确化方向发展，从根本上打击数据交易黑色产业链。根据《中华人民共和国网络安全法》（简称《网络安全

---

① 参见麦肯锡大中华区金融机构：《区块链——银行业游戏规则的颠覆者》，第 14 和 15 页。

法》)第四十四条规定,任何个人和组织不得窃取或者以其他非法方式获取个人信息,不得非法出售或者非法向他人提供个人信息。通过区块链的溯源性、不可篡改性等技术特点,使得过去数据交易中的来源不明、非法交易等害群之马无所遁形,从而能够保障法律法规的有效实施。

2016 年 11 月,京东云旗下的京东万象数据平台率先进行实验,通过区块链技术(采用以太坊的基层架构)进行数据溯源、确权,保障数据交易双方的利益。通过采用区块链技术,京东万象数据平台把数据变成受保护的虚拟资产,每笔交易和数据都有确权证书,而未经许可的盗卖没有确权证书,或者证书与区块链确权不匹配,数据提供方就可以要求法律保护。[①] 通过提供数据确权和交易服务,京东万象数据平台将有效激活数据交易市场,为平台和整个行业带来更广阔的发展空间。

第二节　金融市场的重点领域

一、证　券

(一)股权登记领域

股权登记是证券市场交易安全的最基本保障,一方面,股权登记发挥着向社会展示当事人股权的公示作用,让潜在交易主体了解特定股权的权利归属状态,以及登记权利的正确性推定,维护善意第三人的交易安全;另一方面,股权登记也是股权交易的关键环节,记录股权所有者的转移,依靠区块链的特定身份账户体系,记录的股权信息可以作为股权登记的电子凭证。通常情况下,当前的非上市股权管理需要通过人工处理纸质股权凭证、期权发放和可换票据。如果股权交易相对火热,出现频繁的股权变更,那么股东名册的维护更新将变得烦琐缓慢。通过区块链技术的应用将使得数字化管

---

① 参见重庆晚报:《京东万象率先应用区块链技术 建设健康大数据生态》,载于《重庆晚报》2016 年 11 月 25 日第 018 版。

理变得更加安全高效，且对于中心化的系统来说成本更低。区块链股权登记充分利用区块链分布式账本的安全透明、不可篡改、易于追踪交易历史的特性，从根本上改变公司股权登记的方式。

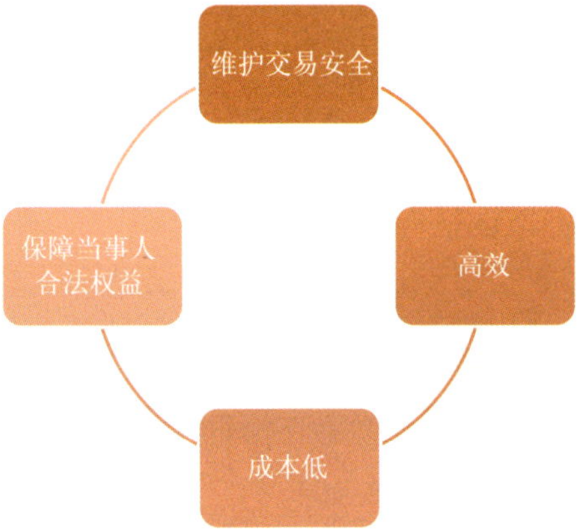

图 7－12　区块链在股权登记领域的优势

市场经济的基石是财产权利的确定性，这种确定性是交易的基础，股权登记就是在提供这种确定性。上市公司的股份是登记在中国证券登记结算有限责任公司的，而非上市公司的股份，按照《中华人民共和国公司法》(简称《公司法》)的规定，以股票为权利凭证，并配以股东名册来记载持股人，并不必须在任何监管机构或公正机构进行登记，完全是依靠公司自身发行股票，维护股东名册来确认权利。这与区块链中私有链的概念非常吻合。[①]

有限责任公司股权转让的最终凭据和股份有限公司不同。大部分股权众筹中的有限公司不存在股票凭证，但依据《公司法》第 33 条，记载于股东名册的股东可以依股东名册主张行使股东权利，所以，事实上股东名册就是需要公司自身来维护的股权的权利证明。股权转让过程中涉及的股东名册和工商登记均属于确权凭据，但对于有限责任公司来说，在工商管理部门的登记主要是对抗第三人的凭据。如果工商登记和股东名册登记不同，此时善意第三人依据工商登记进行股权交易，通过合理对价受让标的股权且

① 梅兰妮·斯万.区块链新经济蓝图及导读. 北京：新星出版社，2016.

完成工商登记，则可能适用善意取得制度；但如果第三人与转让股东恶意串通，故意损害真实原股东利益，则股权转让协议无效。因此，在区块链上完成的交易应尽快进行工商登记，以维护交易安全以及当事人的合法权益。

除了上市公司外，《公司法》对于任何一种公司股份的确权形式都给予了较大空间，并且无论是《公司法》还是《公司登记管理条例》，都没有对公司自行维护的股东名册的表现形态做出任何限定，公司可以自由地选择成文的记录形态来创设维护股东名册，并不局限于任何特定类型的载体。当前大多数公司使用的是纸质的股东名册，而选择纸质媒介所考虑的是，作为一种最成熟的记录方式，一旦被制成之后就难以篡改，在缺乏权威公信力基础的条件下，纸质媒介较有可信度。但随着市场的成熟，股权交易需求的增加，纸质媒介的局限性已经呈现，其已不再是当前时代的最佳选择。从以往其他领域的发展历程来看，几乎所有类型的信息数据账本，最终只要技术条件允许，都会逐步脱离纸媒、人工，而朝着数字化、电子化的方向发展。我国证券交易所设立之初也是使用纸质股票、人工处理的方式进行交易，但现在也完全以电子化的方式进行了，在显著效率和成本优势的引导下，这是大势所趋。传统的股票登记方式过度依靠工商局，然而自改革开放以来，由于公司设立、股权交易的增多，传统上工商部门能分配给每一个公司的精力已经大大削减，但所要负责的任务却非常复杂。对于工商部门，第一，是公司法人成立的登记机构，负责证明公司的成立；第二，是负责办理公司法人开展经营的许可证，准许公司开展经营活动；第三，是以政府监管者的公信力来对公司股权进行登记，确认权利的归属，防止股权被一物二卖；第四，还要监管公司的经营行为，防止恶性竞争、垄断的发生；第五，对公司的清算、注销等。工商部门正承受着繁重复杂的任务。在近几年的市场化改革中，工商部门已经弱化了对公司登记事项和股权确权登记的管理，而是更注重管理公司的经营过程。通过推广区块链股权登记，将股权权属的确认通过非中心化的区块链系统交由公司和股东来完成，呼应了《公司法》和简政放权的改革精神，让工商部门有限的行政资源分配到更需要的地方。让股权登记的公信力不再来源于政府权威，不再局限于第三方主体，而是靠全体参与者依靠共识机制共同维护，集体共治，将公司内部事务的主管权利交回给公司自身，体现了自制的精神，也能真正实现信息记录的公开、透明、真实、及时，将权利争议缩减到最小[①]。

（二）证券交易领域

图 7-13　区块链在证券交易领域的优势

1. 提高证券交易效率

区块链技术使得金融交易市场的参与者享用平等的数据来源，让交易流程更加公开、透明、有效率。通过共享的网络系统参与证券交易，使得原本高度依赖中介的传统交易模式变为分散的平面网络交易模式。

在传统证券交易领域中，关于公司的运营情况、业绩披露、证券情况都来自于中心化的信息发布，理论上这些信息很难佐证其真实性，一般投资人也就很难建立起信任，这样在运营方和投资人之间就产生了信任鸿沟。如果将资产的运营情况、分红情况等运营信息直接刻印在区块链上，就等同于向全世界宣布公司资产的盈利情况，而且任何人无法篡改，通过这样的形式，资产就可以获得足够的信任，同时也便于对证券交易进行控制与监管。

2. 降低证券交易成本

科尔尼全球总裁 Johan Aurik 表示："金融科技目前所解决的问题大多是提高现有行业的运营效率、降低成本、去中介化，以及将人类从枯燥无味

① 杨东. 论金融领域的颠覆创新与监管重构. 人民论坛·学术前沿，2016(11).

的重复工作中解放出来。”①

数字货币的流动性是全球化的、完全无摩擦的，甚至不受运营团队自身所控制。一旦解决了全球信任的问题，则经过考验审查的优秀资产在区块链上发布之后，就可以无缝地在全球所有感兴趣的当地市场进行交易，彻底解决了因本地化问题所带来的诸多限制，潜在机会成本的损失大大降低。

同时，区块链技术通过加快清算与结算速度，升级交易流程，达到使证券交易市场中参与者享用平等数据来源的目的，让交易流程更加公开、透明、有效率，节约时间成本与人力、设备费用。通过共享的网络系统参与证券交易，使得原本高度依赖中介的传统交易模式变为分散的平面网络交易模式，降低证券交易的费用与成本。

二、保险领域

（一）保险行业的法律规制及监管重点

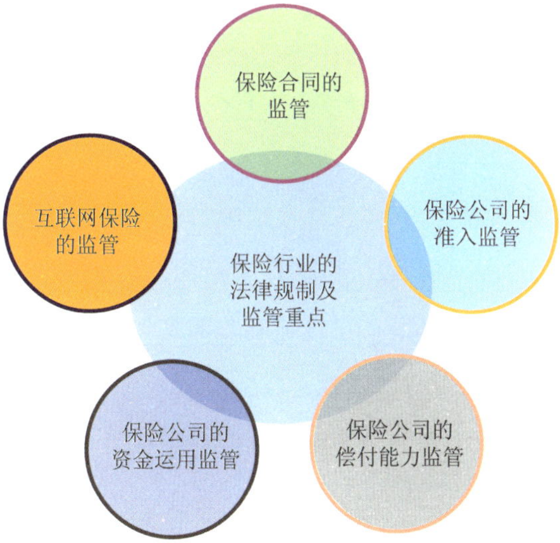

图 7－14　保险行业的法律规制及监管重点

① 参见“金融机构热捧区块链技术 孵化新企业”，第一财经，http://www.yicai.com/news/5141762.html? utm_source=tuicool&utm_medium=referral，最后访问时间：2017 年 3 月 1 日。

1. 保险合同的监管

保险合同贯穿了保险当事人之间保险法律关系的建立、维持和解除，保险合同的规范以及顺利执行是规范行业的重中之重。

（1）保险利益

“保险是人们运用科学原理由大多数人分担个别人损失的一种方法”“保险利益就是指可转嫁的风险”。[①] 保险利益是区分保险与赌博行为最重要的制度设置。保险是一人对自己未来可能遭受到的损失进行转移的一种行为。首先，保险利益是判断投保人是否就未来可能发生的损失具有设定保险资格的重要判断标准。如果就毫不相关的利益设置保险，那么这是一种对自己毫不相关的不确定事件下注的行为，应明令禁止。其次，保险利益解决的是保险合同主体资格的问题。《中华人民共和国保险法》（简称《保险法》）规定不具有保险利益的保险合同无效正是出于这样的考虑。再次，保险利益原则能够规避道德风险，在人身保险中尤为重要。

（2）如实告知义务和说明义务

保险合同本身是为了转嫁当事人的风险而出现的一种射幸合同，但是其能够转嫁的风险的程度高低、深浅，则根据保险人的风险承受能力的不同而有所不同。另外，在可承受的范围之内随着风险的提升，相应的费率也有所不同。对于投保人来说，其有权选择适合自己、符合自己要求的保险种类与保险人。因此，投保人对被保险人、保险标的等的如实告知义务直接会影响双方合意是否达成一致，以及在此基础上的费用高低。同时，保险人对投保人是否进行了详尽的说明义务也会影响投保人的有关判断。这是合同订立的重要一环，也是为了保证日后保险合同顺利执行的基础，更是保障广大保险消费者的必备条款。

（3）执行阶段的诚实守信义务

这里的诚实守信义务主要是指，在发生保险事故后的如实、及时的通知义务，或发生了会影响双方利益和影响合同订立的事项时的如实告知义务，

① 孙积禄. 保险利益原则及其应用. 法律科学（西北政法学院学报），2005(1).

或不谎报保险事故、不故意制造保险事故、不提供虚假证明材料等行为。信息不对称是在任何一种交易行为中都存在的现象，保险领域中信息不对称导致的道德风险等问题非常严重，主要的保险纠纷就因此而起。而减少保险纠纷，离不开双方自觉遵守、履行诚实守信义务。

2. 保险公司的准入监管

《保险法》中规定了保险公司的准入制度。作为金融公司，能够转嫁社会风险，促进资金融通，提高经济效益，优化资本结构，但同样也会引起相应行业的系统风险，并通过风险传递影响其他机构，从而对整个市场及国家经济的运行产生不可估量的负面后果。因此，保险公司的规制与监管要从保险源头治理，即保险公司的准入以及经营范围。控制保险公司的准入资格以及经营范围，可以淘汰不法分子、不符合要求的主体进入行业，从事保险业务。

3. 保险公司的偿付能力监管

如上所述，防范系统风险的发生是监管的重要目标，要做到此点，监管与规制必须动、静结合，既要从主体准入的批准开始入手，也要保证在动态的运营过程中，保险公司能够符合相应的标准，具备偿付能力。“偿付能力监管是防范和化解保险业风险、保护保单持有人利益的有力保障，是强化公司资本约束、促进管理水平提升的重要动力，是推动保险公司从粗放式经营向集约化经营转变、从不计成本和效益向注重企业利润增长转变的有效手段。”[①]在《保险法》中主要规定保证金制度、保险保障金制度、责任准备金制度、再保险制度等，通过提取一定比例的资金作为准备金，以备不时之需。其中，再保险制度是保险公司之间的风险转嫁，通过分散风险以保障保险公司的偿付能力。

4. 保险公司的资金运用监管

投保人所缴纳的保费并非只存放于相关账户里，而会进行投资，实现资本增值。保险相关的理财产品的利润正是由此而来的。保险公司的资金投

---

① 周海珍. 保险监管效率的经济学研究. 北京：中国金融出版社，2016.

向不同，所承担的收益回报风险也会有所区分。因此，为了能够控制相应风险，《保险法》规定保险公司的资金只能运用在银行存款、买卖债券、股票、证券投资基金、不动产等方面。

5. 互联网保险的监管

互联网保险公司依托于互联网技术进行产品设计、商业模式设计、产品销售，保险的一部分或者全部环节都在网络上进行，因此相应地对保险公司的信息技术和信息安全要求也势必更加严格。在保监会颁布的《互联网保险业务监管暂行办法》中就用了大量篇幅来规定相应的内容。另外，由于互联网上的保险产品销售采用动画、网页等方式进行宣传，所以很可能有许多平台夸大产品，做出收益保障等误导保险消费者的不实宣传行为。因此，对于信息披露的方式以及注意点的规制也成为互联网保险领域中规制的重点。

（二）保险行业的法律纠纷情况

我国 2012—2015 年每年接收到的总投诉事项呈递增趋势，其中违法违规类在 2014 年锐减，但是相关的保险合同争议却增加了许多。所涉及的保险争议主要涉及如下几个方面：

第一，承保纠纷。在销售环节中存在销售误导，未正确说明对保险费的计算方式以及免责条款等，故意夸大产品收益，错误解释保险条款，隐瞒投资风险与理财产品的概念。另外，在销售方式上还存有扰民的情况。

第二，退保纠纷。在分红型保险产品中，消费者认为未达到预期收益，要求退保并产生纠纷，以及其他在要求退保时因相关的费用计算问题而产生的退保纠纷。

第三，理赔纠纷。理赔纠纷向来是保险纠纷发生的最高时间节点，主要表现在拖延赔付、不赔，对保险事故认定不合理等情况。

表 7-1　2012—2015 年保险消费投诉事项统计[①]

年份/年	总投诉事项/万个	违法违规类占比/%	保险合同争议类占比/%
2012	1.7	23.51	75.31
2013	2.2	23.37	75.46
2014	2.9	19	80.37
2015	3.02		

(三)区块链技术对保险领域监管的影响

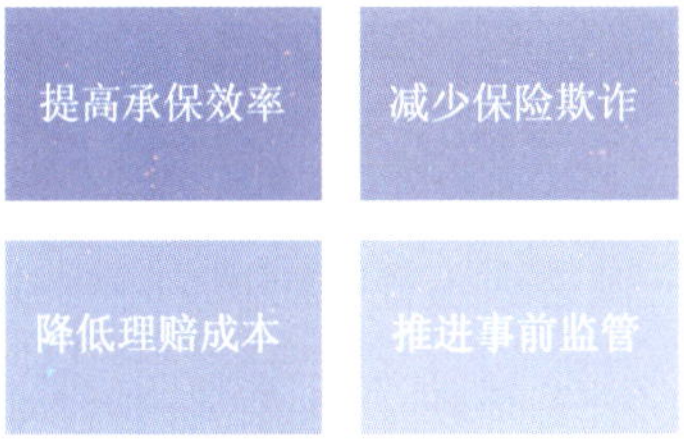

图 7-15　区块链给保险行业带来的益处

1. 提高承保效率

销售误导是在承保环节中最主要的问题之一，主要表现在隐瞒信息和误导信息两种类型。无论是哪一种类型，最后都会导致保险消费者购买保险产品的预期落空，需求和产品的错配。保险销售人员隐瞒信息或者误导信息“一方面可能源于代理人获取的有关保险产品和消费者需求等信息有误，另一方面代理人也可能出于自身利益而故意隐瞒信息。”[②]为此，保险公司应完善优化内部激励制度，从监管治理层面完善保险服务标准，强化信息披露要求，对保险公司优化内部激励制度进行指引，同时加强对保险消费者的教育。承保环节的另外一个重要问题是来自保险消费者不诚实履行诚实告知义务，对保险合同订立有重大影响的信息有隐瞒等行为。事情暴露之后，保险合同很有可能解除，如果隐瞒到底则最后演变为保险欺诈事件。任

① 自白彦，张怡超. 保险消费者权利保护研究. 北京：中国法制出版社，2016.

② 杨馥，庞楷. 不当激励、保险销售误导与监管治理. 经济经纬，2015(5).

何一种结果都是一种社会资源的浪费，会对公共利益造成损失。

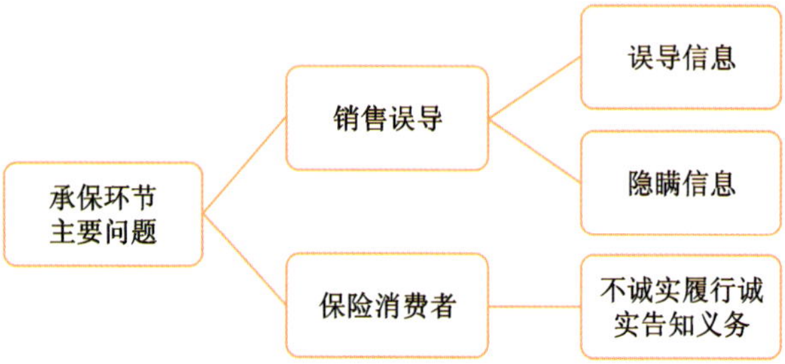

图 7-16 承保环节中的主要问题

"保险是建立在诚信基础之上，具有崇高的道德准则、美好的精神价值、无可替代的社会意义的一种制度安排，是一项当之无愧的高尚事业。保险从业人员有使命、有责任把这项事业真正做高尚，这既是一种社会责任，也是实现自身价值的追求。"[①]上述两个重要问题追根究底都是因保险相关当事人的道德风险和自身利益驱动所导致的。在无从得知信息真伪的情况下，双方均可利用自身的信息优势，行对自己效益最大化之事。因此，行业需要建立健全基础设施，共享行业信息、产品信息，以及保险从业人员、保险消费者的信用数据，以期为双方减少获取真实信息的成本，并为双方决策时提供有价值的信息。区块链技术在信息库的建立上能够发挥重大作用，其有望能够为保险行业注入更多新鲜血液，从根基开始重塑保险行业基石，为行业发展做出重大贡献。

2. 减少保险欺诈

保险欺诈行为的危害性极高，主要体现在其所骗取的是其他投保人所缴纳的保险基金，因此其侵害的是一种公共利益。保险欺诈金额加总后的总额非常惊人。"统计资料显示，如果将美国国内每年保险欺诈索赔的总额加上被盗财产的总额组成一个公司，那么这个公司将排在全球财富 500 强的前 25 位"。[②] 分析保险欺诈的成因，可以概括为主观和客观两个方面。主观

① 任建国. 多管齐下治理保险销售误导. 中国金融，2012(7).

② 朱孟骅. 保险欺诈防范研究与思考. 保险研究，2009(5).

方面，也是最关键的原因——人心，人们对于利益的渴望与追求。在面对巨大诱惑时，总是有人坚守不住道德底线，实施违法行为，甚至是犯罪行为。在保险欺诈中，实施保险欺诈行为的主体包括投保人、被保险人、受益人、保险公司内部从业人员、保险代理人等，凡是有可能参与到保险合同环节中的人都有可能实施，范围极其广泛，这也成为保险欺诈行为较多的原因。客观方面，主要是因为保险合同自身的性质，以及相关配套制度问题。保险合同本身就是为了一种不确定发生的损失进行转嫁的行为，并且这种损失总是能够人为地进行干预。为了有效防范保险欺诈，世界上各国都采取了多种措施，主要是通过建立由保险人、政府、投保人组成的公共组织，进行培训指导并成立调查队伍，或者是建立行业数据库分享投保人历史投保信息、有关保险标的的毁损情况等。典型的案例有美国在 20 世纪 80 年代初期成立的一家名为"全国反保险欺诈公署"（National Insurance CrimeBureau，NICB），以及英国保险人协会在伦敦成立的"防止犯罪和欺诈办公署"（Crime&Fraud Prevention Bureau，CFPB）。另外，在防范保险欺诈的领域中，新技术的探索较为踊跃。

区块链技术与该领域的结合也能够迸发出新的火花。区块链能够存储大量的信息，这些信息准确、不可篡改、可追溯。区块链上可以存储每一个人历史的交易信息，而且随着资产数字化的推进，实物资产的状态也能够以数字化的方式体现，其资产的状态便可轻松获得，也可以从同类资产的交易情况发现资产的价格。当某种资产成为保险标的时，对于投保人来说更清楚地知道自己财产的价值，对于保险人来说也能够知道财产的情况、使用程度、损毁程度等。由于区块链能够分享更多的信息，所以不法分子利用信息优势制造保险欺诈事件的概率降低了。

3. 降低理赔成本

这一阶段的应用已经成为现实，区块链的智能化能够让保险合同自动执行。在承保环节双方沟通好保险合同的相关事项，比如保险合同当事人的真实情况、保险标的、保险收益、保险费的计算方式、保险期限、保险金、保险赔付等多个重要细节后，将合同的内容编写成代码，成为机器可读取的、具有效力的内容。当预定的条件满足时，“智能”区块链就可以根据预先写入的代码进行赔付了。一切都在最初的环节已经协商好了，后续并没有人为的干预。因此，理赔能够顺利执行。但是束缚于技术的发展阶段，目前只能应用于保险事故认定较为简单的保险合同，复杂的还是需要专业机构进行评估认定，还不能由区块链完成。不过技术是在不断发展的，相关技术和解决方式也会层出不穷，由区块链智能执行的指令种类也会更多，从而发挥更大的效用。

4. 推进事前监管

保险行业的健康发展离不开政府的有效监管。保险行业作为金融体系的重要部分，具有金融的基本功能，如资金融通、优化资本结构等。但是，由于保险行业经营的公共性以及保险产品周期长的特点，使得该保险市场存在着较为严重的信息不对称、市场失灵等现象。我国保险业的监管仍遵从在分业监管的大原则下，依照审慎监管的原则，进行行业监管，监管主要集中在保险公司偿付能力监管、公司治理结构监管和行为监管之上，这同时与目前世界上多数国家的监管架构趋同。保险行业的行为监管内容包括保险公司的准入与退出、保险业务范围、保险条款、保险费率、保险公司的承保和理赔、保险中介、保险欺诈监管等。[1] 区块链技术通过多节点参与来实现，而政府也能够参与到有关的区块链上，作为一个节点，享有一定权限。政府通过这种方式加入进来，能够监听到保险行业所有与交易相关的信息，以及其他信息情报流动，一旦发现违规行为等问题就可以立即采取行动对相应的保险公司采取措施。《保险法》中规定了保监会等保险业相关机构能够采取的措施，有现场检查、非现场检查、询问、罚款等。在区块链上的主体行为对于政府来说是透明的，因此可以省去部分检查、询问的成本。对于违法违规的市场主体监管部分，政府可以动用自己的权限限制有关的交易行为，甚至可以通过建立模型，在以后的数据之上对未来进行预测，对于可能进行犯罪

① 袁成. 基于博弈分析的保险市场行为监管策略研究". 江西财经大学学报，2010(2).

或违法的人采取一定措施，防患于未然。由此一来，政府的监管则由被动变为主动，对保险违法违规行为进行重点监管，促进行业发展。

三、供应链金融

（一）供应链金融的监管现状

现在互联网上的供应链金融通常是基于 B2B 平台开展的，或者是将传统的线下供应链进行了电子化，其风险主要来源于：借款企业可能通过伪造财务报表数据、虚构交易信息来骗取银行的授信额度，甚至借款企业可能与核心企业联合对银行进行欺诈，运用虚假入库、不足值入库、以次充好等手段骗取授信额度。在以物流企业为核心企业的模式中，还有可能因为作为质押物的货物不适当出库、过度出库等原因，导致质押物的价值减少，出现坏账风险①。

现今的相关法律法规的规定并不完善，难以在法律层面对融资主体的违约风险给出完备的解决方案，这就使得，银行为了降低自身风险，不得不对供应链金融采取审慎的态度②。在向关联企业融资时，银行通常倾向于采取较为严格的风险防范措施，对物流企业和关联企业进行严格的审核，这就导致供应链金融的应用范围大幅受限，许多有需求的企业无法从供应链金融中获得融资。

（二）区块链对供应链金融监管的革新

区块链以信息平台的身份可以直接参与到供应链金融的风险管理中。在传统的供应链金融中，由于供应链上的中小或小微企业存在信息不对称问题，所以银行无法直接对其授信。银行的授信实际上依托于核心企业的信用，实际上是以核心企业的信用为杠杆衍生出来的授信；而且，授信对象也局限于核心企业的一级供应商或一级经销商（即与核心企业直接签约的

① 郭菊娥，史金召，王智鑫．基于第三方 B2B 平台的线上供应链金融模式演进与风险管理研究．商业经济与管理，2014(1)．

② 杨晏忠．论商业银行供应链金融的风险防范．金融管理与研究，2007，12(10)．

供应商与经销商),二级以上的供应商与经销商则因为与核心企业无直接采购或销售合约,所以银行无法提供融资需求。①

相反,区块链能将供应链条上的上下游成员企业的交易信息整合到一起,使得链上的采购信息与销售信息透明且可信赖,银行可以获得对称的信息,了解到供应链的全貌,实现线上的商流与线下的物流信息透明且全程可视,减少银行的风险疑虑,进而使银行得以更精准地为供应链上各环节的关联企业提供金融服务。

四、P2P

(一) P2P行业当前的困境

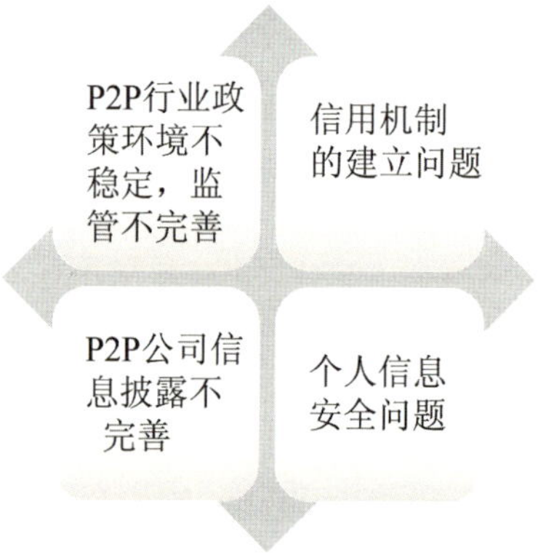

图 7-17　P2P行业当前的困境

1. P2P行业政策环境不稳定,监管不完善

目前行业监管的方法和手段落后于金融创新的发展,监管机构检查的程序化、规范化程度比较低,缺少行之有效的风险防范措施和手段。同时,由于互联网金融数据透明度不高、数据质量参差不齐、采集标准不健全等原因,风险监管标准还有待完善,风险评价体系也有待建立,相应的监管手段也正在摸索之中。

---

① 周立群,李智华.区块链在供应链金融的应用.信息系统工程,2016(7).

2. 信用机制的建立问题

信用机制的建立问题是 P2P 行业的核心问题，P2P 中既不存在传统借贷中人与人之间建立的以信任为基础的信用，也不存在银行等金融机构的担保。P2P 在互联网上进行交易和借贷，双方并不认识，资金借贷出去之后如何保证按照约定的用途使用资金、如何保障借款人能够归还是无法监管的。从 2013 年起，P2P 网贷平台已陆续出现了运作不规范、法人跑路、公司倒闭等问题，互联网金融网络信任关系的建立和保护已迫在眉睫。

3. P2P 公司信息披露不完善

P2P 行业没有严格的信息披露规定，各公司信息披露通常存在披露不完善甚至虚假披露的情况。没有充足的信息披露，投资者就难以进行正确的投资分析，以做出较好的投资决策。因为缺乏对风险的识别，投资者可能做出错误的决定，从而导致不能达到理想的投资情况。

4. 个人信息安全问题

个人信息泄露问题在我国越来越严重。我国有许多涉及互联网金融的公司，这些公司通常没有充足的个人信息保护的措施，用户的个人信息极其容易泄露，甚至有一些 P2P 公司主动出卖客户信息，而进行互联网借贷又不得不提供完善的个人信息，包括姓名、电话、照片、财产信息、居住信息等，这些信息一旦落入不法分子手中，就会造成隐私泄露、骚扰电话甚至诈骗等问题。

（二）P2P 平台的监管现状

近两年来，我国的 P2P 行业在“无行业标准、无进入门槛”的宽松监管环境下迅速发展，目前已在我国的金融体系中占有一席之地。然而，我国 P2P 行业的发展逐渐区别于英美 P2P 这种以“信息中介”为核心特点的金融业态，自我演进、衍生出了一系列形态各异、特色鲜明、业务多样的互联网金融新业态。纵观我国的 P2P 行业，无论是“类小贷公司”模式还是“债权转让”模式，无论是个人贷款项目还是企业贷款项目，无论是纯信用贷款业务还是抵押质押贷款业务，无论是供应链融资还是融资租赁融资，都让整个行业呈现出传统金融机构的“信用中介”特质，具有鲜明的本土特点。与英美原生的P2P业务模式相比，尽管我国的这一大类平台都被称作“P2P”，但其基本形态和运作模式都已产生了本质的变化。

在P2P借贷平台如此火爆的情况下，我国P2P相关的征信系统仍然不完善，没有形成中国人民银行征信系统的大数据中心；同时，P2P企业之间也没有形成有效的信息共享平台。因此，一个P2P信贷借款客户同时向多个平台申请信用贷款的情况时有发生。如果一个人向20个平台申请贷款，并且其中10个平台通过了其申请，那么则可能成功贷款超千万——远远超出其偿还能力。由于缺乏对借款人的借款记录进行追踪的能力，P2P企业将难以对借款人的实际信用风险做出准确评估，从而造成自身信用风险的积累，这将对P2P行业的发展造成极大的损害。

为此，区块链技术提供了一种可能的解决方案。联盟链是对特定的组织团体开放的一种区块链形式，是其共识过程受到预选节点控制的区块链。P2P企业的信用数据本身可以发展一个联盟链项目，每个P2P平台都运行着一个节点，那么这几百个平台则可以生成一个共同的账本，每个借款人的个人信息和借款信息都会保存在这个共同的账本上，每个人或者每个参与者都可以读取账本上的信息，这样便可以杜绝重复借款问题的发生，同时也能够实现不同企业之间的信用数据共享，从而最大限度地提升P2P企业对借款人真实信用风险的评估能力。

（三）区块链对P2P领域监管的影响

图7-18　区块链技术对于P2P行业的促进作用

区块链具有非中心化、开放性、自治性、信息不可篡改、匿名性等特点，是P2P天生的良药。通过区块链技术实现的智能合约，能够有效地解决信用机制的建立、信息披露不完善、个人信息安全等问题，对于政府的监管有非常大的帮助，能够提高政府监管的质量与效率。

1. 有助于监管机构进行行为监管

区块链技术为监管部门提供了新的工具，每一个区块记录都包含有完整的时间戳，由于采用通用共享的数据库，所有的数据都按照一个共同版本的要求进行记录和加密，并且允许任何一个可信任方进行调用，因此可以满足监管部门的交易记录存档要求。同时，该技术还可以帮助监管部门通过一个窗口进行实时观察、跟踪交易数据，为政策的制定和调整提供依据。

2. 区块链可以建立新的信用机制

利用区块链的非对称加密算法，交易双方可以基于此进行交易，省去了解对方信息和担保机构的环节。区块链自身的技术特点保障了系统对价值交换的活动记录、传输、存储的结果都是可信的，而分布式账本上的智能合约可以把许多复杂的金融合约条款（多以外部事件为触发点）写入计算机程序，在条件触发时自动执行，解决履约时的逆向选择和道德风险问题。

3. 区块链可以使交易信息更透明

在区块链上的每一次交易信息都是有记录、可追溯、不可篡改的，并且每一笔交易都会传到全网上，信息便可以精准、迅速地披露，并且不会出现虚假信息披露。P2P平台的每一笔资金流向都会保存在区块链上，既能够让所有的用户都了解真实准确的信息，做出合理的风险、价值判断，又能够杜绝信息的篡改、平台传递出虚假信息等情况。

4. 区块链可以更好地保护个人信息安全

区块链技术通过密钥控制和权限管理保障了交易过程和信息记录的隐私性。基于节点的授权机制，区块链技术将私密性和匿名性植入用户控制的隐私权限设计中，只有授权节点才有相应权限查阅和修改有关数据信息，这样就保障了个人信息、财产状况、信用状况等信息不泄露。[①]

第三节 非金融领域

一、电子存证

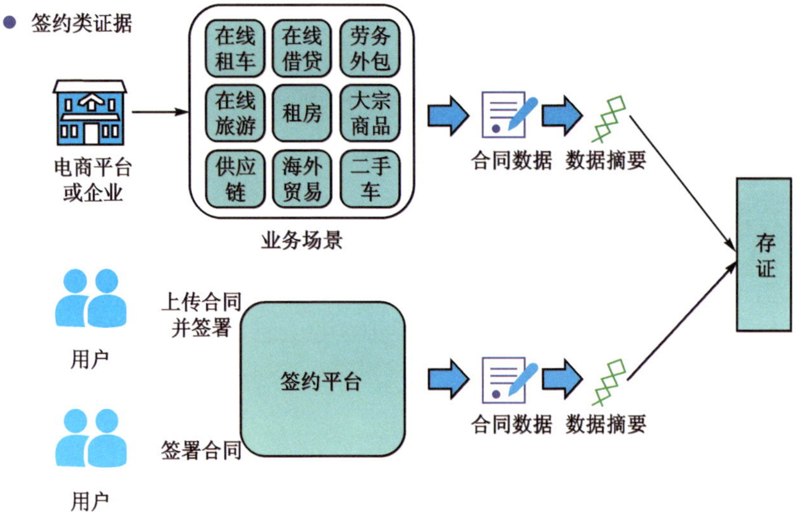

图 7-19 电子存证的模式

关于电子证据的法律性质，加拿大学者加顿曾经对此做出过经典评述，即“在审判中适用电子证据的最大挑战在于不能轻易地将其划入到传统的证据类型中。”[②]我国法律对电子数据的定位也经历了一个较长时间的历史演进过程，最终在2013年1月1日正式施行的新《中华人民共和国民事诉讼法》（简称《民事诉讼法》）第63条明确了电子数据的法律效力，《最高人民法院关于适用〈中华人民共和国民事诉讼法〉的解释》中的第116条界定了电子

① 吕雯. 区块链技术对P2P网贷行业发展的影响分析. 中国信用卡.
② Gahtan L M. Electronic Evidence. Thomson Professional Publishing，1999.

数据的范围，即“通过电子邮件、电子数据交换、网上聊天记录、博客、微博客、手机短信、电子签名、域名等形成或者存储在电子介质中的信息”。在刑事领域，我国新《中华人民共和国刑事诉讼法》也在第48条和第52条中明确规定了“行政机关在行政执法和查办案件过程中收集的物证、书证、视听资料、电子数据等证据材料，在刑事诉讼中可以作为证据使用”。由此看来，我国两大诉讼法都已经承认了电子数据的法律地位。纵观全球立法，联合国国际贸易法委员会于1996年12月通过的《电子商务示范法》及《电子商务示范法颁布指南》，欧洲理事会于2001年11月通过的《关于网络犯罪的公约》，以及美国的《统一电子交易法》也都确立了电子数据作为证据的法律性质。

这些电子信息虽然均可以作为民事或刑事案件中的证据使用，但在实际生活中的具体存证、取证等操作过程中，由于电子证据具有容易被修改、难以完整记录并反映所有信息等特点而导致其公信力不高，所以司法操作中也难以将其作为主要的认定依据。很多地方也开始意识到电子证据存在的问题并积极进行规范。[①] 具体来说，电子数据作为证据运用面临着以下几个问题：

第一，电子证据的读取和存储都依赖于一定的技术设备，因此具有易变性和脆弱性。以二进制代码形式存在的电子数据需要存储在相关的介质之中，其传播也依赖于各种媒介，诸如磁盘、光盘、移动硬盘等。因此在电子证据的生成、传输、存储过程中，生成的设备、存储的介质等任何一个环节出现变化都会很容易导致电子数据发生变化。电子证据的这种脆弱性增加了电子证据在司法审查过程中的认定难度，也是导致其只能作为间接证据的一个重要原因之一。

第二，电子证据存证过程中具有容易被篡改且毫无痕迹、难以被发现的特点。随着科技的快速发展，电子证据所依赖的计算机系统容易遭遇黑客

① 如陕西商南县检察院于2017年3月就电子证据取证问题召开公安、检察院、法院三家联席会议，专门针对《关于办理刑事案件收集提取和审查判断电子数据若干问题的规定》实施以来的状况进行讨论，并进一步规范电子证据的取证标准；广西桂林秀峰区检察院于2017年2月召开电子证据采信标准联席会议。

攻击，存储的电子信息本身极易被删改。电子数据的虚拟性还使得其在遭遇篡改的情况下能够做到不留痕迹，导致电子证据的被编辑、隐匿甚至随意篡改风险的不可控性，这是电子证据公信力、完整性面临的最大法律风险。因此，为了增强电子证据的公信力，公证机构往往作为法定的普遍承认的第三方对电子材料进行公证，一般认为其材料具有法定的证据能力和证明力，可直接作为认定实施的依据。[①]"经公证的电子证据的证明力，一般大于非经公证的电子证据"[②]。但是，由于对电子证据真实性的判断往往需要一定的科技手段，而科学技术也在不断迅猛发展，这就导致在对电子证据的公证过程中，公证员看到的也未必是真相。

第三，电子证据取证过程中具有难以固化和归档的问题，难以判断电子数据的原始性。一方面，电子数据的收集取证一般都需要聘请专业人士进行，对专业性的要求较高。电子证据的特殊属性决定了完全针对电子证据的取证方法与收集传统证据的方法有很大的不同，收集电子证据所运用的技术手段的性质和技术含量也远比收集传统物证要高。[③]另一方面，我国新《民事诉讼法》第 68 条对原件和复印件的证明力进行了区分，规定了原件、原物优先的原则，即"书证应当提交原件。物证应当提交原物。提交原件或原物确有困难的，可以提交复制品、照片、副本、节录本。"电子数据是通过 0 和 1 的代码以机器可读的形式存在的，无法直接被人识别，导致电子证据的信息内容与载体的关系不够紧密，这就为判断电子数据的原始性设置了新的障碍。

针对电子数据在取证存证领域以及公证领域面临的问题，区块链技术可以为其提供一种改进现状的可行性路径。首先，区块链被认为是下一代互联网技术，能够解决信息不对称、保护个人隐私数据、财产匿名登记等问题，具备非中心化的共识效力，具有开放多中心、多节点数据存储的效果，成

---

① 贾宸浩，姚强，韩笑晨. 电子证据的演进：从模式思维到制度理性——以司法实践中的发展为考察进路. 郑州大学学报（哲学社会科学版），2014(3).

② 何家弘，刘品新. 电子证据法研究. 北京：法律出版社，2002.

③ 刘侃. 刑事侦查中电子证据的取证与人权保障之间的平衡. 金卡工程，2010，14(1).

本低且安全度高，电子数据等存证内容通过加密的方式保存并写入区块链，每个网络节点也都存在备份，即使攻破某些节点也不会影响其他节点的安全性，在一定程度上可以保证电子数据信息的完整性并可以永久保存。其次，基于区块链数据组织和存储形式，可以较好地实现链上数据不可篡改的特性，区块链数据存证的稳定性和可靠性极高。第三，区块链技术手段能够提供登记资料第三方的存证、出资和权益证明、合同协议第三方存证，对于P2P平台等互联网交易数据的存证可以进行高效管理，包括管理电子合同、电子协议、资产登记交易。“金股链案例”较好地展示了如何用区块链技术实现数据保存和存证。笔者认为，非对称性加密的算法特点确保了数据的安全可靠性。大数据通过云存储、指纹存储兼顾效率与安全，对存储文件多重加密，保障电子信息的安全。

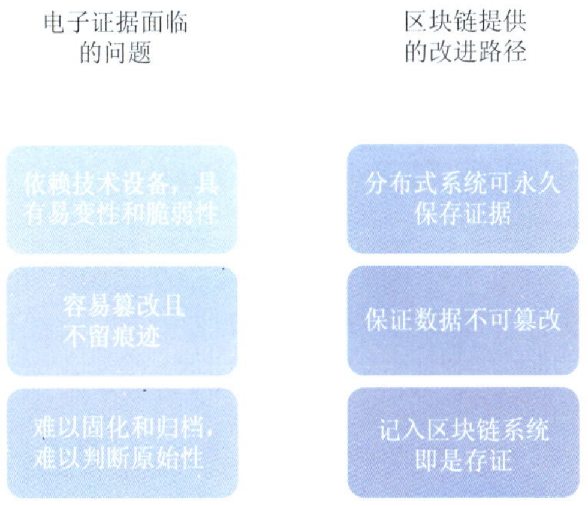

图 7－20 区块链对电子证据的改进

将区块链技术运用到电子存证领域有助于保障公众监督、实现司法的公开透明，带来绝对公正。人们之所以相信国家、相信法院判决，是因为他们代表权威、代表专一性。一项技术如果对任何人都公开透明，对交易数据能够完整保存，那么这种信息就是足以信赖的，能在一定程度上达到与公证一样的效果。这就分别对应着一个中心的权威认证与多中心的不被篡改的共信共识机制。在底层使用区块链技术,不仅可以提供存证服务,而且可以防止病毒、黑客的恶意攻击等,即可以作为一种防护措施为金融资产、P2P提供存证业务服务。在接下来一段时间内,区块链作为工具应该与公证紧密结合在一起,对公证效率、服务能力进行提高,降低公证成本,扩大服务范围,为国家实现司法公正在技术层面保驾护航。

在电子存证、公证领域引入区块链技术需要明确区块链技术是开放的授权管理平台,用户需要完成4个环节,即实名认证、进行增信评估、流程审核、风险评估。对于数据存证流程的初步设想可以包括准备数据,提交数据,平台将数据分类为结构化数据与非结构化数据,数据通过哈希值生成并加密,最后进行数据存储。对于公证机构的对接,只要是可靠安全的数据就应当予以公证,并产生法律效力。电子存证存放在区块链的节点上,通过公证出具公证书,得到法院认可。其中,主要涉及区块链节点、数据中心与公证中心的协调配合,如何获得法律认可是目前研究的重点。由于借款、承包等公证的成本很高,所以区块链可以在这方面有所创新,以降低存证成本。区块链可以与可信时间戳(time stamp)相结合,为网上电子合同、数据存证提供服务。区块链的目的与公证的目的相同,都是为了创造信用、证明可信、产生信任。区块链技术驱动如核爆一样,会颠覆传统公证技术,为行业带来发展。互联网金融行业也能为国家经济发展提供增信、公证、信用体系等基础设施。

以"法链"为例分析区块链技术对既有的法律和监管提供的解决方案。"法链"利用区块链底层技术,可保证所有电子信息一经存储,任何一方都无法篡改,充分满足了电子证据司法存证的要求。未来,随着更多的司法鉴定机构、公证处等权威第三方机构加入"法链",将会共同缔造一个集不可篡改、集体维护、分布式存储等多重优势于一体的全新电子文件存储模式,开启电子存证新阶段。[①] 由此可见，区块链利用其自身的分布式、非中心化、不可篡改、加密安全等诸多技术，可以在一定程度上解决电子存证面临的传统法律问题；除此之外，区块链可以使用数字技术加密生成不可篡改的数据并加以保存，通过电子存证可以安全有效地存储证据，确保证据的真实性、公正性和有效性。

二、物联网

互联网是人与人相连的网络，而物联网则是借助于传感设备实现物与物之间的交互，即智能化的联网互动。监管需要信息的记录和即时反馈，而物联网作为物与物之间相连的网络，如果不借助于区块链技术，则无法保障监管信息的真实性、有效性和及时性，并且成本过于高昂。目前，物联网方面的立法和监管尚付阙如，主要是由于物联网的监管成本过高，监管机构缺乏有效监管的手段。

区块链的出现为物联网带来的变革让监管重获新生，其有效地降低了物联网的成本，并确保了监管信息反馈的真实性、有效性和及时性。通过物联网和大数据可以实现精准、详尽的风险评估和风险控制，比如保险公司能够通过连接在汽车上的设备搜集驾驶数据，从而实现个性化、差异化、合理化的保险费率定价；同时，交通管理部门可以依据传感器的信息和登记标示信息，确认车辆的归属、即时方位、是否经过安全检查、发生交通事故的频次、时速等，判断车辆的质量安全情况和合规情况，从而实现更加高效的管理和决定是否处罚。此外，汽车驾驶人员和所有权人也可以借助于上述信息系统判断车辆的安全情况，从而保证驾驶的安全性；同时，如果车辆发生丢失等情况，公安部门可以借助于上述信息系统及时发现车辆并高效判断车辆的归属。因此，打造物联网系统上的区块链信息系统，实际上是构建了一个监管部门、财产权所有人、使用人等各方共同参与的系统，打通了对物

① 参见"区块链事件点评：区块链应用在电子存证领域正式落地"，载于中国投资咨询网 http://www.ocn.com.cn/chanjing/201608/npqvj18195727.shtml，最后访问时间：2017年3月1日。

联网进行立法和监管的关键环节——制度成本和监管有效性，解决了资产流动和使用中的信息不对称问题。因此，区块链＋物联网将是物联网一次重要的革命和创新。

三、电子商务

（一）电子商务的监管困境

我国电子商务在发展的过程中一直饱受假货的困扰，以阿里巴巴的淘宝为例，其一直饱受假货的困扰，也一直在致力于打击假货。例如2016年7月1日正式上线了基于数据技术的“权利人共建平台”，再次升级了“诚信维权机制”。据报道，阿里巴巴已经收紧了反盗版政策并简化投诉和请求移除假货的流程，在截至2016年8月的一年时间里撤下了3.8亿个产品列表和18万个淘宝商铺，可以看到阿里巴巴打击假货的决心。然而，假货屡禁不绝的根本原因是治理思维的问题，而不是手段强弱的问题。如果不提高假货在平台售卖的成本，不建立事前事中的解决方案，仅仅靠事后的补救、检查和移除，即使应用了大数据等科技手段，也不一定能达到预期的效果。

假冒伪劣产品在电子商务市场形成的劣币驱逐良币现象，需要一次治理思维的改变，如果不能有效治理假货问题，电子商务市场的发展掣肘，那么消费者权益更是时刻处于达摩克利斯之剑下，交易纷争永无宁日。

阿里巴巴采取的仍然是传统的中心化解决思路，无论是“权利人共建平台”还是“诚信维权机制”，都是以阿里巴巴单个机构主导，技术仅仅限制在了效率的提升工具这一层面。而区块链实现的将是治理思路的变革，非中心化、去信任、集体维护共建、可靠数据库等特点，让共治成为可能。

政府对电子商务市场的监管和维护同样没有逃脱阿里巴巴模式的窠臼，并存在着监管空白、监管重复等问题。我国电子商务立法起步较晚，电子商务从最初的市场自发调节逐步被纳入到法律监管体系内。《中华人民共和国电子签名法》（简称《电子签名法》）的施行标志着政府监管的触角正式延展到电子商务的新领域，并逐步加强管控。《电子签名法》最核心的内容就是规范电子签名行为，确立电子签名的法律效力，使得现实主体和网络虚拟身份实现了一一对应并在法律上予以确认。在法律铺平了道路后，电子商务得到了爆发式的发展。

除了《电子签名法》，目前我国针对电子商务出台的法律法规主要还有2013年修订的《中华人民共和国消费者权益保护法》和2000年《互联网信息服务管理办法》，以及大量与电子商务相关的部门规章，例如2005年《互联网新闻信息服务管理规定》、2009年《电子认证服务管理办法》、2013年《电信和互联网用户个人信息保护规定》、2014《网络交易管理办法》等。此外，还有《关于加快电子商务发展的若干意见》等政策性规定保驾护航。

目前，电子商务的监管也存在较多问题，主要有以下3个方面：

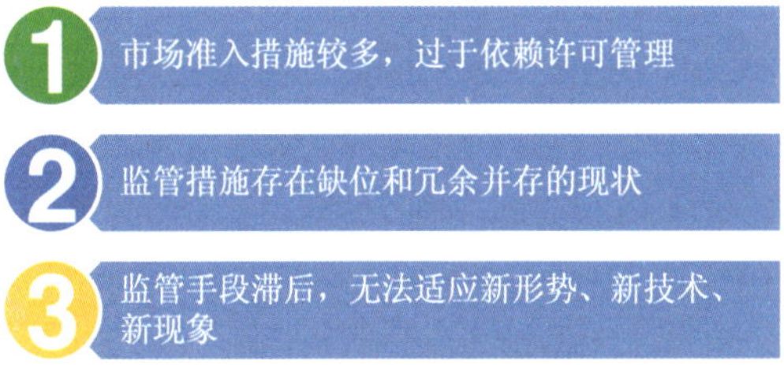

图7-21 目前电子商务监管存在的问题

第一，市场准入措施较多，过于依赖许可管理。电子商务的虚拟性与开放性导致事前监管措施很难取得理想效果，线下的管理思维搬到线上之后，由于过于僵化而难以自适。

第二，监管措施存在缺位和冗余并存的现状。电子商务监管中很多都是规章类文件，政出多门，各部门分工不明确，对便于监管、部门利益大的领域，各部门纷纷出台制度予以监管、跑马圈地；而对于监管盲点、监管难点，则存在部门推诿、监管真空的问题。这使得电子商务领域存在该监管的得不到监管、不该监管的却重复监管等问题。

第三，监管手段滞后，无法适应新形势、新技术、新现象。电子商务领域新型违法案件层出不穷，例如个人信息泄露、诈骗、虚假宣传等，电子化的违法行为靠滞后的管理工具和管理思维会出现监管失灵的问题。我国政府部门在获取电子证据时仍然大多采取人力拷贝的方式，更面临证据是否具备司法有效性的问题。监管效率的低下不仅影响电子商务的健康发展，而且严重影响政府电子商务监管的权威性。

我国电子商务最需要解决的问题就是，如何降低监管成本，吸收新技术、新思维、新理念，提高监管能力，适应日新月异的新市场、新领域。目前区块链技术对于电子商务的重要性，就如同2004年电子签名对于电子商务的关键作用，电子商务在解决了信息互联的法律确认之后，需要解决价值互联才能迎来2.0时代的发展，这个关键节点同样需要法律的确认。

（二）电子商务治理思路的变革

从宏观视角来看，党的十八届三中全会通过的《中共中央关于全面深化改革若干重大问题的决定》，以“维护最广大人民根本利益，最大限度增加和谐因素，增强社会发展活力”，提出了创新社会治理，“全面推进平安中国建设，维护国家安全，确保人民安居乐业、社会安定有序”的任务。要尽快形成党的十八大提出的“党委领导、政府主导、社会协同、公众参与、法治保障的社会治理体制”。这种社会治理应该是良好的、共治、共享的社会治理，也就是我们说的社会善治，共同维护社会秩序，保卫国家、民众安全的共治、共享模式，应该是最优的社会治理模式。“推进国家治理体系和治理能力现代化”，对实现社会善治具有重大意义。

对于市场而言，2016年5月30日，国务院《关于建立完善守信联合激励和失信联合惩戒制度　加快推进社会诚信建设的指导意见》（简称《意见》）指出，健全社会信用体系，加快构建以信用为核心的新型市场监管体制，有利于进一步推动简政放权和政府职能转变，营造公平诚信的市场环境。《意见》要求从健全褒扬和激励诚信行为机制、健全约束和惩戒失信行为机制、构建守信联合激励和失信联合惩戒协同机制、加强法规制度和诚信文化建设入手等方面，加快推进社会诚信建设。

电子商务在社会诚信建设和公平市场建设中占据极为重要的地位，以阿里巴巴这一家国内电子商务为例，阿里巴巴拥有超过4亿消费者、上千万卖家以及10亿量级商品，电子商务无疑属于关键领域。如何在技术驱动的背景下，将区块链技术应用于电子商务领域，实现市场出清、监管理念的革新，成为当下电子商务发展的重点。

未来电子商务监管将不再单纯通过平台进行监管，而是要采取适应平台化交易的监管方式，形成适应互联网组织模式的全新治理架构。这需要监管的治理思路进行嬗变，追求监管效率的提高。

图7-22 电子商务新治理思路

首先，电子商务监管需要确立多元化治理的模式。以往政府制定各种规定对市场行为进行约束，以政府的监管视角要求市场主体执行规定，这种传统的单一中心管理模式已经难以适应市场的发展。互联网时代的电子商务市场主体越来越多元化，跨地域、跨国现象非常普遍，上令下达的模式越来越难以有效果，监管人员甚至找不到规定规制的市场主体，确定市场主体存在困难。互联网的发展趋势是多中心、多元化，精髓是营造多元化的生态圈并通过区块链等特定机制连接到一起。政府监管思路也需要改变，将政府一刀切、包打天下的简单粗暴模式转变为适应互联网思维的多元治理，从社会治理的角度来看也是符合社会善治的发展趋势的，积极引入第三方平台形成开放式监管机制。要以消费者视角完善监管，提升消费者参与，提高监管效率，降低监管成本。

其次，引入大数据技术，形成电子商务领域的信用体系，并采取区块链技术解决真实性的问题。传统市场监管是各部门分别负责各自职责范围内的事务，监管数据都是割裂的，这是因为传统的监管数据都是各部门单独存管，海量数据难以进一步综合分析。区块链技术既可以实现打破数据孤岛，又可以确保信息的真实性和可追溯性。互联网时代线下商业触网经营,在线下转向线上的过程中,政府也可以反向利用电子商务的信用体系延伸到线下企业,将线上线下统合建立信用体系,以建立互联网时代的监管模式。

(三)区块链对电子商务监管的革新

区块链技术是实现《意见》的最好技术形式。区块链技术可以将中央政府的中心化单一监管转变为社会共治共管,减轻政府监管压力,降低监管成本,提高实效监管的有效性,减少多部门监管的矛盾,发挥社会共同监管的作用。

目前,商品交易中面临两个信任障碍:一是交易环节透明度不足,二是仓储物流环节信息不准确。区块链技术恰好可以解决这两个信任障碍,通过区块链技术的"多副本共同记账"特性,可以通过多方见证来确保交易的真实性和准确性。同时,数据密钥的存在又可以保证交易双方交易信息的私密性,或仅向有关监管部门适度公开必要信息,从而双向实现市场增信的目的。

区块链技术的非中心化和不可篡改的特点也为行业监管机构的市场监管行为提供了极大的便利,数据由系统自行见证记录,无需数据采集,无需企业上报,在免去监管成本的同时也保证了数据源的准确性,这有助于市场监管机构与市场参与者形成良性合作的关系,在增进双方互信的同时令市场更加高效地运行。

在交易过程中,当事人身份的采集、验证、确认,交易确认,资金清算和连续记录,以及可追溯、可核查的因素等问题,需要得到解决。现代社会几何式增长的信息量可划分为共享信息、专有信息、私密信息,共享信息的价值在于其内容的真实性。分布式账本功能作为区块链的核心特点,可通过构建分布式数据库系统和参与者共识协议来保护数据的完整性。此外,关于区块链的时间戳功能,通过生成一定时间段的信息区块以及区块之间首尾相连的数据链,形成不可伪造及篡改的数据,每个参与者在进入区块时加盖时间戳,能够证明原创性和所有权的归属,有利于保护信息的私密性。在区块链的独有特征基础上，交易过程中还可以同时完成清算功能，而不必像传统方式那样需要在特定的时间段进行清算，节省了大量时间和人力成本；更为重要的是，在开放性的互联网环境中，私密性与安全性得到了保护。

在区块链技术诞生之前，因信息可篡改等原因，电子商务领域有许多“三品一标”农产品（无公害农产品、绿色食品、有机食品、中国地理标志产品）存在假冒伪劣产品滥竽充数的问题，甚至出现销量比产品总量多出数倍的现象。通过区块链技术，在共享经济的模式下，可以为用户建立信任关系，互相监督、评价。由于用户信息及产品信息不可注销与篡改，所有信息都将被牢固记录，保证了信息的共享性和可追溯性。利用区块链技术，加强电子商务平台成员互联互通是电子商务物流模式转型升级的最佳选择。区块链技术的应用避免了此前人工完成物流信息过程造成的失误，缩短了交易时间，可追踪货品信息，提高物流供应链效率，同时也降低了人工成本。

图 7-23 区块链技术在电子商务行业的应用场景

第一，可以将区块链技术应用在商品的流通领域，解决货品的真实性问题和可追溯问题。区块链为实现这些目标提供了一个创新型解决方案，它为每一个交易环节都提供了一个永久性记录，这些交易环节被分组到各个区块中且无法篡改，可以替代那些传统纸质的跟踪体系和人工监测系统，从而避免传统方式对供应链所可能造成的不准确的影响。区块链技术将实现食品的全程数字化跟踪，从供应商生态系统到商店货架，最终到消费者。以食品行业为例，数字产品信息、原产地信息、批号、工厂和加工数据、有效期、存储温度和运输等都将与相应的食品建立数字化关联，而整个过程中每一环节的信息都将被输入到区块链中。每笔交易的信息都必须得到商业网络中所有成员的共同许可；一旦达成共识，就会形成无法更改的永久性记录，以此确保所有商品的相关信息都准确无误。

第二，可以将区块链技术应用在商品的交易环节。卖方向买方发出的交易指令和交易记录将记载于区块之中，该记录将不可被篡改，并实时向所有成员传送交易资料，各成员可以随时核实交易是否真实有效，并将其作为评判依据。

第三，可以将区块链技术应用在物流配送环节。卖方向买方发出物流配送指令和物流配送记录，并实时更新物流配送资料完成物流配送。也许“非中心化、无政府”的发展方向会饱受质疑，但“弱中心化、联盟成员互联互通”应当是非常适合我国物流行业的模式。区块链技术创建共识网络，记录货物在流转过程中的各个环节，确保信息的可追踪性和准确无误性，用弱中心化的区块链技术改造物流领域，可以在加强有效监管的同时，提升物流的服务效率。

第四，可以将区块链技术应用在结算环节。建立一个非中心化的全球结汇系统，引入网关系统来解决非熟人之间转账汇款的信任问题，根据共识，设置多个可选择结算加密数字货币，由银行指定特定的数字货币作为银行技术支持和底层协议，这样就代替了传统成本高昂的 SWIFT 技术，从而帮助传统银行以更快的速度、更低的成本来进行跨境清算和汇款，同时，银行也可以选择覆盖更多的币种和支付场景。

四、慈善事业

（一）基于区块链技术创造全新的信息披露模型

信息披露的质量和传递方式，会在一定程度上影响公信力的构建。如前所述，当前慈善机构捐赠信息披露机制主要由慈善机构自行决定，没有统一的细则规定需要披露的内容，也无统一的规范规定慈善机构的信息保存机制，因此，在实践中经常出现“无信息可公布”“无程序可借鉴”的窘境；作为指导机构的民政部门也只是起到信息备份的作用，在实践中难以做到全行业、全流程、全方位地监督和管控。所以，对部分机构存在擅用善款、肆意浪费，甚至中饱私囊、严重违背捐赠者意愿的行为，监管部门往往难以有效察觉；而由于信息不公开透明，舆论监督往往也处于“滞后”状态。加之我国的慈善机构大多隶属各级政府部门，如中国红十字会与民政部为隶属关系，其特殊的利益关系使得政府的公信力在这时很难发挥作用，应对处理不当甚至会造成政府公信力的损失，陷政府部门于尴尬境地。慈善机构作为唯一掌控全面信息的主体，虽有披露义务，但仅是一种选择性义务，存在主观意愿和客观能力等方面的制约，显然并不能建立真正意义上的公信力。

我们认为，除了在监管制度上进行革新外，依托于区块链技术可以建构起基于多方共识的、真正意义上的公信力新模式，一个值得信赖的慈善机构的内部架构应当包含以下 3 个因素：

① 完善的项目执行负责机制；

② 人员流动情况全面公开；

③ 组织机构向社会公开。

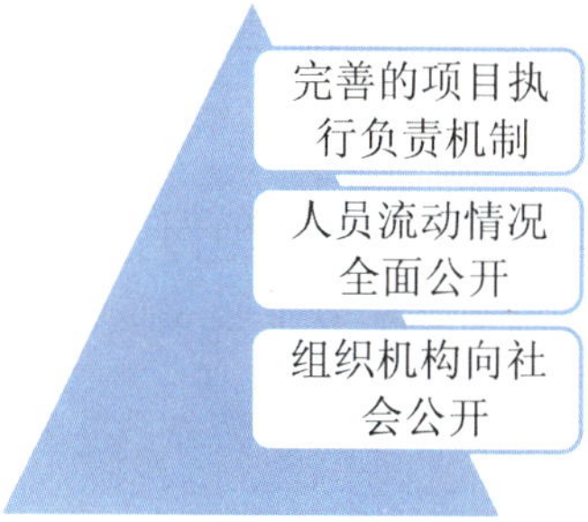

图 7－24　值得信赖的慈善机构内部架构三要素

只有捐赠者相信其捐款真正用于慈善事业，没有被滥用的风险，才会自愿把钱捐赠出来，这就是慈善公信力的最初模型。哈佛商学院（Harvard

Business School)的报告显示[①]，一个完善的慈善机构信息应当包含4点：①资质完全符合国家法律；②善款使用过程完全公开；③能够给出善款使用理由；④遵守相应的法律规定，对不遵守法律规定的行为给予适当惩戒。基于上述4点内容，对于不能解释善款用途、内部机制不透明、存在违法现象，慈善机构均应该受到相应的处罚。

基于上述分析，我们认为，可以从技术视角采用区块链技术构建全新的制度模型，该模型应包含如下几点：

第一，诚信的公开模型。慈善机构必须把他们的善款来源、善款数额、善款去向决策原因、决策过程、善款去向全部公开并及时报备。

第二，配套的法律规范。慈善机构必须要将组织的架构、运作原则、法律依据、实际的工作流程加以公开。《中华人民共和国慈善法》(简称《慈善法》)第70条具体列举了慈善机构应向社会公开的慈善信息，虽然其进一步完善了慈善信息公开制度，但是没有具体落实到慈善活动的每一环节。任何慈善事业的行为都必须做到客观且可预测。例如，运食物给某个家庭，必须将食物重量、种类、供给地区、供给的时间进行全过程的公开，如果涉及隐私则可以将部分人员姓名隐去，但是过程数据必须公开。

第三，适当的监管机构。《慈善法》规定仍由县级以上人民政府民政部门对慈善活动进行监督检查，虽然也鼓励支持第三方机构对慈善机构进行评估，鼓励公众媒体发挥社会监督作用，但是后者只是辅助监督，真实决策者仍为民政部门，这就不乏存在公立部门间的利益衡量。应当选择恰当的监督机构，如选择非政府组织或媒体等作为监管机构；应当设立监管委员会，负责认证慈善机构并进行监管。监管委员会的每一位成员都可以对慈善机构进行观察、监管，并且每一个组织行为都是独立的，并不受制于慈善机构，与慈善机构无涉。当然，监管机构之间也应当相互监管，以避免恶意评估，导致监管机构与慈善机构勾结。

---

① 参见"The Many Faces of Nonprofit Accountabilitylink"，http://www.hbs.edu/faculty/Publication%20Files/10-069.pdf。

第四，配套的问责机制。被选择的监管机构应当赋予一定的权利，例如关闭慈善机构，或者退还捐款。基于仲裁的灵活、便捷及迅速，可以尝试配套相应的仲裁机制。例如，一个在慈善机构内部乱花钱的员工，可以由第三方动意提请仲裁，要求慈善机构承担相应的法律责任。这可以参考美国股票市场争端诉诸美国金融业监管局的解决方式，引入第三方的仲裁机制[①]。

第五，完备的沟通方案。慈善机构必须有责任和义务对大众以及捐款或者被捐款人说明使用流程，若不说明则应当承担相应的责任，例如，退还善款，自动解散慈善机构等，以避免红十字会乱象再次发生。

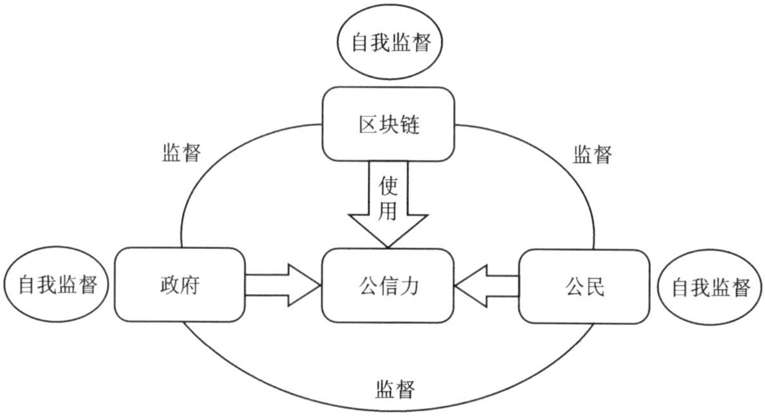

图 7－25　从技术视角采用区块链技术构建全新的制度模型

上述模型构建可以通过区块链进行落地，其主要的运作程序包括：

① 创建：创建一个内含资金捐赠额来源、资金去向、善款去向决策原因、决策过程以及决策数据和理由的数据块，并给数据块中所有数据进行加密，所有的数据上均有时间戳。

② 加密：当一个新的慈善数据块被创建时，它同时使用前一个数据块的地址作为加密的一部分。因为本数据块的地址将在下一个数据块中使用，所以，如果试图改变任何一个现有的数据块，则所有的后续数据块都必须被改变。

① 美国金融业监管局报告显示，约 99％的股票纠纷都通过仲裁的方式解决，详见 www.finra.org。

③ 监管：网络上由许多节点记录了整个区块链的信息，每个区块链的节点信息都可视为独立的备份，这些节点可置于政府及非政府组织、媒体的监管之下。捐赠人可以借助该技术查询与其相关的捐赠信息，还原捐赠过程。同时，作为重要节点的机构——慈善机构、政府监管机构，可以获得全网查询权限；捐赠人和被捐赠人可以获得相应权限内的查阅范畴；而非隐私信息则可以在全网进行公布，实现全网的公开查阅。

④ 更新：只有当大多数节点的内容与新区块的内容一致，新的区块才可以进入区块链，该过程由投票来决定，而每一个节点都有独立的投票权，不受其他节点的挟持。

⑤ 欺诈：如果某一个掌握节点的组织，例如非政府组织、政府，试图更改一个现有区块，那么它必须改变该区块之后的所有区块，此时每个掌握节点的非政府组织都将会发现这一点，并公开试图更改节点内容的这一行为。

（二）区块链对慈善事业的监管革新

信任在行业内主要具有扩散效应和收缩效应，经由组织回馈行业。所谓扩散效应主要是指，由内向外的，公众对一个组织的信任进而对一个行业信任，即由慈善机构的信任带动整个行业的公信力构建。由于初期区块链技术不会被全部的慈善机构所认可，所以采取扩散效应，培植一两个慈善机构，由点及面进而推及到整个慈善行业的公信力构建。

表 7-2 区块链技术应用在慈善机构的价值

序　号	区块链技术应用在慈善机构的价值
1	有助于厘清政府与慈善机构的界限
2	有助于完善慈善行业的信息披露
3	有助于慈善机构与民众的双向互动
4	有助于提升慈善行业的公信力

我们认为这样的尝试有助于：

1. 有助于厘清政府与慈善机构的界限

采用区块链的公信力模型可以在一定程度上划清不同主体界限，划清行政部门和慈善行业之间的利益关系。以西安宝马彩票案为例，因为政府行政力量渗透到慈善领域才导致上述情形的发生，若采用区块链技术，引用客观中立的第三方作为监管主体并掌握节点，则从技术上划清了商业运作和慈善行业的关系，避免政府人员以权谋利。

2. 有助于完善慈善行业的信息披露

卡纳基基金会主席曾云认为，“慈善事业要有玻璃做的口袋”。区块链的主要属性为数据的不可更改性、可追踪性及数据存储的可靠性，由于不同的主体掌握节点，所以数据的公开性可以绝对的保证。

3. 有助于慈善机构与民众的双向互动

现代社会使得互联网信息变得难以辨别，因此在慈善机构的信任重构过程中，信息的质量与传递方式就显得尤为重要。在慈善区块链技术中，由于节点信息被多数主体所掌握，公众可以在第一时间掌握慈善机构内部和外部的可靠、有效、真实的信息，且信息的完整性、过程的即时数据全部被一一记录，避免了传统数据传输的过程复杂、信息漏损的情形发生，增强了慈善机构的可信任感。

4. 有助于提升慈善行业的公信力

如前所述，将区块链技术应用于慈善机构，应率先培植少数慈善机构，进而由点及面推及到整个慈善行业的公信力构建，打造慈善行业的公信力格局。

第八章
区块链实践的法律风险

实践中，区块链真正能在各个行业落地尚需一定的时间，其中不仅涉及诸多的技术问题，还涉及许多法律上的障碍与风险。而诸多问题中，法律问题的解决应是区块链应用落地的核心问题。

上述几章展示了区块链理论上在各个领域的应用场景，但在实践中，区块链真正能在各个行业落地尚需一定的时间，其中不仅涉及诸多的技术问题，还涉及许多法律上的障碍与风险。而诸多问题中，法律问题的解决应是区块链应用落地的核心问题。虽然科学技术的发展可以带动各个产业领域的快速发展，但如果缺失了制度上的保障，在法律层面上不能确定新型技术的合法地位，那么技术的进一步发展也会遇到诸多瓶颈。因此，区块链作为一种可能改变未来人类生产生活方式的新型技术，应当在其落地应用的过程中注重法律问题的解决，在制度层面为新技术的发展与应用保驾护航。

在金融领域，区块链技术发展面临的最大的法律问题之一就是与现有金融法体系的兼容问题。金融法规制的对象是资金融通过程中所产生的各种法律关系，区块链的出现在很多方面重塑了该种法律关系，如以区块链技术为基础的数字货币是否能够作为法定货币，从而影响以数字货币为手段的交易是否能够得到法律上的认同。除此之外，传统金融法中效率与安全相平衡的理念需要在区块链这一新技术应用落地的过程中加以贯彻。区块链技术在金融领域的应用会在很多方面大大提高金融交易的效率，如利用区块链技术记载股东名册、记载证券交易活动，这些都会使得金融活动更为便捷、高效地进行；但与此同时，如何保障金融消费者的个人数据隐私权，如何实现金融风险发生后的可追溯与可问责，这一系列的问题在法律方面尚存漏洞，需要在企业区块链应用落地的过程中加以完善。在非金融领域，如电子存证、物联网、电子商务等领域，区块链技术的应用落地也面临着不确定性、信息滥用风险等一系列法律问题。相比于金融领域，非金融领域由于其涉及的方面较多，不同领域适用的法律法规也不完全相同，因此有效的法律监管更为困难。

第一节　金融市场的关键基础设施

一、支付结算

目前，支付结算领域，特别是第三方支付领域，尚存在诸多法律监管缺憾，我们认为主要存在如下问题：

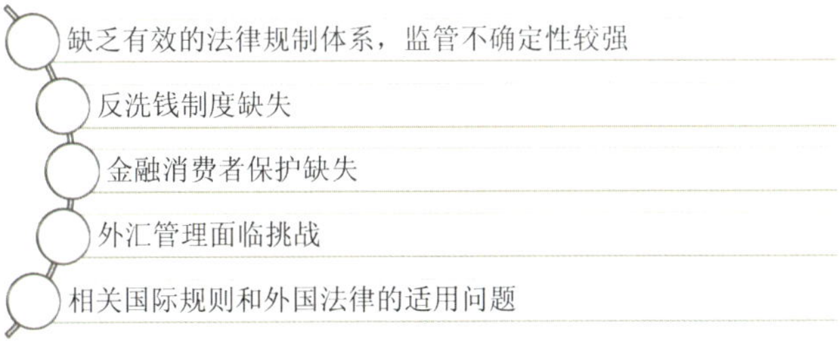

图 8－1　支付结算领域的法律监管缺憾

（一）缺乏有效的法律规制体系，监管不确定性较强

就目前而言，支付方面的相关规范法律阶层太低，在第三方支付领域主要的规范包括《第三方支付指引》《非金融机构支付服务管理办法》《支付机构跨境电子商务外汇支付业务试点指导意见》等，也缺乏统一的标准。很多问题没有具体规定，支付机构开展业务较多，尤其是利用区块链技术进行创新业务开展时缺乏相应的法律法规依据。

（二）反洗钱制度缺失

区块链技术应用于跨境支付领域，其多样性、灵活性和跨境性决定了在该领域的反洗钱规制问题将更有难度。我国目前的《中华人民共和国反洗钱法》（简称《反洗钱法》）规定履行反洗钱义务的主体包括境内设立的金融机构和特定的非金融机构，提供支付服务的主体有很重的反洗钱义务。但是，目前大多数支付机构在跨境支付中没有直接的反洗钱规范，而区块链技术所特有的匿名性特点，也将导致反洗钱的难度上升。

进一步而言，如果区块链技术导致跨境支付领域的去中介化和非中心化，那么很可能将没有具体的、个别的支付机构，反洗钱义务是全部归于监管部门，还是支付、服务两端的个人也必须承担，尚未定论，但无论如何都将导致监管部门的监管压力增大，监管不确定性的风险也会增大，存在法律法规出台扼杀区块链技术应用于跨境支付的可能。

（三）金融消费者保护缺失

目前，我国没有对于支付服务接受者定性的具体法律法规，保护的规范也不健全。而有的国家，比如美国已建立了《诚实信贷法》《统一商法典》《电子资金划拨法》《多德-弗兰克华尔街改革和消费者保护法案》等在内的一系列保护体系，规制比较健全。因此，我国支付领域的消费者保护还有很长的路要走，这也决定了区块链应用于跨境支付的消费者保护也缺乏完善的机制，区块链本身对支付逻辑的颠覆更需要因地制宜地构建相应的保护机制。

（四）外汇管理面临挑战

《中华人民共和国外汇管理条例》（简称《外汇管理条例》）是跨境支付的基础法律，是国家外汇管理局获得法定监管职权的依据，但《外汇管理条例》中也缺乏跨境支付的详细规定，如跨境支付的收付与结收汇等。在我国，经营外汇义务的主体是金融机构，不具有金融牌照的区块链组织想要涉足跨境支付，尤其是涉及外汇的交易时，就面临缺乏进入门槛的问题。就区块链本身而言，其对采取较强外汇管制的我国提出一定监管上的挑战，如何实现交易真实性监管等还需要监管部门进一步采取措施。

（五）相关国际规则和外国法律的适用问题

跨境支付在WTO《服务贸易总协定》、银行业巴塞尔相关协议和其他一些国际规则的调整范围内，本身就存在很多国际规则与国内法的衔接问题，而当区块链应用于跨境支付时，对很多跨境支付的规则都有所变动，很多国际通行的概念和惯例也都需要修正，但无论是国际条约还是国际惯例，都需要经过长时间的讨论或者实践才能形成，这对崭新的区块链技术而言是存在问题的。

区块链技术应用于跨境支付还涉及国内国外不同法律法规的衔接问题，这将对现有国际支付法律法规和监管框架带来新的挑战。比如，各国第三方支付法律监管体系呈现“多样化”特征，难免在跨境支付监管中产生冲突。在监管模式上，美国以功能性监管为主，欧盟以机构监管为主，我国形式上为机构监管，但最新的实践中存在功能监管的内容，因此各国的监管如何融洽也是一个很大的难题。又如，目前国际国内监管部门对支付领域的备付金定性和监管措施存在很大不同，区块链应用于跨境支付导致备付金将通过区块链流通于不同的法域，这就对其中承担中介职能的支付机构造成很大的合规成本和风险，可能会影响区块链技术在跨境支付领域的发展。最后，支付作为一国金融的基础设施，对于国家的金融主权有很大的意义，在各国之间磨合出一条适合跨境支付的监管路径，特别是区块链模式下的跨境支付监管路径，还需要长时间的努力。

第三方支付机构跨境支付业务主要在酒店、航空、教育及货物贸易等领域。

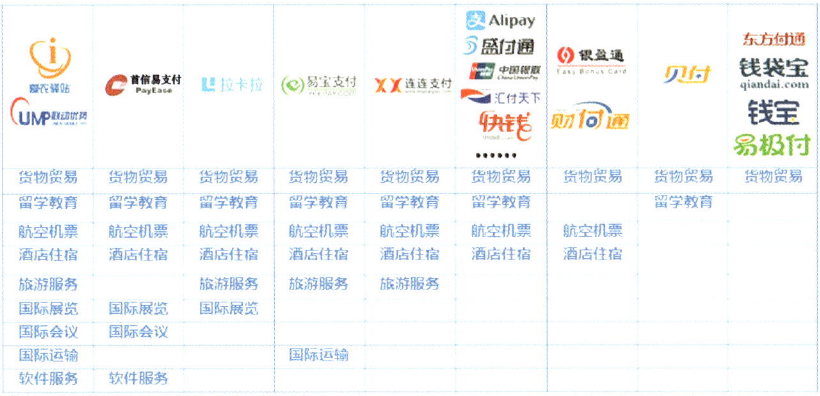

注：来源于易观智库。

图 8－2 跨境支付平台以及相关业务领域

二、数字货币

（一）合法性风险

数字货币存在的最大的法律问题就是数字货币本身的法律地位在某些国家不被承认，我国也是不承认现有已经存在的非主权数字货币法律地位的国家之一。虽然运用区块链技术的数字货币发行方式和货币属性略有不同，但是数字货币本身的属性并不难界定。数字货币的法律地位在世界范围内存在差异，依据各国不同的情况，不同国家对于数字货币的认可度分歧较大，监管政策也有完全区别的3种状态：严禁、限制与许可。

对于建构在区块链之上的比特币，我国持限制的态度。2013年年底中国人民银行、中华人民共和国工业和信息化部（简称“工信部”）、中国银行业监督管理委员会、中国证券监督管理委员会、中国保险监督管理委员会五部委联合发布了《中国人民银行 工业和信息化部 中国银行监督管理委员会 中国证券监督管理委员会 中国保险监督管理委员会关于防范比特币风险的通知》（简称《关于防范比特币风险的通知》），视比特币为“虚拟商品”并严禁新的金融机构和第三方支付机构跟随潮流涉足比特币业务，防范比特币可能产生的洗钱风险，禁止使用比特币购买实物商品和服务。加强电信管理机构对比特币的登记，以及交易网站的备案、检查与处罚。但中国政府并没有绝对禁止个人投资者交易比特币，而是采取了严格监管的态度。2017年比特币更有可能会迎来它的监管高峰。2017年1月初，中国人民银行营业管理部对“火币网”和“币行”两家主要比特币交易平台开展检查。2017年2月初，中国人民银行营业管理部检查组继续约谈在京比特币交易平台，对其他从事比特币交易的“中国比特币”“比特币交易网”“好比特币”“云币网”“元宝网”“BTC100”“聚币网”“币贝网”“大红火”9家在京的比特币交易平台主要负责人进行约谈，通报目前比特币交易平台存在的问题，提示交易平台可能存在的法律风险、政策风险及技术风险等，了解9家交易平台运行情况，并提出明确要求：不得违规从事融资融币等金融业务，不得参与洗钱活动，不得违反国家有关反洗钱、外汇管理和支付结算等金融法律法规，不得违反国家税收和工商广告管理等法律规定。如果发现有比特币交易平台违反上述要求的，情节严重的，检查组将提请有关部门依法予以关停取缔。[①] 2017年3月9日，全国人大代表、全国人大财经委副主任委员吴晓灵在回答《第一财经》记者提问时表示，今后对于比特币交易平台的监管应该是央行的职责，因为涉及反洗钱、外汇管理和支付结算。

企业应当认清目前的监管形势，主动拥抱监管，满足中国人民银行在数字货币法律风险、政策风险及技术风险等方面所提出的要求。

（二）现有监管滞后风险

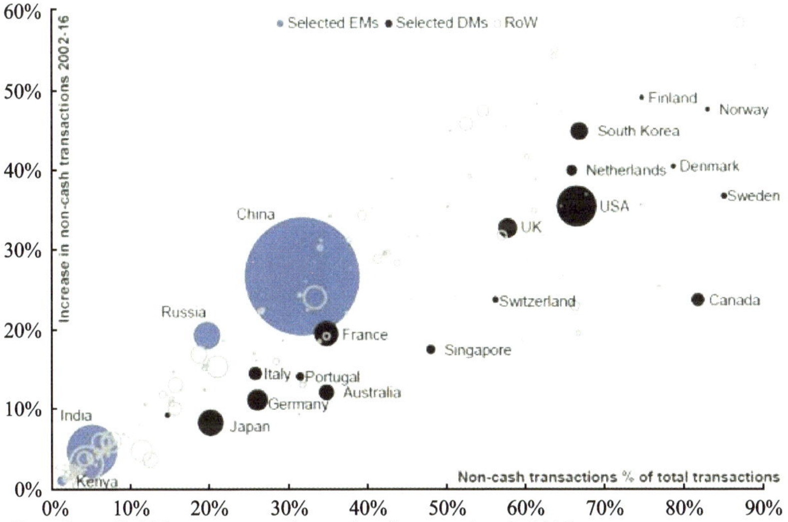

Note: Size of bubble represents volume of total transactions in 2016.

Source: Euromonitor.

图 8-3　2016 年各国非现金交易规模[②]

中国对于金融行业的监管是较为严格的，在货币问题上态度更是强硬，因此，对于数字货币能否形成一套行之有效的法律规制体系，对于区块链技

① 参见中国人民银行营业管理部（北京）官网，http://beijing.pbc.gov.cn/beijing/132005/3248926/index.html，最后访问时间：2017年3月1日。

② 凤凰财经图片。横轴表示非现金交易占总交易额的比例，纵轴表示2002—2016年非现金交易的增长量，圆形的大小表示总的交易量。

术的应用落地会产生巨大的影响。如何在保证区块链本身优势的情况下满足金融体系对于货币监管规制的要求，是需要立法者结合社会现状，适时推进金融领域立法尤其是对新兴区块链数字货币的立法规制，让经营区块链数字货币的经营者"有法可依，有法必依"所必须进行的不懈努力。

目前的金融体系所指向的交易标的还是传统的法定货币，特别是中国的金融系统，中央银行作为法定货币的发行银行，对数字货币的接受度是极低的。因此，区块链数字货币应用落地的最大障碍是无法解决其与当前现有金融体系的兼容问题。如果数字货币不能介入到中国的金融市场中，那么该货币提供金融服务的功能就不复存在，区块链技术在数字货币领域所具有的优势也将无法体现于现有的金融体系中。因此，数字货币与目前金融立法体系兼容的问题不容小觑。

在目前立法规制与管控尚不明晰的情况下，企业可以"摸着石头过河"，设立法律合规底线，在底线之上进行合理创新，使区块链的数字货币运用循序渐进，与我国的金融立法体系相兼容。

三、票据交易

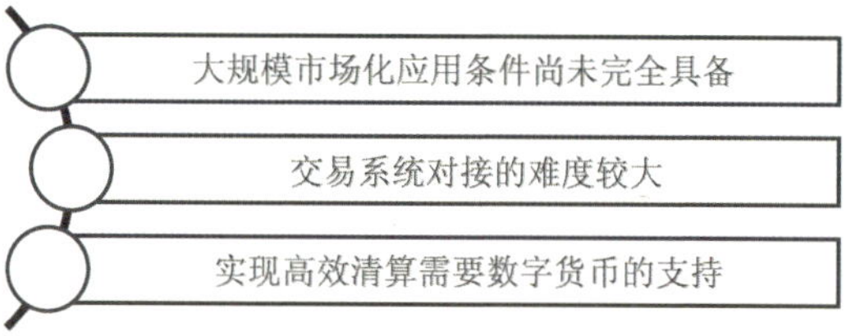

图 8-4　区块链应用于票据交易的现实困境

(一) 区块链在票据市场大规模应用的现实条件尚未完全具备

区块链作为数字票据的重要技术基础，投入大规模应用的条件要求较高，这就对数字票据的推出带来了较大的挑战，主要表现为：一是对能源消耗要求较高。区块链的应用对电子计算机硬件的要求非常高，高性能计算机的使用必然会增加对电力等能源的消耗。二是对存储空间要求较高。在数字票据交易系统中，区块链要求系统记录从一开始发生的每一笔交易信息，并且系统的每一个节点都要实时下载、存储和更新数据信息，从而形成完整、连续和可追溯的数据区块。因此，当交易网络中每个参与者的数据都完全同步下载、存储和更新时，整个交易系统中的各个参与节点都必须有足够的信息存储空间。三是对抗压能力要求较高。在数字票据市场大规模交易的环境下，一旦在某个时点产生的市场交易峰值超过系统的设计容纳能力，或者超过最薄弱节点的容纳能力，数字票据交易就会自动进入堵塞状态，这会造成重大的、系统性的市场风险。

（二）数字票据市场参与者运用区块链技术进行交易系统对接的难度较大

传统的票据交易系统设计都会建立标准化的开发接口，跨技术平台的系统对接和数据交互可以得到有效的解决。然而，在基于区块链建立起来的数字票据市场中，每个交易节点都代表着市场的一个参与方，并且都会有相应的系统在运行，这就带来了一项重要的技术挑战，即在数字票据发行和交易过程中，能否确保每个交易参与方的系统不仅可以平稳运行，而且能够与区块链中其他系统实现顺畅对接。就现有网络技术水平而言，上述技术挑战还很难得到有效的应对。

（三）数字票据需要与数字货币对接才能实现高效清算

发行数字票据的目的是通过替代现有的纸质票据和电子票据，实现票据价值的点对点传递。在我国数字货币还没有发行和使用的情况下，如何在资金清算过程中实现数字票据与传统货币的实时有效对接成为一项亟需研究和解决的问题。以比特币交易为例，其资金清算模式主要依靠银行转账或者第三方支付等形式，通过支付传统货币实现线下资金清算。在数字票据市场中，如果仍然采用线下传统货币资金清算的模式，那么数字票据的优势就难以得到充分发挥。如果在数字票据所在的联盟链中发行数字货币，那么数字货币与数字票据之间就会具有较强的替代性。一种可以考虑的解决方法是，借鉴现行电子票据线上清算与备付金账户挂钩的方式，通过数字票据发行、交易链条中各个网络节点与传统货币账户绑定，实现数字票据交易的清算。但是，这种清算模式是否高效、稳定，以及是否可行也存在着一定的不确定性。

四、数字化资产

在我国司法中关于数字资产也一直存在争议，这是因为数字资产案件存在取证难、法律法规不完善等问题。但是，如游戏币被盗、网络账号被窃取等事件早已出现，随着资产数字化的进一步发展，将可能出现更多的问题。

2016年在十二届全国人大常委会第二十一次会议中审议了全国人大常委会委员长提请的《中华人民共和国民法总则（草案）》议案的说明，并进行了发布，其中，明确表示将承认数字资产以及数据信息等成为民事权利的客体。在未来，数字资产将会全面纳入到法律中来。目前，国内数字资产正处于快速发展阶段，此类平台的数量呈现出攀升的状态，平台之间的竞争也是相当激烈，各个平台为了市场占有量、规模和利润的提升纷纷进行了各种形式的杠杆交易和做空方式。这样，数字资产的风险就被大大提高了，随着规模的进一步提升，其风险对整个社会经济稳定的破坏将不容忽视。这种野蛮生长的结果是，泡沫的膨胀和破灭相当频繁，对金融的稳定性造成了不利影响。如果继续如此发展下去，那么国家将不得不彻底禁止其交易。下面我们对数字化金融资产的确权及交易问题进行分析。

图8－5 数字化金融资产的确权及交易问题

（一）数字化金融资产权利归属风险

登记在区块链上的数字化金融资产是否具有公信力？能否在区块链上确权，以保证数字化金融资产具有法律效力？为了解决这些问题，首先我们要引入"映射资产"的概念。映射资产是与原生资产相对应的,此前,区块链应用于数字货币,数字货币以区块链为母体,因此数字货币可以称作是原生资产。在区块链上,原生资产的财产本体和权利证明是合二为一的,拥有对应的私钥,就拥有了对应账户下数字货币的绝对支配权,而无需任何第三方(如政府)的确认或协助。[①]

而当金融资产在区块链上进行数字化之后,区块链上登记的内容将发生重大变化。用区块链登记的股份、债权等不再是本体和权利的二合一形式。股份、债权等财产的本体存在于实体世界,区块链上登记的只是实体世界财产权利的一种映射,我们可以将其称作映射资产。拥有相应的私钥,只能保证映射资产在区块链上的支配权,而在实体世界里真正行使权利时,往往还需要公司、政府等第三人的介入和配合,需要法律的介入。

(二)数字化金融资产的认证风险

一个匿名区块链上的映射资产由于缺少资产发行人、持有人等各方的身份信息,我们一般认为属于法律意义上无效的合同。当资产持有人试图在实体世界中行使对应权利时,难以证明其所持权益的合法性,无法获得有效的法律救济。所以当区块链开始大量承载实体世界资产时,匿名性就成了妨碍区块链技术在金融机构、主流企业得到应用的障碍。

然而实际上,我国的现行法律已经为区块链的实名化提供了完整的法律框架。2005 年颁布的《电子签名法》第十四条就已经确认了"可靠的电子签名与手写签名或者盖章具有同等的法律效力",并规定可靠的电子签名须满足以下 4 个条件:

① 电子签名制作数据用于电子签名时,属于电子签名人专有;

② 签署时电子签名制作数据仅由电子签名人控制;

③ 签署后对电子签名的任何改动都能够被发现;

④ 签署后对数据电文内容和形式的任何改动都能够被发现。

---

① 参见"区块链,匿名终将式微,实名正在崛起",http://www.8btc.com/blockchain-anonymity,最后访问时间:2017 年 3 月 1 日。

通过之前我们对于区块链技术特点的基本介绍不难看出，区块链上用户以私钥进行的电子签名事实上完全符合上述法律要求。

我们只要证明某个私钥（或其对应公钥）持有者的身份，区块链上所有经过这个私钥签名的交易就都是实名化的了，而目前最有效的证明方法就是向CA机构（数字证书认证机构）申请一份认证其身份的数字证书。这些CA机构一般都采用和区块链类似的密码学方案。CA机构用自己的证书为个人或公司颁发一份认证其身份的数字证书，证书内包含该个人或公司的真实身份信息以及证书持有者与颁发机构两者的电子签名。这样就可以证明，未来用该证书所签署的电子签名是其本人的真实意愿，且在必要时可以公开证书持有人的真实身份。

至此，在区块链上进行要求实名的交易时，双方互相提供CA机构颁发的数字证书即可，并且保证了身份信息只向对方披露。不参与交易的第三方不会获得这些数字证书，也就无法得知双方的身份信息。不想进行实名认证的用户也可以继续使用匿名的账户，但是无法参与到对方要求实名的交易中去。[1]

（三）数字化金融资产的交易风险

在区块链上进行金融资产交易是否具有法律效力呢？这里我们仍然以债权和金融衍生品为例。首先，《中华人民共和国合同法》（简称《合同法》）中关于债权转让有如下规定：

第七十九条　债权人可以将合同的权利全部或者部分转让给第三人，但有下列情形之一的除外：

① 根据合同性质不得转让；

② 按照当事人约定不得转让；

③ 依照法律规定不得转让。

第八十条　债权人转让权利的，应当通知债务人。未经通知，该转让对

① 参见“区块链，匿名终将式微，实名正在崛起”，http://www.8btc.com/blockchain-anonymity，最后访问时间：2017年3月1日。

债务人不发生效力。

债权人转让权利的通知不得撤销，但经受让人同意的除外。

第八十一条　债权人转让权利的，受让人取得与债权有关的从权利，但该从权利专属于债权人自身的除外。

然而，在《期货交易管理条例》中关于期货交易有如下几条法律：

第二十四条　在期货交易所进行期货交易的，应当是期货交易所会员。

符合规定条件的境外机构，可以在期货交易所从事特定品种的期货交易。具体办法由国务院期货监督管理机构制定。

第二十五条　期货公司接受客户委托为其进行期货交易，应当事先向客户出示风险说明书，经客户签字确认后，与客户签订书面合同。期货公司不得未经客户委托或者不按照客户委托内容，擅自进行期货交易。

从以上法律的对比中我们可以看出，债权转让和期货交易对于权利的转让规定是不同的。这里，期货交易作为一种场内交易的代表，债权作为场外交易的代表。在场外交易中，只要我们在区块链上完成了债权转让，债权的转让也就实现了。但是场内交易则不同，例如期货的交易就必须在期货交易所内进行，这是一个必要条件，所以即使在区块链上进行了交易也没有效力。这是数字化金融资产在区块链上交易所不可避免的问题。

由于目前区块链的金融资产交易主要是在初创企业和中小企业中应用，所以这个问题没有对现阶段区块链上的数字化金融资产交易应用产生较大的影响。但是考虑到市场的协调统一问题，未来的数字化金融资产交易不可能是完全割裂、分离的，我们有必要将场内、场外交易整合到一个先进的系统中去，这就需要国家的支持推动，将区块链技术更为合理而广泛地运用到各类数字化金融资产交易的机构中去，更好地服务于社会大众。

五、征　信

当前我国征信相关的法律法规有中国人民银行 2013 年颁布的《征信机构管理办法》，2014 年 11 月颁布的《征信机构信息安全规范》。2016 年 11 月

7日，第十二届全国人民代表大会常务委员会第二十四次会议通过《网络安全法》，于2017年6月1日起施行。信息安全是征信机构赖以生存的基础，区块链在征信领域的应用想要真正落地，就必须解决好以下几个重点问题：

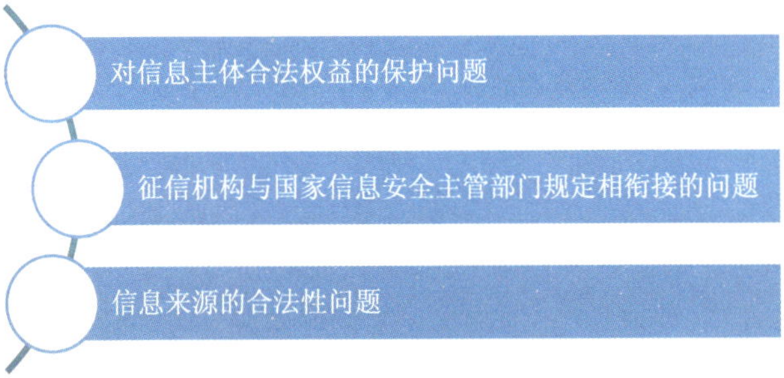

图8-6 区块链在征信领域落地需要解决的问题

（一）对信息主体合法权益的保护问题

在征信业务活动中，征信机构采集了大量个人和企业信息存储在征信系统中，如个人身份信息、信贷信息、信用交易信息、公共事业缴费信息，企业基本信息、财务信息、经营与决策信息、行政处罚信息，互联网金融的征信机构还采集信息主体的消费信息、社交信息以及位置信息等。①

为防范信息滥用和信息泄露事件的发生，维护信息主体合法权益，征信机构在进行技术革新的同时，必须严格遵守《网络安全法》《征信机构管理办法》《信息安全等级保护管理办法》《征信业管理条例》等有关规定，建立并完善对关键信息基础设施的保护以及征信业信息安全等级保护制度，确保征信信息安全和征信服务的连续性、稳定性。

（二）征信机构与国家信息安全主管部门规定相衔接的问题

国家信息安全主管部门先后出台了系列与信息安全相关的法律制度和国家标准，建立了行业通用的信息安全等级保护制度，明确了信息系统的五级划分依据及不同等级信息系统所应达到的安全要求。《征信机构信息安全规范》在管理思路上与国家信息安全主管部门规定相一致，按照“定级备

① 谢业华. 加强信息安全管理 促进征信机构规范发展. 征信，2015(5).

案—建设整改—等级测评—监督管理”的流程对征信系统实行安全等级保护。

根据2016年11月通过的《网络安全法》第三十一条以及其他相关条款规定，国家对公共通信和信息服务、能源、交通、水利、金融、公共服务、电子政务等重要行业和领域，以及其他一旦遭到破坏、丧失功能或者数据泄露，可能严重危害国家安全、国计民生、公共利益的关键信息基础设施，在网络安全等级保护制度的基础上，实行重点保护。关键信息基础设施的运营者还应当履行法律规定的安全保护义务，包括设置专门安全管理机构和安全管理负责人，并对该负责人和关键岗位的人员进行安全背景审查；定期对从业人员进行网络安全教育、技术培训和技能考核；对重要系统和数据库进行容灾备份；制定网络安全事件应急预案，并定期进行演练；履行法律、行政法规规定的其他义务。该规定提高了当下征信行业的门槛，明确了征信机构的义务，而区块链技术在征信领域的运用也必须建立在此基础上。

当前这些法律法规制定参照的背景基础基本是中心化的征信系统，其信息安全保障是以国家相关部门的审核审查为核心的，但是区块链则有独特的信息安全逻辑，在此背景下区块链征信可能会面临监管规则执行上的困难。

（三）信息来源的合法性问题

《网络安全法》第四十一条规定网络运营者收集、使用个人信息，应当遵循合法、正当、必要的原则，公开收集、使用规则，明示收集、使用信息的目的、方式和范围，并经被收集者同意。网络运营者不得收集与其提供的服务无关的个人信息，不得违反法律、行政法规的规定和双方的约定收集、使用个人信息，并应当依照法律、行政法规的规定和与用户的约定，处理其保存的个人信息。第四十四条规定任何个人和组织不得窃取或者以其他非法方式获取个人信息，不得非法出售或者非法向他人提供个人信息。

《中华人民共和国刑法》（简称《刑法》）第二百八十五条规定了非法侵入计算机信息系统罪：违反国家规定，故意侵入计算机系统或者采取其他技术手段，获取计算机信息系统中存储、处理或者传输的数据，或者对该计算机信息系统实施非法控制。不仅仅侵入国家的计算机系统是犯罪的行为，侵入企业和个人的计算机系统也是犯罪的行为。一些征信机构为了确保数据上的优势，省去自己采集第一手数据的麻烦，利用不合法的间谍手段从其他信息采集机构如银行、运营商等获取数据，是突破底线的行为。

对于区块链，相较于中心化的征信系统，各个节点都有可能上传信息，对信息来源质量、合法性的检测应更加重视。区块链技术利用其可溯源、不可篡改等特性，能够有效降低征信成本，提升征信的效率和便捷程度，但是在和现行征信法律规范的衔接以及如何保障征信对象合法权益方面，仍有待解决的问题。这需要立法者在未来的法律规范解释或修订的过程中，充分考虑区块链内在的信息保护逻辑，对区块链征信的信息保护提出更切合实际的要求，也需要区块链征信系统的构建者完善技术和设备，使区块链更适应征信工作的现实需要。

第二节　金融市场的重点领域

一、证　券

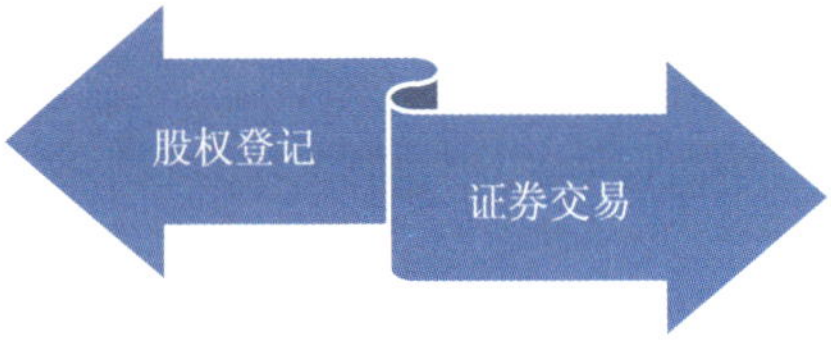

图 8－7　区块链在证券领域的应用

（一）股权登记

企业进行区块链股权登记时除了有种种效率和成本上的优势以外，最主要的还是要考虑自身是否适合通过区块链进行相应的操作。首先，从纸质的股东名册向区块链股权登记转变需要技术和资金的支撑，公司是否具备相应条件是进行区块链股权登记的门槛。上市公司的股份已经由中国股权登记结算公司负责，对于上市公司，采用区块链技术进行登记仍是一种不常见的特殊登记方式，应在公司章程中有所说明。对于区块链登记系统，应有专业的技术团队提供支持、维护，防止出现软硬件漏洞给公司正常的运营造成干扰；并且，为发挥区块链股权登记的优势，公司应符合相应的特征，例如股东成员较多，经常存在股权交易、变更的情形，才能与传统的纸质股东名册相比具有成本、效率上的优势。

尽管根据《公司法》，非上市公司在股权登记确权的形式上有很大的自由，公司可以自行设置股东名册的形式和介质来进行公权登记证明，公司发行的出资证明书或股票是股东的权利凭证，并不需要通过工商登记等第三方机构来确权，但在工商部门进行登记起到对外公示的作用，未进行对外公示的股权变更无法对抗第三人。因此，公司在将传统的纸质股东名册升级为区块链股权登记系统时，应及时和当地工商部门沟通，完善区块链系统和工商部门相关系统的对接，减少股权变更时在区块链系统和工商系统间信息同步的延迟，及时维护当事人的权益。

企业在应用区块链技术进行股权登记时应提前布局。区块链技术方便快捷、非中心化、安全性高，且能有效降低成本已经成为共识，并被广泛关注，当前已经有很多企业参与其中。美国纳斯达克目前已经将区块链技术用于处理私人证券市场的股票交易、投票系统中，区块链投票机制相较于传统代理投票机制极大地节省了交易所的成本，并且将投票记录于不可更改的公开账本上，使投票者能够通过移动终端便捷地进行投票，且记录可以永久查询。此外，伦敦证券交易所、伦敦清算所、花旗银行、法国兴业银行等20多家全球大型金融机构也开始使用区块链技术并着手成立同盟，应对未来可能的潜在竞争。2015年，高盛集团、花旗银行、美国银行都提交了基于区块链技术的专利申请，覆盖数字货币风险监测、用户报警等技术领域。一般情况下，普通的公司相较于自行开发，通过和专业的金融科技公司谈判购买区块链股权登记服务更为可行。随着区块链技术专利的不断申请注册，未来该领域出现专利技术壁垒的可能性正在增加，企业进入股权登记领域的区块链应用应提早布局，收购专利或者结成同盟，以期在专利授权的谈判中获得优势。

（二）证券交易

1. 证券交易区块链设施的法律效力问题

证券交易区块链基础设施建设要想进行商业化应用，就需要建设一个与现有产权标准相容的区块链设施，这个设施本身需要符合中国法律的要求，保障双方交易愿意接受并能够使用区块链来执行证券交易。

具体来说，例如股权转让问题，能否使用区块链技术进行转让交易就需要解决。我国公司分为有限责任公司和股份有限公司，两者在公司股权的交易转让中的规定有所区别：

第一，《公司法》中跟有限责任公司的股权转让有关的有以下几条法律：

第七十一条　有限责任公司的股东之间可以相互转让其全部或者部分股权。

第七十三条　依照本法第七十一条、第七十二条转让股权后，公司应当注销原股东的出资证明书，向新股东签发出资证明书，并相应修改公司章程和股东名册中有关股东及其出资额的记载。对公司章程的该项修改不需再由股东会表决。

第二，《公司法》中跟股份有限公司的股份转让有关的有以下几条法律：

第一百三十七条　股东持有的股份可以依法转让。

第一百三十八条　股东转让其股份，应当在依法设立的证券交易场所进行或者按照国务院规定的其他方式进行。

第一百三十九条　记名股票，由股东以背书方式或者法律、行政法规规定的其他方式转让；转让后由公司将受让人的姓名或者名称及住所记载于股东名册。

第一百四十条　无记名股票的转让，由股东将该股票交付给受让人后即发生转让的效力。

目前，无论是《公司法》还是《公司登记管理条例》都并没有明确规定股东名册的载体形式，公司可以根据自身需要，选取任何成文的记录方式来创立股东名册。相较于传统的纸质股东名册，区块链上的股权登记信息更不易被损毁、伪造、变造，易于查询。

有限责任公司股权转让的最终凭据和股份有限公司不同，股权转让过程中涉及的股东名册和工商登记均属于确权凭据，但对于有限责任公司来说，在工商管理部门的登记主要是对抗第三人的凭据。如果工商登记和股东名册登记不同，此时善意第三人依据工商登记进行股权交易，通过合理对价受让标的股权且完成工商登记，则可能适用善意取得制度；但如果第三人与转让股东恶意串通，故意损害真实原股东利益，则股权转让协议无效。因此，在区块链上完成的交易应尽快进行工商登记，以维护交易安全以及当事人的合法权益。

股份有限公司则不同，这些股权的交易需要在依法设立的证券交易场所进行，这是一个必要条件，所以即使在区块链上进行了交易，如果没有和交易所设立相应的对接制度，达成认可区块链上交易的协议，则一样没有法律效力。

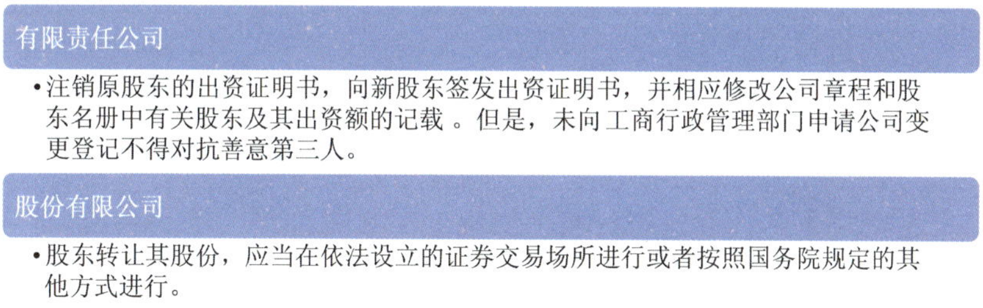

图 8-8　有限责任公司和股份有限公司的股东转让股份的条件

目前，区块链的股权交易系统开发主要针对中小企业、初创企业，股权众筹等，但是考虑到市场的协调统一问题，未来的股权交易市场不可能是完全割裂、分离的，所以有必要将各种类型的股权交易整合到一个先进的系统中去。在区块链 2.0 时代，区块链所承载的内容发生了重大变化。用区块链登记的股份、债权、版权、产权等不再是本体和权利的二者合一。股份、债券、房产等的本体存在于现实世界，区块链上登记的只是实体世界财产权利的一种映射，我们可以将其称作映射资产。[①] 拥有对应的私钥，只能保证映射资产在区块链上的支配权，而在实体世界里真正行使权利时，往往都需要公司、政府等第三人的介入和配合。这就需要国家的支持和推动，将区块链技术更为合理而广泛地运用于像证券交易所这类的正规金融机构中去，更好地服务于社会大众。因此，区块链证券发行交易有效的重要条件是要符合法律法规的相关要求。

2. 区块链证券交易法律规范合规问题

法律规范的合规问题存在于诸多方面，目前主要的是公开发行限度问题。公开发行相较于私募发行，在信息披露、发行条件、监管方面都有更严格的要求。而根据《刑法》第一百九十七条，未经国家有关部门批准，擅自发行股票或者债券数额巨大是违法犯罪行为，这是不能突破的底线。

《中华人民共和国证券法》(简称《证券法》)中明确了公开发行的认定标准，根据该法第 10 条第 2、3 款及第 13 条的规定，公开发行分为以下两种情况：

第一，向不特定对象发行。不特定对象是一个相对的概念，主要是相较于与公司存在稳定业务、工作关系的客户职员而言的公众投资者。根据《证券法》第 10 条，公司向不特定对象发行无论人数多少，都是公开发行。

通过区块链进行证券发行是否被认定为向不特定对象发行需要根据承载发行的区块链的性质进行分析。如果是人人都能参与的公有链，则完全无法控制、筛选参与人。在案例中提到的 BitShares 就是向所有人开放的公有链，透过齐参与交易不需要进行相应的审核等程序，应被认定为向不特定对象发行。

第二，向特定对象发行总计得超过 200 人，则会被认定为公开发行。一

① 参见“区块链，匿名终将式微，实名正在崛起”，http://www.8btc.com/blockchain-anonymity，最后访问时间：2017 年 3 月 1 日。

般会认为参与公司筹建、担任特定职务,或者与公司存在稳定业务关系的,是特定对象。

图 8-9 《证券法》关于公开发行的规定

因此,如果希望通过区块链进行非公开证券发行,则应选用私有链或联盟链,以限定、筛选发行对象的范围,确保和《证券法》《公司法》等法律规范中的相关规定相符;或者在区块链技术应用前,调整法律规范的设置,为区块链应用落地铺平道路。

二、保险领域

区块链属于新型技术,企业在推进落地过程中还有许多法律上的不确定性,目前较具有争议的是智能合约效力问题。

智能合约的概念来自技术界,而非专属法律名词,其是否具有《合同法》上的合同效力,目前尚且不明,处于讨论之中。采用智能合约技术的区块链保险公司必须签订符合《合同法》所规定的合同,在智能合约效力问题还未明确化的现阶段,这是保障客户利益的重要方式,也是保证公司稳健发展的保护形式。

保险智能合约实为一组能够自动执行的计算机程序,内容为保险人与投保人所签订的保险合同。保险智能合约与保险传统合同[①]共存。两种形式的合同内容的共存就可能导致问题的发生。首先,保险消费者相较于保

① 为区别于智能合约,将投保人和保险机构通过线下方式签订的纸质合同,或者通过互联网等方式签订的电子等形式的合同,定义为保险传统合同。

险人处于弱势地位，不仅对保险产品的知识较为欠缺，而且对于区块链等更加技术化的和专业化的知识就更加欠缺了，其无法充分预测和认识自身所要承担的风险。区块链技术尚处于发展初期，在对于其可能暴露的技术风险还未充分了解的情况下，保险消费者有必要充分了解此项技术对自己投保的影响。保险公司应就此项内容尽到充分的说明义务。其次，写入区块链的内容与原本签订的合同内容不一致的情况有可能会出现，并通过自动执行而损害保险消费者利益。这种不一致的风险可能来自于保险机构的故意或操作过失等，同样也有可能来自于网络攻击。因此，即使是区块链能够实现自动执行，在后续履行合同的过程中也必须要有相关的主体参与，例如在缴纳保费、理赔等阶段，必须在有数方的合法签名的情况下，才能触发代码并执行下去。

三、供应链金融

（一）电子证据的效力问题

区块链介入后的供应链金融，为实现快速交易，需要双方在互联网条件下完成合同的签订，其中涉及的中间环节证据都将以电子证据形式存在。传统上，电子证据存储在计算机或其他电子介质中，很容易被删除、篡改。因此，目前国内关于电子证据的保留、认证、固定、采信等法律规定尚不清晰，实务中对电子证据具备法律效力的条件的要求也较为严苛[①]，这些因素从法律层面制约着行业发展。

区块链虽然从技术上保证了其中的数据不会被轻易删除、篡改，但是这种技术上的可信度还没有转化为法律上的可信度，区块链上的电子证据没有法律上的可采信性，这使得区块链的应用步履维艰。企业在应用区块链时，需要对此做出应对。对于上传到区块链上的电子证据、电子合同，需要以其他方式证明其可信度，以备在纠纷发生时的需要。

---

① 樊崇义，李思远. 论电子证据时代的到来. 苏州大学学报(哲学社会科学版)，2016(2).

（二）个人信息保护问题

利用区块链技术打通供应链金融的信息瓶颈，势必要在区块链上存储巨量的核心企业和关联企业的信息。现行法制下，这可能会面临一些规制问题，可能涉嫌侵害个人信息。

企业在区块链上保存个人信息时应妥善保管私钥，建立完整的安全防控体系，防止私钥泄露、遗失，以免不法分子盗用私钥窃取用户个人信息。

四、P2P

自2013年以来，P2P在我国飞速发展，同时也带来了很多法律问题。因此，监管层也在根据实际情况不断地对P2P行业进行调整，并出台了相应地法律法规。如果区块链应用落地，那么新的法律问题又将出现。下面，笔者对P2P已经出台的法律法规进行了梳理，对此，P2P平台也已经展开了限定融资限额、进行资金存管、严格执行信息中介等职能；同时，也提出了对区块链落地后会遇到的一些法律问题等的思考。

关于P2P，我国已经出台过如下许多相关的法律法规及整治办法：

① 2015年7月18日发布的《关于促进互联网金融健康发展的指导意见》对P2P行业做出了以下界定，规定P2P个体网络借贷机构要明确信息中介性质，主要为借贷双方的直接借贷提供信息服务，不得提供增信服务，不得非法集资。

② 2016年8月17日发布的《网络借贷信息中介机构业务活动管理暂行办法》（简称《办法》）。

《办法》在中国金融监管史上具有里程碑意义。《办法》采取了新的监管原则和监管模式，尤其是采取了“无条件备案＋负面清单＋信息披露＋客户资金银行存款＋投资者保护”这样一种创新的监管思路，为中国金融监管改革创新树立了非常好的典范，是中国目前供给侧改革的重大突破和亮点，主要表现为：第一，明确了P2P网贷的概念，赋予了其合法的地位；第二，实施了“双负责”的创新监管机制；第三，实质上采取了无条件备案制度；第四，明确P2P网络借贷金额应当以小额为主；第五，进一步完善了负面清单制度；第六，为投资者保护留下空间；第七，完善第三方存管制度。[①]

③ 2016年10月13日，出台了国务院《互联网金融风险专项整治工作实施方案》以及包括银监会《P2P网络借贷风险专项整治工作实施方案》(简称《方案》)在内的一系列互联网金融专项整治方案。

整治工作的目标是为了保护合法合规的机构，给他们更好的创新空间，整治和取缔违法违规的机构。通过市场主体层面、市场环境层面、机制层面，达到扶优抑劣、规范纠偏、正本清源的目的。长期以来，P2P行业违规成本比较低，很多机构完全偏离了创新的正常轨道，钻营于监管套利，导致行业口碑不断下降。此次专项整治正是为了扭转这种局面。从长期的角度来看，《方案》是和《办法》有机结合在一起的，目的是建立一种规范发展的长效机制，促进行业健康发展。该《方案》有五大特点：第一，对风险的客观评价；第二，综合、功能监管，以及行为、审慎监管相互协调；第三，以金融消费者保护为最终落脚点；第四，双头监管协同机制；第五，整改范围广。[①]

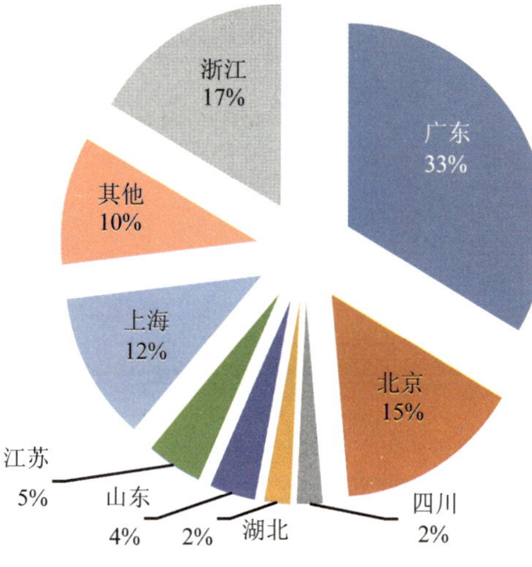

图8－10 我国网贷行业分布图[②]

① 参见杨东："杨东教授第一时间解读银监会P2P监管办法：金融监管史上具有里程碑意义的法规"，http://business.sohu.com/20160824/n465796302.shtml，最后访问时间：2017年3月1日。

② 图片来源：2016—2021年中国P2P网贷行业市场前瞻与投资战略规划分析报告。

目前，国家对于P2P的监管是随着行业的发展而逐步完善的，但是在区块链落地之后，P2P行业还将遇到新的问题：

① 区块链落地P2P领域后会通过智能合约来实现交易，智能合约可以将借款人的需求和投资者的投资信息相匹配，并通过设置好的交易流程去执行，从而实现P2P高效、智能化的运行。智能合约是利用计算机代码在合约方之间阐述、验证和执行合同；典型合同是用自然语言起草的，而智能合约的条款是用代码表述的，类似于Java或HTML的编程语言，之后这个合同由计算机“执行”；按照协议条款和一系列定义型输入，智能合约自动执行各项条款。“智能合约”的概念一般用于统称任何区块链上运行的程序或脚本，然而，在P2P领域中我们将聚焦到其狭义解释：用代码替代合约方的传统合同。简单地说，“智能合约”就是一个预先编辑好的“数字语言记录的条款”，一旦被触发，“智能合约”就执行相应的条款或记录条款是否被执行。[①]

传统民法普遍认为，合同成立的主要要件包括：合同当事人具有相应的民事权利能力和民事行为能力，合同当事人意思表示真实，合同不违反法律或者社会公共利益，具备法律、行政法规规定的合同生效必须具备的形式要件。其中，争议最大的当属“合同当事人意思表示真实”这一条，智能合约通过代码的方式来表达，代码是否能够表达当事人的真实意思，这一点仍值得商榷。因此，需要新的法律法规来保障智能合约的法律效力，此外，建立在区块链技术之上的智能合约会遵照程序规则得到严格执行，这将可能会导致智能合约的灵活性存在不足。对此，企业应该灵活应用智能合约。首先，智能合约的设计应当符合《合同法》的要求；其次，要避免因代码问题而导致合同当事人意思表达不真实；最后，鉴于该技术仍不成熟，用户对其也不够熟悉，平台应该对使用者提供应有的协助，做好说明、解释义务。

即使存在如上所述的各种局限性，智能合约在落实法律约束和执行方

① 参见青山说财：“智能合约离现实世界的法律有多远?”，http://mt.sohu.com/20160412/n443996602.shtml，最后访问时间：2017年3月1日。

面的优势仍是不可忽视的，这对于违约、跑路频发的 P2P 领域将发挥极大的作用。互联网技术的发展初期必然会面临各种问题，正是由于该技术的出现，使得传统合同的主要参与者，例如经济实体、政府、法律服务机构，去学习、思考和重新定位，力图通过更完善的智能合约设计规范各合同主体的行为，降低法律执行的成本，促进经济、法律与科技的一体化融合，更好地实现公平与效率。

② 区块链应用落地 P2P 平台之后，交易流程将是自动化的，由计算机程序和语言控制，因此操作性和技术性的失误也是不能完全避免的。如果出现问题，系统将按照错误的程序继续执行，就可能会放大单次失误带来的影响，并且修正这些失误带来的损失将付出较大的成本代价。这是传统 P2P 行业所不存在的问题，法律如何对损失和责任进行合理的划分是区块链应用落地后需要解决的新问题。

首先，建立合理的责任分担制度是必要的。根据《中华人民共和国侵权责任法》第四十一条，因产品存在缺陷造成他人损害的，生产者应当承担侵权责任。区块链技术能否成为这里的产品？如果因区块链技术的缺陷造成大额的损失，则要求其开发者承担责任是否合理？如果客户因为对平台不熟悉而存在过错，则要求其承担全部责任又是否合理？笔者认为，平台的运营者作为区块链技术的使用者和日常的维护者，应承担主要责任，这样也能逆向激励平台的运营者采取更多的安全保障措施。其次，平台应该采取风险应对机制，一旦出现问题，平台能够按照已经预设好的机制采取及时的补救措施，以减少客户的损失。

第三节　非金融领域

一、电子存证

区块链作为一种新型的技术尚未完全被大家熟知并承认，在其落地应用过程中需要在立法层面上解决其合法性的问题，在司法层面上需要解决其司法实践中的司法鉴定取证标准问题，在权利保护层面需要解决与个人信息保护相互协调的问题，以及与传统电子存证取证技术如何协调统筹的法律问题。

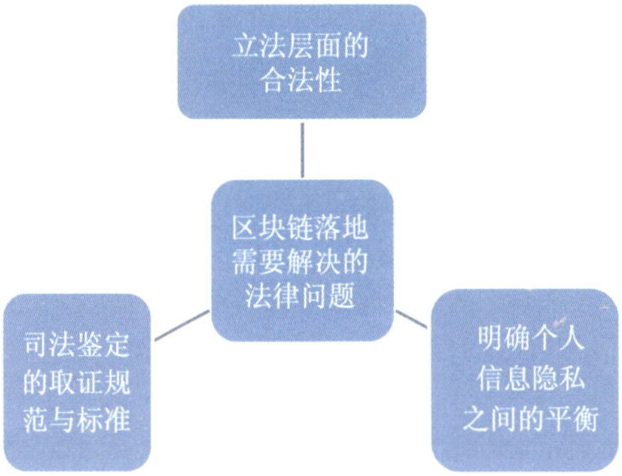

图 8－11　区块链用于电子存证需要解决的法律问题

在立法层面上，需要解决利用区块链进行公证确权的合法性问题以及举证的合法性问题。合法性问题是一项新技术落地应用首先要解决的关键问题之一。技术层面的有效性与法律层面的合法性不能完全等同。目前，我国关于电子数据方面的立法主要存在于以三大诉讼法为主干的法律规范体系中，尚未制定独立的证据法。从法律渊源的角度来看，从高位阶的基本法律到位阶较低的行政法规、部门规章、司法解释和其他规范性文件等各个层次均有所涉及。[①] 区块链技术在电子存证领域的应用尚不存在规范的法律法规体系或指导意见，传统的两大诉讼法以及其他法律规范对区块链这种新技术的发展在一定程度上划定了法律上的红线。如我国新《民事诉讼法》第 71 条规定："人民法院对视听资料，应当辨别真伪，并结合本案的其他证据，审查确定能否作为认定事实的根据"，针对区块链这种新技术而保存的电子信息如何辨别真伪，在法律中是没有明确规定和标准的。另外，2005 年 4 月 1 日起实施的《电子签名法》的第 5 条对数据电文的原件形式进行了规

① 金波，杨涛，等. 电子数据取证与鉴定发展概述. 中国司法鉴定，2016(1).

定，即能够有效地表现所载内容并可供随时调取查用，能够可靠地保证自最终形成时起，内容保持完整、未被更改。但是，在数据电文上增加背书以及数据交换、存储和显示过程中发生的形式变化不影响数据电文的完整性。区块链技术可以保证电子数据内容的未被篡改，但是法律对“数据电文的完整性”没有界定明确的标准，因此针对如何确保通过区块链技术所获取的电子证据的原始性仍需要立法加以进一步明确。当前，区块链虽然可以与司法公证机构、司法援助进行合作，但还不能完全取代公证。正如数字货币，尚且无法在人民币外形成一套可以取代人民币的货币体系。其实，问题的根源都在于合法性问题尚未进行充分解决，只有在法律上对相关技术措施给予肯定或者对技术的法定性给予规定，才能促进新技术的进一步落地应用。笔者建议，在法律尚未健全的过程中可以考虑通过建立联盟等方式对区块链技术的应用标准进行规定。诸如澳大利亚标准机构 Standards Australia，已经要求国际标准化组织为区块链技术设定全球标准。[①] 技术规范标准的设立有助于明确技术的法律性质，同时有助于逐步推进法律标准的建立，从而解决区块链技术在落地应用过程中的合法性问题。

在司法过程中，利用区块链技术进行电子数据的存证取证需要满足司法鉴定的取证规范与标准。通过区块链进行电子数据存证取证的基本原理是，将原始电子信息的哈希值存储在权威的第三方司法鉴定机构之后，这些电子信息会享受到较高级别的加密保护，在遇到纠纷需要调取电子信息作为证据时，进行申请出证就可以生成值得信赖的电子信息报告。但目前的现实情况是，权威的第三方司法鉴定机构较少地加入区块链中成为其中的一个环节，区块链尚未发展成为一个普遍适用的技术，因此在司法实践中对于出具的报告的权威性以及是否满足司法鉴定的取证标准等问题依然存疑。除此之外，即使权威的第三方司法鉴定机构运用区块链技术，但由于区块链的匿名性和节点分布式特征，当出具的电子证据出现问题或需要被质证时，会难以追溯到是哪个环节出现问题，也因此难以区分是技术问题还是

① 长铗，韩锋，等. 区块链：从数字货币到信用社会. 北京：中信出版社，2016.

人为原因所致，司法责任追究就难以进行。

除了立法和司法层面需要解决的法律问题外，区块链在电子存证领域的应用落地还应明确其与个人信息隐私之间的平衡。互联网技术的发展对个人信息造成了极大的冲击，大量个人数据信息未经本人同意可以被轻易泄露，因此我国也正在加速《个人信息保护法》的立法进程。不同于一般传统意义上的互联网技术，区块链技术具有不可篡改的特性，一方面它可以有效存储电子信息，但另一方面由于电子信息中含有大量的个人隐私甚至是商业机密，而通过区块链记录的电子信息一经存储便无法被删除，因此对于不构成司法实践中的证据的其他个人电子信息就存在着被泄露的风险。各国针对个人信息的保护都认为具有一种“遗忘权”，即可以在利用该信息的一段时间后对个人信息予以删除。在个人信息删除的阶段，需要有技术手段保证电子数据的完全、完整删除。一般而言，对于一般的个人信息，可以通过经有关部门测试认可的擦除工具对存储个人信息的介质进行消磁处理；而对于在云平台上的个人信息也要进行相应的技术处理，并对云服务提供商在服务合同中有明确保密义务和删除要求，这样才能保证个人信息的完全消除。① 而利用区块链技术进行电子信息存储则无法实现信息的完全删除，从而使得个人信息安全面临着一定的风险。这也是区块链技术落地过程中所面临的如何与个人信息保护相平衡的重要法律问题。

在明晰区块链技术作为一种新技术落地应用会带来的一系列新问题的同时，还不能忽视如何解决新技术与传统的电子存证取证和鉴定技术相互协调的问题。所谓电子数据取证与鉴定也被称为“计算机取证”，是指经过资格认定的专业人员基于计算机科学原理和技术，接受当事人的委托，按照法律规定的程序，发现、固定、提取、分析、检验、记录和展示电子设备中存储的电子数据，找出与案件事实之间的客观联系，确定其证明力并提供鉴定意见的活动。② 在区块链技术落地应用过程中，由于新技术尚且不能完全取代

---

① 闫利平，马一超，刘翠莲．“互联网＋”时代个人信息保护法治化探讨．浙江工业大学学报（社会科学版），2016，15(3)．

② 金波，黄道丽，夏荣．电子数据鉴定标准体系研究．中国司法鉴定，2011(1)．

传统的电子存证取证技术，在二者的结果存在冲突与矛盾时，如何取舍判断是司法机构需要解决的一个现实的法律问题。

二、物联网

物联网与大数据将给管理学和社会带来革命性的变革，而这样变革的前提是所有的数据都由散布于全球的、真实存在的、分别隶属于不同组织的设备收集而来。然而与冰冷的算法和程序世界不同的是，人类社会是有温度的，人类是有价值判断和情绪的。如果数据的来源（无论是直接来自于人还是物，最终服务的依然是人）不再认同物联网，那么区块链应用于物联网的前提，甚至是物联网发展的前提将坍塌。

区块链物联网将形成大量的数据，并同步发送到各个节点上，然而这样的数据的所有权究竟如何判定，数据所有者又如何控制自身的数据，这些都是区块链与物联网结合的过程中需要考虑的问题。区块链公司也好，物联网公司也好，商业机构不应当是数据的所有者，否则将与现行法律制度截然对立。如果法律上没有一套明确规定数据所有权的规则，消费者终将产生逆反心理，监管者出于社会成本、溢出效应的考虑必然倾向于严厉制裁，这样更会掣肘区块链物联网的发展。

任何数据无论如何产生，都会形成客观的结论。物联网让人们看清楚自己的行为，例如开车的时速、每周冰箱食材的用量、卧室休息的时间等，这样的数据会给人们带来“被侵入感”，随着加入物联网产品数量的增加、区块链辐射的范围变广，这种“被侵入感”会随之上升。

因此，区块链物联网发展首先要解决的，是与物联网数据相关的一系列原则和行为规范，用以定义数据所有权、控制数据流。法律应当站在被收集数据的人的角度，对数据所有权、数据的使用进行再平衡，要求企业放弃互联网 EULA（终端用户许可协议）中的隐蔽陷阱和复杂条款（因为人们往往只会点击“同意”），让用户也参与到治理之中，在区块链物联网数据基本规则的基础上，实现社会共治和善治。

三、电子商务

电子商务领域与区块链技术应用有着较高的契合度，然而如何真正让区块链应用落地仍然需要解决一些法律上的问题。

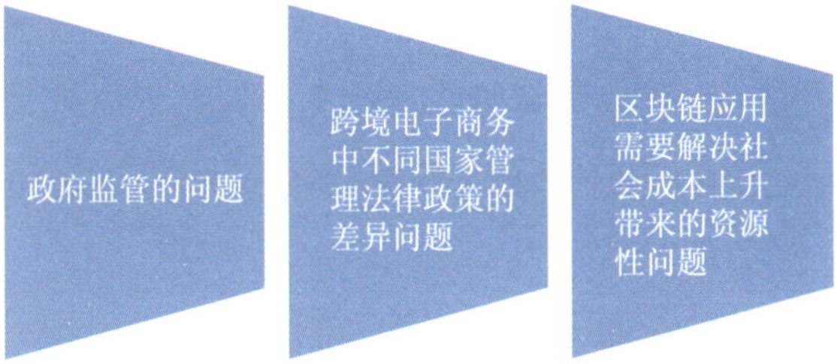

图 8-12 区块链落地电子商务领域面临的法律问题

（一）政府监管的问题

区块链虽然适应多元化治理的思维，是达到社会共治、社会善治的有力工具，但是我国国情是否能够一步到位跃迁到理想状态，是存在疑问的。目前电子商务监管采取的是多部门监管，打通政府之间的沟通协调机制，首先实现政府的统合式监管，并用电子商务专门立法予以规制，是当务之急。此外，目前政府采取的主要监管模式是中心化的监管模式，所有的配套制度和基础设施都是以建设中心化为目标，因此区块链带来的非中心化或者弱中心化模式必然与现有的监管体制发生冲突，也与电子商务必备的基础设施难以适配，例如从产地管理、物流配送到支付结算各个环节，目前都还在探索之中，基础设施尚付阙如。

（二）跨境电子商务中不同国家管理法律政策的差异问题

以外汇管理政策为例，有的国家管理宽松，有的国家严格管制，所以电子商务业务也会受到影响。区块链的无政府趋势对于跨境电子商务的发展来说具有先天优势，然而在各国完善的国内法制度框架下，如何打通外汇管理、进出口法律政策架设的阻碍，则需要从国际法和国家之间的合作来解决。

（三）区块链应用需要解决社会成本上升带来的资源性问题

鉴于电子商务庞大的市场体量，这种资源性挑战是由于区块链电子商务系统需要大量"矿机"保障系统的安全运行，交易处理会消耗整个网络的算力和能源；分布式存储也会大量占用众多节点的带宽和设备。这种矿机的合法性问题需要解决，而合法性问题不仅需要解决法律上的正当性（法规范学视角予以解决），还需要解决理性上的正当性。矿机对资源的浪费必然带有负外部性，如何平衡这种负外部性，也需要立法和制度的补位。

第九章
区块链技术对现有监管的挑战与影响

区块链技术落地后将极大地改变商业业态，进一步而言，将会在一定程度上改变市场的运行模式，因而将产生新的风险和隐患。

区块链技术需要法律开放式的接纳，但同时也应当注意到区块链技术落地后将极大地改变商业业态，进一步而言，将会在一定程度上改变市场的运行模式，因而将产生新的风险和隐患。对此，本章将讨论区块链技术在哪些方面、以什么方式、在什么程度上对现有监管提出了挑战，进而谨慎地提出如何改善监管以应对这些挑战的建议。

第一节　金融市场的关键基础设施

一、支付结算

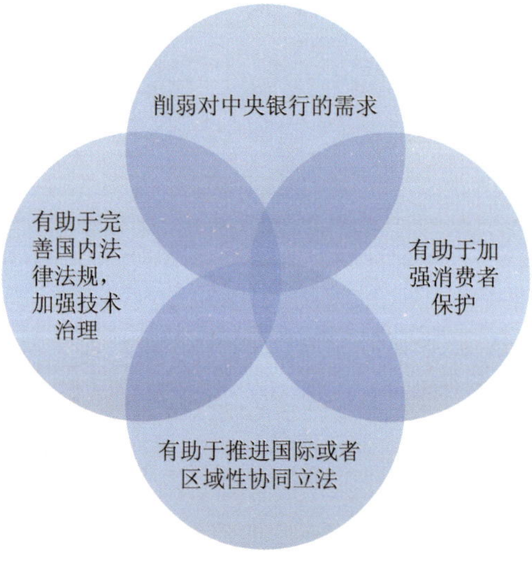

图 9－1　区块链应用于支付结算领域

（一）区块链技术将削弱对中央银行的需求

支付结算行业在我国受到中央银行——中国人民银行的强监管。中国人民银行出台了一些有关支付结算行业的部门规章规制，诸如《支付结算办法》《非金融机构支付服务管理办法》《非银行支付机构网络支付业务管理办法》等不胜枚举。而区块链技术不仅在技术本身上还存在很多不确定性，而且如果将区域链技术引入到支付结算领域，那么由于其中非中心化本质将削弱市场对中央银行的需求，进而对目前以中央银行为主的支付结算市场监管体系提出极大挑战。进一步而言，网络的无国界化也将对跨境支付结算监管提出一定的挑战。

（二）区块链技术应用有助于完善国内法律法规，加强技术治理

针对将来区块链应用于支付结算的场景，至少要在以下几个方向完善国内法律法规：

首先，加强技术治理。区块链本身是可信赖的技术，如果利用其足以完善监管，那么就毋需投入更多资源在其他模式的监管中。因此，区块链应用于支付结算的监管场景，最开始应当从技术角度着手，以监管目的的改造和区块链技术的完善为目标，使区块链应用下的支付结算足以满足监管目的，不给非法行为可乘之机。如利用技术手段摒弃非匿名性，使支付结算全程可控、可追溯、可审查。

其次，完善基本法律制度。首先提高立法层级，由全国人大相关部门或者国务院牵头组织中国人民银行、银监会、外汇管理局等相关部门，尽早起草出台法律或者行政法规，明确区块链应用于支付结算的合法地位，摆正监管方向，采取最先进的监管措施。

最后，加快制定区块链技术标准。通过对技术本身的要求，完善区块链规制体系，尽量避免因其技术问题而导致的风险与隐患。

（三）区块链技术应用有助于加强消费者保护

加强消费者保护是完善法律法规的重要方面，但加强行业自律和消费者教育也是同等重要的。因此，区块链组织应当完善消费者保护，加强消费

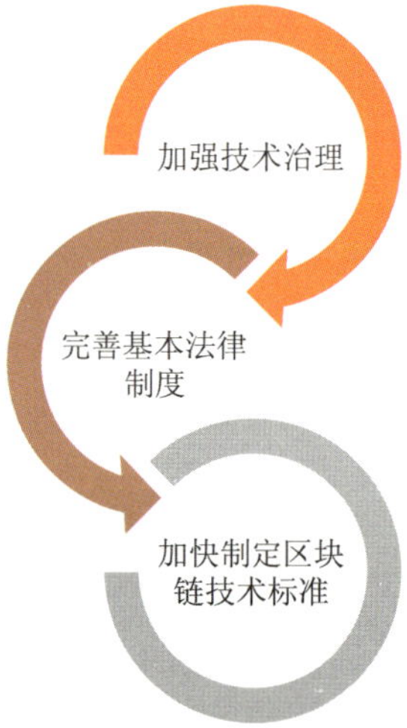

图 9-2 区块链应用于支付结算领域时的法律应对

者保护的行业自律措施，特别是区块链技术有较高的技术背景，所以特别需要加强针对此的消费者教育。其中，建立消费者教育基地是个很好的实践方向。

消费者教育基地将通过集中教学、案例宣导、知识普及宣传等活动加强消费者对区块链技术及其应用的了解，提高消费者素养，增强其对区块链技术及其应用风险的防范能力，从而有效保护消费者自身的合法权益。

（四）区块链技术应用有助于推进国际或者区域性协同立法

区块链技术是崭新的，应用于跨境支付领域没有可借鉴的先例，需要各国央行、监管机构、立法部门和金融机构等相关市场参与者，展开持续深入的研究与合作，并根据应用领域的实际情况，建立适当、有效的跨境支付法律法规框架，同时加强国际监管协调，形成较为一致的监管政策，同时，业界也需要紧密联系合作，尽快制定区块链技术应用于跨境支付领域的国际或者区域性通用标准。如果市场参与者采用不同的账本或应用周期，则将产生后续的兼容性和互联互通问题，不利于整体效益的提高。工信部《中国区块链技术和应用发展白皮书（2016）》中提出了及早推动开展区块链标准化工作的必要性，并确立了我国区块链标准化路线图。

二、数字货币

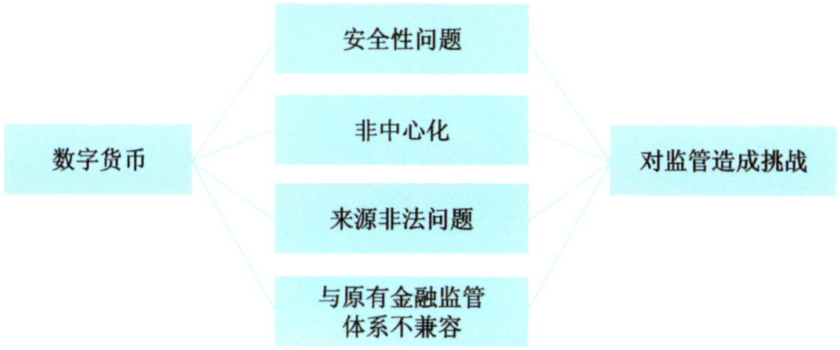

图 9-3　数字货币对现有监管提出的挑战

(一) 消费者保护风险巨大

数字货币安全性问题是运用区块链技术的数字所难以解决的问题。迄今为止,安全性一直是制约数字货币发展的最重要的瓶颈因素之一。数字货币的使用者一般将其存储在移动设备、计算机或在线钱包中,如果其设备丢失或损坏,那么用户就会丢失其拥有的数字货币。英国《卫报》就曾报道,一名男子因误扔其存有比特币的硬盘而损失了 7 500 个比特币。此外,存放在在线钱包中也有可能被黑客攻击而被窃取,交易平台也有卷款跑路的风险。日本最大的比特币交易平台 Mt.GoX 于 2014 年 3 月宣称受到黑客攻击,损失了超过 75 万枚比特币,当时市值约 3.65 亿美元,但据日本《读卖新闻》2015 年 1 月 2 日报道,这很有可能是其 CEO 监守自盗。

目前构建于区块链之上的数字货币均是非主权货币,相较于主权货币背靠一国的整体经济实力,以比特币为例的数字货币的内在价值如何确定则完全取决于市场参与者的价格感知与预期,客观上导致比特币的价格波动极大,金融消费者购买并持有比特币将面临巨大的市场风险。同时由于比特币被存储在数字钱包里,一旦私钥被盗,将给金融消费者带来财产损失,这给一国的金融消费者保护带来挑战。

因此,在一方面落实数字货币法律地位的同时,要加强消费者教育与保护，对现阶段数字货币可能存在的风险进行披露，防止不了解数字货币的金融消费者盲目地投入到现在火热的数字货币潮流中去。

（二）数字货币“非中心化”监管困难

区块链数字货币虽然具有极强的真实性，但安全风险依然存在。数字货币本身的价值波动影响了正常金融模式下的规制与管控。同时，数字货币因其匿名性和不受地域限制的特点还可能被用于非法活动。以比特币为代表的“非中心化”数字货币实际上不是完全匿名的，它的每一笔交易的参与方信息都被记录在总账上，但交易参与方所提供的信息类似于“笔名”，无法将其与现实中的真实身份一一对应，这就使得数字货币很难受到完全的管控。

构建在区块链上的数字货币交易分散在各个直接参与者上，不再集中于银行等中心，相较于传统金融，监管者缺少监管的抓手，不得不将监管面铺开，监管的力量分散，这就增加了金融监管难度和负担。同时，数字货币种类过多，存在监管上的不利。特别是进行小额现金交易时，从与 Cyber cash 合作的商场买东西就得用 Cyber cash，而到与 Digicash 合作的商场买东西又得先换 Digicash 的钱，如果对于如此众多的交易过程都进行监管，势必会大大超出监管机构的监管能力与范围。[①]

因此，监管机构应组成统合监管的数字货币监管体系，对种类众多、数量庞大的数字货币进行监管，而不是等到风险出现后才弥补漏洞，此时再进行挽回为时已晚。尽管面对数以千万计的交易数据时，监管的实时运算能力是否满足金融市场的需求仍是个问题，但是我们相信伴随着区块链技术以及信息技术的不断发展，这个问题终将被克服。

（三）数字货币来源非法问题

区块链构建的数字货币可以提供匿名性、假名性，为洗钱和犯罪提供了便利，给反洗钱监管提出了新的难题。数字货币因其匿名性和不受地域限

① 郑宏韬. 数字货币的产生、发展与问题. 时代经贸，2012(12).

制的特点很有可能被用于恐怖融资和境外洗钱活动。以比特币为代表的“非中心化”数字货币实际上不是完全匿名的，它的每一笔交易的参与方信息都被记录在总账上，但交易参与方所提供的信息类似于“笔名”，无法将其与现实中的真实身份一一对应，这就使得数字货币有可能被用于洗钱和恐怖融资。目前，已有观点认为ISIS可能利用数字货币进行融资。[①] 这有待于区块链技术的继续发展对货币来源的合法性进行进一步规制。

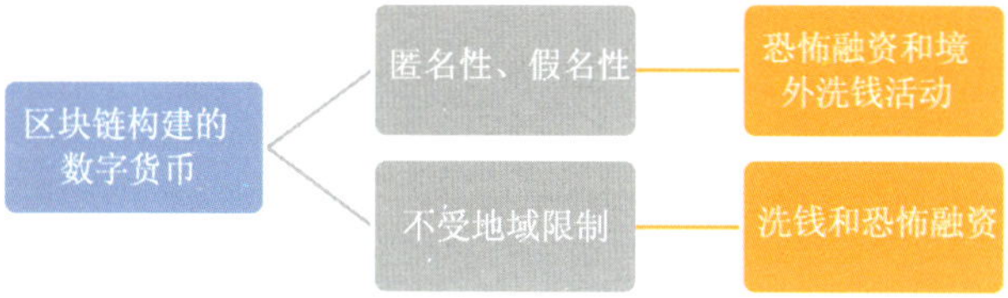

图 9-4 区块链技术导致的货币监管问题

（四）数字货币对原有金融监管体系的冲击

区块链作为一种新出现的技术，必然会出现与原金融体系的兼容问题。区块链作为一项新技术，具有许多革新性的因素，其推广和应用将会给许多行业带来变革，如果将现有的金融体系完全适用于区块链应用场景中，则可能会带来不适结果，从而阻碍创新，也会增加整个社会的成本。例如，美国证券交易委员会（SEC）（简称“美正交会”）在2017年3月10日周五否决了一项规则变更提议，首个追踪数字货币比特币的交易所交易基金（ETF）因此胎死腹中。美证交会表示，Winklevoss提议的比特币信托ETF与现行安全性设计要求不符，无法防止欺诈和操纵行为发生以及保护投资者和公众利益。同时，区块链技术中包含大量的技术标准、技术规范的生成过程，计算机程序会在达成预设条件时自动完成支付，衍生出基于个体合约的新的支付方式，会改变现有的金融规则。

分布式记账技术将对担保抵押以及各种金融资产的登记注册带来影响，从而冲击大额实时支付系统、重要证券存管、正确结算系统。计算机程

① 蔡制宏.数字货币发展状况、可能影响及监管进展. 金融发展评论，2015(3).

序在达成预设条件时自动完成支付，从而衍生出基于个体合约的新的支付方式，这会改变现有的金融规则。仍以比特币为例，伴随货币供应速度的降低，在货币供给总规模不变的情况下，会直接导致通缩。由此不难看出，数字货币可能会对传统货币体系造成冲击，不仅影响中央银行的宏观调控能力，而且会影响政府财收入，甚至与原有的金融监管体系发生冲击。

但是，我们必须认清创新与传统的关系，进而在两者的对抗中寻求平衡与融合，切忌因噎废食，扼杀技术发展。只有如此，方能为我国金融事业的发展与金融监管体系的完善指明道路，而不会止步不前。

三、票据交易

区块链技术应用也有一定的硬件需求：一是海量数据存储需要巨大的空间，二是数据同步需要高速的网络，三是各个节点的容纳能力需要达标和均衡。一旦每秒产生的交易量超过系统的设计容纳能力，或者超过最弱节点的容纳能力，交易就会自动进入队列排队，给使用者带来不良体验。应用区块链技术的数字票据建设还要解决数字票据系统与其他平台系统（例如ECDS 电子票据系统）的对接问题，数字票据与实物货币在资金清算中的实时对接问题。笔者认为要解决上述问题，在运用区块链改造我国票据市场时应当注意和完善以下几个方面：

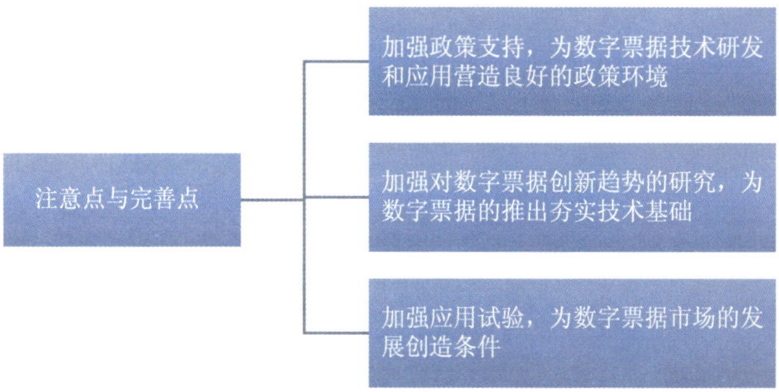

图 9－5　区块链落地票据市场时的注意点与完善点

（一）加强政策支持，为数字票据技术研发和应用营造良好的政策环境

发挥好创新政策的引导作用，加大政策配套和落实的力度，推动数字票据基础技术的研发和试验性应用。一是综合运用财税减免、奖励和补助政策，支持数字票据技术的研发；运用财政资助等方式，对涉及数字票据技术研发企业的用能、网络等软硬件设施给予补贴；支持国家科技基础条件平台为符合条件的数字票据技术研发企业提供服务。二是引导创业资本加大对数字票据技术试验性、商业性应用的投入；引导和鼓励各类天使投资、创业投资等与数字票据技术研发企业相结合，完善数字票据研发和应用领域的投融资模式。三是大力推动新一代互联网基础设施建设，充分发挥国家超级计算机等大型高性能计算机平台的作用，为我国开展数字票据技术研发和应用、促进数字票据市场形成和发展夯实硬件基础。

（二）加强对数字票据创新趋势的研究，为数字票据的推出夯实技术基础

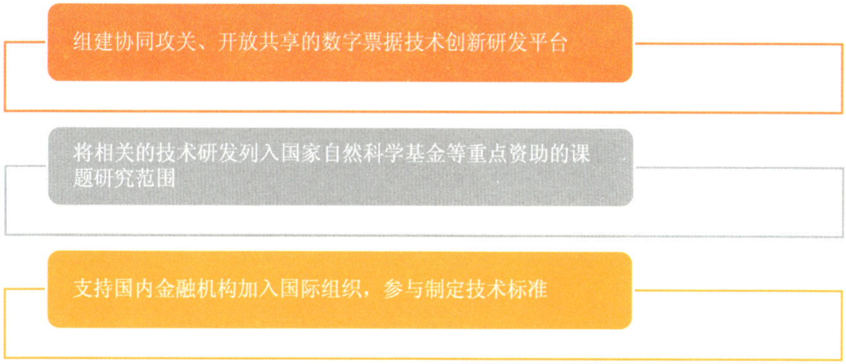

图 9－6　加强对数字票据创新趋势研究的途径

加强对国际上区块链技术应用在票据市场创新趋势的跟踪研究，推动国内金融机构和企业加大在相关研究领域的投入。一是推动国内金融机构、清算组织、高等院校、科研院所等组建协同攻关、开放共享的数字票据技术创新研发平台，在区块链、新一代互联网基础设施建设，新一代信息存储

等共性、基础技术研发上集中发力，力争相关技术及早取得突破。二是将与数字票据相关的技术研发列入国家自然科学基金等重点资助的课题研究范围，尽快组织相关研究力量联合攻关，为数字票据的发行和数字票据市场的形成提供智力支持。三是支持国内金融机构加入 R3CEV 区块链联盟等国际组织，积极参与制定国际上区块链在金融领域应用的技术标准，在全球区块链应用和数字票据创新中发出中国声音。

（三）加强应用试验，为数字票据市场的发展创造条件

按照“先试点后推广、由点及面、逐步实施”的原则，稳步推动数字票据市场的形成。一是鼓励国内具备条件的金融机构和企业发起设立数字票据创新孵化基金、产业联盟，率先开展数字票据产品和服务创新的内部试验，探索开展数字票据交易平台的建设。一旦数字票据应用条件成熟，就向全国逐步推广，促进我国票据市场实现跨越式发展。二是在过渡阶段，可以让纸质票据、电子票据和数字票据共存，通过技术手段将纸质和电子票据逐渐转化为数字票据，不断提升数字票据的市场占比，推动数字票据市场的形成。三是建议中国人民银行、银监会加强对区块链和数字票据人才的培养，研究推动区块链与现有票据市场基础设施的融合发展，为数字票据市场的形成和发展夯实基础、创造条件。

图 9－7 为数字票据市场提供发展创造条件

综上所述，运用区块链改造我国票据市场的总体思路是：坚持市场导向和创新驱动，构建有利于数字票据技术研发和数字票据市场运行的政策环境。具体而言，就是要加速攻克区块链在票据市场应用的核心技术，积极推进数字票据发行、交易试验，稳步推动数字票据市场基础设施建设，研究数

字票据监管规则，为传统票据市场向数字票据市场跨越式发展创造条件。

四、数字化资产

图 9-8　数字化资产三大特点

数字化资产的独特性质有以下 3 点：首先，数字化资产是一种虚拟资产，是一段计算机程序，而不是具有原子结构的实物资产；其次，数字资产应用区块链技术，通过智能合约编程，能够达到非中心化的点对点交易，并能在区块链账本上记账，而不是到资产登记机构进行登记；最后，数字资产直接跨过了资产证券化达到资产货币化，并且在金融、知识产权等领域快速膨胀。总而言之，数字化资产时代的到来将重新定义社会中资产的概念。当然，数字化资产也对监管带来了新的挑战。前文已经提到过，区块链能够通过加快清算结算、实现标准化和条款同一化的资产交易、免除冗余的簿记系统等方法大大提高金融资产的交易效率。总之，数字化金融资产能使金融资产交易更加方便、快捷。

（一）系统性风险发生的可能性

第一，种类繁多的基础资产导致数字化金融资产的定价难度上升。不同的金融资产种类具有不同的风险收益特征，并且对每类金融资产收益和风险的评估也有不同的方式。随着利率的波动，对各类金融资产价值的评估难度越来越大，此外，数字化的金融资产还可以进行组合，这样定价难度又会上升。总之,数字化资产会导致定价难度上升。

第二,数字化资产会大大增加金融资产的流动性。资本市场中过大的流动性会导致内生流动性扩张,如果将债权拆分进行出售,则“投资约束”就等于不存在了,于是,过高的流动性将导致金融资产的价格泡沫,从而导致系统性风险的积累。

第三,数字化资产会导致道德风险。随着金融资产流动性的增加,金融资产的购买者会放松对资产本身状况的调查与评估,减少对基础金融资产的监督。举一个例子,在击鼓传花游戏中,击鼓的速度越快,人们的心理压力就会越小,如果击鼓的速度很慢,那么花落在自己手里的时间就会变长,心理压力自然也就变大了。例如,我国股市施行的是 T+1 交易制度,而区块链能将这个时间缩短到几分钟之内,如果真的实现了,那么股票投资者会认为股票更加容易出售而增加投机的倾向。

第四,数字化金融资产出现衍生品。基础金融资产已经是具有相当风险的资产了,而数字化金融资产则将风险扩大了,我们不能保证投资会不会用数字化金融资产进行远期合约、期权等交易,此类数字化金融资产衍生品可以说是风险的次方——基础金融资产轻微的价值波动就会带动数字化金融资产的衍生品相当大的价值波动。基础金融资产一旦出现价值下跌,在数字化金融资产及其衍生品的带动下,整个市场就会出现明显的下滑趋势,从而引起系统性风险的爆发。

图 9-9 数字化金融资产发生系统性风险的原因

（二）数字化金融资产的监管应对

既然数字化金融资产风险如此之大，我们不得不对此采取谨慎的监管措施。在此，笔者提出如下建议：

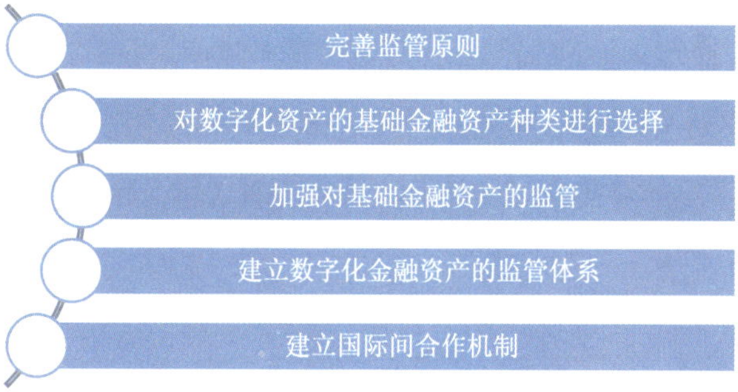

图 9－10　数字化金融资产的监管应对

第一，完善监管原则。监管最大的意义在于保障金融科技发展，同时保护市场参与者的利益。我国也在政府工作报告中提出过，“促进互联网金融健康发展，完善金融监管协调机制，密切监测跨境资本流动，守住不发生系统性和区域性金融风险的底线。”因此，数字化金融资产的监管原则首先要保证整个宏观经济的稳定和金融市场的秩序；其次，要保障各方市场参与者的合法利益不受侵犯；最后，仍然要坚持市场在资源配置中的决定性作用，尊重市场规律，维护公平竞争，政府依法适度监管。

第二，对数字化资产的基础金融资产种类进行选择，并不是所有金融资产都适合采用数字化的模式。金融资产的数字化目前是在中小企业中的场外交易开始开展的，这给我们提供了探索和学习机会。初期应对金融资产的数字化采取一定的限制，随着市场的成熟逐步放宽，从而推进数字化金融资产的不断完善。

第三，加强对基础金融资产的监管。前文已经提过，基础性金融资产已经是具有一定风险的资产，并且数字化金融资产的价值波动也是伴随着基础金融资产的价值变动而来的，也就是说，数字化金融资产的风险还是由基础性金融资产决定的，因此，我们要必须加强对基础性金融资产的监管。

第四，建立数字化金融资产的监管体系。首先，应加强对数字化金融资产评级机构的建设，包括加强信用评级机构的跟踪评级和利益冲突规避机制的建设，加强对评级机构的监管；其次，应建立新的监管体制，改革原本证监会、银监会、保监会分业监管的模式，形成跨机构、跨产品和跨市场的协调，实现金融体系的功能性监管；最后，要完善对数字化资产的法律框架，建立定价机制、信息披露机制、信用评级机制和数字化金融资产的交易机制，更好地引导数字化资产的发展。①

第五，建立国际间合作机制。我国无法仅凭自己的限制性法律和监管来取得对数字化资产的良好监管效果。如果我国禁止数字化金融资产的交易，那么在经济利益的驱使下会促使其投资者以及使用者在境外进行操作，或者在国内进行违法操作，这无疑只会带来更大的监管难度；同时，这还会使我国金融科技的发展远远落后于世界，违背我国创新、开放、共享的发展理念。

我国必须紧跟时代发展的潮流，坚持开放与创新，在国际间与多国展开协调监管、共同发展的合作。我国可以抢占先机，主导数字化资产监管的原则与模式，对别国享有先发优势。虽然目前资产数字化还在探索阶段，但是只有紧跟第三次科技革命的步伐，才能在世界民族之林的发展中抢占先机。因此，我们必须为此做好准备，加强国际间合作协调机制的建立，以数字货币的监管为契机，在世界范围内积极构建网络金融交易的规则，加强我国在金融创新中的竞争力。

五、征　信

区块链征信被行业期待，并被赋予了解决征信行业核心难题的重任：即以往征信参与的各方都希望多把数据保存在自己的数据库中，少分享在公共的数据库中，而区块链的出现，通过基础构建数据共享的制度，比如成员

① 李佳．资产证券化在系统性风险形成和传导中的作用．金融理论与实践，2012(4)．

每次向链上提交数据都可以获得奖励，并对应将来从数据中查询的次数权限，从而实现链上各成员"人人为我，我为人人"的目的。但是，区块链在征信领域的运用也未必一帆风顺，其应如何适应中心化的信息安全要求则是未来最需要解决的问题。

（一）中心化的征信法规与区块链存在内在冲突

关于征信机构信息安全的相关法规目前主要针对中心化的信息系统，对征信机构的设备和人员管理都提出了很多具体的要求，从根本上就与区块链征信系统相冲突，区块链征信在合规方面适应起来难免水土不服。

根据《网络安全法》的相关规定，征信机构应当纳入关键信息基础设施的范畴。在此之前，征信机构信息安全一般归为等保三级水平，而《网络安全法》规定在等级保护的基础上还要进行重点保护，所以征信机构需要同时满足等级保护和关键信息基础设施重点保护的要求。

根据《网络安全法》第三十八条的要求，关键信息基础设施的运营者应当自行或者委托网络安全服务机构对其网络的安全性和可能存在的风险每年至少进行一次检测评估，并将检测评估情况和改进措施报送相关负责关键信息基础设施安全保护工作的部门。同时，第三十七条规定，"关键信息基础设施的运营者在中华人民共和国境内运营中收集和产生的个人信息和重要数据应当在境内存储。因业务需要，确需向境外提供的，应当按照国家网信部门会同国务院有关部门制定的办法进行安全评估。"

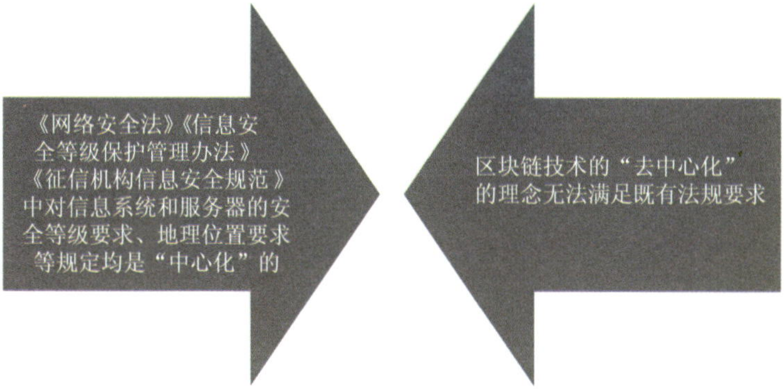

图 9－11　征信信息安全法规和区块链内在特质的冲突

《信息安全等级保护管理办法》要求：信息系统建成后，运营、使用单位或者主管部门应该选择符合规定条件的测评机构定期对信息安全等级状况进行测评，第三级应当每年至少进行一次。第三级以上信息系统的产品研制、生产单位应当是由中国公民、法人投资或者国家投资、控股的，在国内具有独立法人资格；产品的核心技术、关键部件具有我国自主知识产权；产品研制、生产单位及其主要业务、技术人员无犯罪记录；同时，涉密的信息物理存储只能在国内。结合区块链的特性，如果要满足上述法律要求，则需要对每个新加入的节点 IP 地址进行核查检测。

在《征信机构信息安全规范》中还明确提出了服务器端的物理安全要求，包括：物理位置的选择应在防震、防风、防雨的建筑内；物理访问控制、机房入口应安排专人值守、审批；机房设施应具备防盗窃、防破坏、防雷击、防火、防水、防潮、防静电、电子防护和电力供应等硬件条件。

中心化的信息系统的特性决定了必须要重点保护好其核心服务器，才能保证数据的安全，因而现行的规范对机房设备的管理提出了较高的要求。而区块链的安全逻辑和中心化的信息系统不同，区块链的特性决定了链上节点越多，全链算力越大，也就越能对抗恶意篡改，信息备份的数量也越多，个别节点信息都丢失而破坏全链信息完整性的可能也越小。但是，节点越多意味着物理节点也越多，设备越分散，要想让区块链信息系统中的每一个物理机房都满足《征信机构信息安全规范》中的要求，对每一个物理节点都按照关键信息基础设施重点保护和信息安全等级保护要求进行合规整改，定期测评，其成本可能将比中心化的征信机构高出很多。

（二）个人信息删除权、更正权受到冲击

征信一方面是保护交易相对人知情权的工具，另一方面也是促进社会诚信的重要手段，即使存储在征信机构的信息存在问题，也应当能够被及时地删除或者更正。

《网络安全法》第四十三条规定个人发现网络运营者违反法律、行政法规的规定或者双方的约定收集、使用其个人信息的，有权要求网络运营者删

除其个人信息;发现网络运营者收集、存储的其个人信息有错误的,有权要求网络运营者予以更正。网络运营者应当采取措施予以删除或者更正。该法条明确了个人信息删除权和更正权受法律保护,征信机构作为网络运营者应当配合用户行使权利。

以个人不良信用信息为例,《征信管理条例》第二十一条规定:征信机构不得披露、使用自不良信用行为或事件终止之日起已超过5年的个人不良信用记录,以及自刑罚执行完毕之日起超过7年的个人犯罪记录。不良信用信息也是个人信息,根据法律法规征信机构需要在一定的年限后终止披露、使用该信息。然而基于区块链的特性,每一个链的开头由上一个链的哈希值决定,环环相扣,链上永久记录的信息不能被彻底删除,也就是说,看起来被删除或者更正的信息还是会保存在区块链上,所以在区块链征信的背景下对于"删除""更正"到底作何解释仍需要进一步明确,区块链征信系统应如何和现行规范相吻合,实现及时有效地进行信息删除、更正,仍需调整研究。区块链征信实现数据开放和个人信息保护的平衡仍是制约其进一步发展的关键。

第二节　金融市场的重点领域

一、证　券

(一)股权登记

占大多数的有限责任公司可以自主地选择股权登记、股东名册记载的方式,但股份有限公司则不同,这些股权的交易需要在依法设立的证券交易场所进行,这是一个必要条件,所以即使在区块链上交易后进行了股东和公司自发的区块链股权登记,但没有和交易所设立相应的对接制度,达成认可区块链上交易的协议,则区块链股权登记的信息也是没有效力的。

根据区块链技术的特征,它同时具有颠覆和优化当前法律规范的可能。目前,区块链的股权交易系统开发主要针对中小企业、初创企业、股权众筹等,因此,将区块链技术运用于公司股权登记的过程实质是将以前以政府监管部门提供公信力的第三方公正转变为非中心化的过程。考虑到市场的协调统一问题,未来的股权交易市场不可能是完全割裂、分离的,随着区块链技术的不断完善、成熟,变得更为可靠,因此,有必要将各种类型的股权交易整合到一个先进的系统中去,这不仅适用于非上市公司的股权登记,而且可以拓展到上市公司的股权登记中,取代中央证券结算清算系统,从而在更广泛的程度上非中心化。这就需要国家的支持和推动,将区块链技术更为合理而广泛地运用于像证券交易所这类的正规金融机构中去,更好地服务于社会大众。

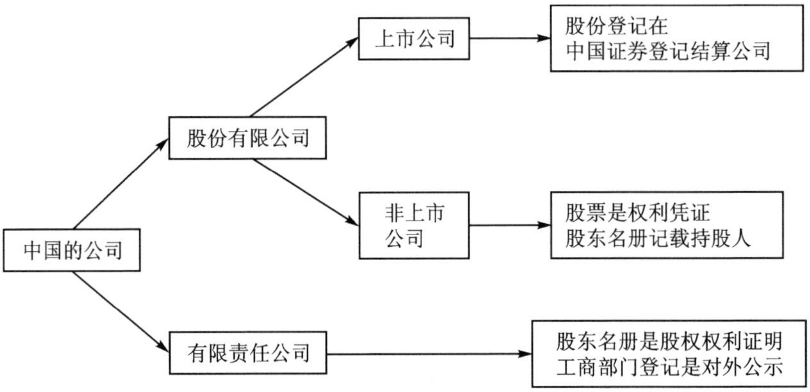

图 9-12　中国不同类型的公司对股权登记的要求

区块链股权登记的目的是确保权属明晰,促进交易安全。区块链上的每个节点都有完整的交易历史记录,方便对历史交易的追踪,进而促进交易双方的信息对称,帮助交易双方进行交易决策。但是,如果存储的信息永远不能清除,则可能会涉及不便公布的信息的安全,威胁金融消费者的个人隐私,影响企业的商业秘密安全。

（二）证券交易

图 9-13　证券交易领域使用区块链技术对监管提出的挑战

1. 证券交易技术的监管问题

金融创新与金融管理法规之间的紧张关系十分明显，这种行政管理理念和方法的转变在金融监管领域也得到了生动体现。发达国家的金融市场根据市场需求自发产生，而我国则截然相反，是在政府的主导下建构而成，从金融交易主体的设立、市场的准入、交易规则的制定都由政府一手完成，这就导致了我国证券交易市场既缺乏强有力的自治组织来发现、研究和反思金融证券交易主体的客观需求，确立公平、合理的交易规则，通过自律的方式维护市场运行的基本秩序，也缺乏强有力的司法机构来及时解决市场上的法律纠纷、执行、维护、修正，直至确立证券交易市场的基本游戏规则，由此引导市场主体调整经营行为。传统的金融监管模式以严格的规则监管模式为主，即金融监管机构通过各种具体的规则为监管对象设定明确的权利义务，在规则的框架之内，金融机构必须严格遵行规定，在规则的框架之外必须谨慎为之乃至禁止从事。在此模式下，虽然为监管对象确立了可预期的行为准则，却牺牲了监管效率，无法应对快速变幻的金融市场所积累或者突然引发的风险，存在着过于僵化、前瞻性不足、重形式而轻结果以及束缚金融机构创新动力的缺陷，面对金融创新，“一管就死，一放就乱”的现象也就不足为奇了。

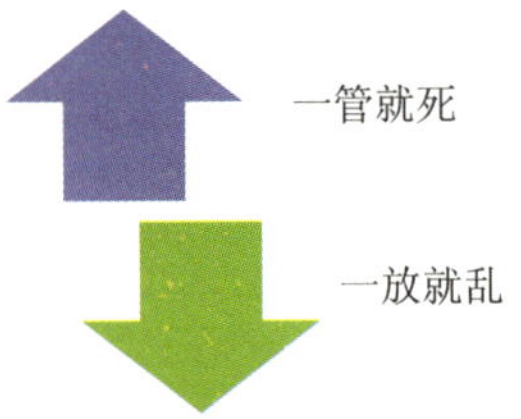

图 9-14 传统监管模式的困境

然而，市场发展的动力往往就来源于监管套利，不断越过监管边界获取超额利润。这一现象在金融市场中更为常见，很多类型的金融创新都体现为金融机构通过各种手段，比如设立关联机构、开发衍生工具等手段，将业务转移至监管框架之外。传统证券交易中以规则为基础的监管模式缺乏应有的适应性和灵活性，难以应对日益复杂的金融创新活动和瞬息万变的金融市场环境。为了应对证券交易市场一体化、金融风险在国家之间转移和扩散的趋势，建立全球性统一监管框架成为大势所趋。

虽然区块链技术有许多方面的优点，但是金融科技企业难以绕开的问题还是监管。对此，殷剑峰表示：“金融创新有没有前景，最关键的还是监管，而监管总是落后于创新的，尤其是当一项新的技术起来的时候。”[①]不过我们相信，随着区块链技术的成熟，监管问题将会得到解决。

2. 证券投资者识别能力问题

投资者适当性保护要求证券公司评估投资者的风险承受和识别能力，区分投资者，向其销售与其能力相符的金融产品，从而保护投资者的合法权益，防止其暴露于超出自身应对能力范围的风险之下，防止金融风险的形成和聚集。因而，对投资者的金融资产和投资交易经历等提出要求。

---

① 参见“金融机构热捧 区块链技术 孵化新企业”，第一财经日报，http://finance.sina.com.cn/roll/2016-10-25/doc-ifxwztru7075430.shtml? cre=financepagepc&mod=f&loc=3&r=9&doct=0&rfunc=100，最后访问时间：2017 年 3 月 1 日。

根据区块链的分布式记账体系的特点，通过区块链进行证券发行和交易能够使证券公司轻易、真实、准确地了解客户在链上的历史交易信息，却不能使证券公司了解客户在现实中的身份、工作、教育背景等信息，从而无法对投资者的风险识别、承受能力进行评估，这会给投资者适当性管理的落实带来新的挑战。

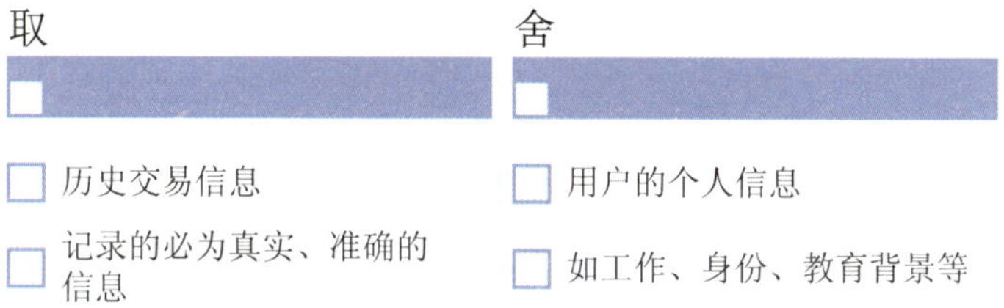

图 9－15　区块链对于信息的“取舍”

这就要求监管部门不能放松对投资者适当性的审查，应加强消费者教育与保护，保障进入证券交易领域的投资者具备相应的风险承受能力和风险防范意识，从而为证券行业的发展保驾护航。

3. 实名认证问题

以 BitShares 为例，其强调自身强大的隐私保护能力，尽管在区块链上每笔交易的账目都是公开的，但是交易当事人身份被代码掩盖，即使有人能够通过大数据分析核对出个人的真实身份，也会是经济上不划算的。一个匿名区块链上的映射资产由于缺少资产发行人、持有人等各方的身份信息，一般认为属于法律意义上无效的合同。当资产持有人试图在实体世界行使对应权利时，若难以证明其所持权益的合法性，则无法获得有效的法律救济。当区块链开始大量承载实体世界资产时，在某种程度上匿名性成为区块链技术在金融机构、主流企业得到应用的障碍。

当然，这是一个纯粹的技术问题，现在已经出现了电子签名、生物识别、时间戳等大量确保使用人身份信息的技术，相信随着科技的发展，实名认证问题会得到很好的解决。

二、保险领域

（一）“区块链＋保险”的操作风险

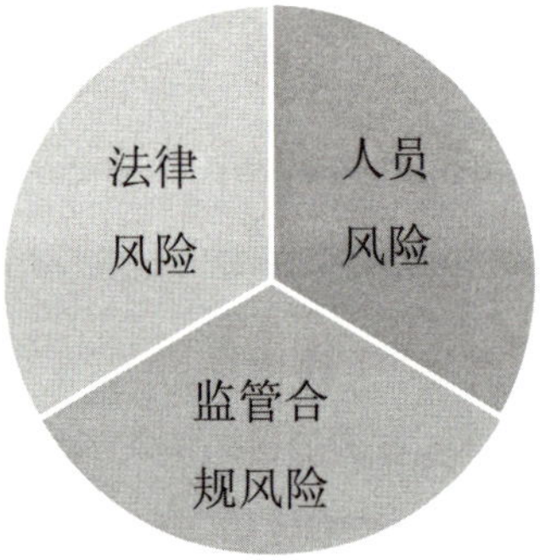

图 9－16　区块链提升的操作风险

巴塞尔协议指出，操作风险是指由于不充分或失败的内部程序、人员和系统或者由于外部事件所引起的直接或间接的风险，包括法律风险，战略风险和声誉风险因其度量困难不计在内。保监会对保险公司操作风险的定义是，“由于不完善的内部操作流程、人员、系统或外部事件而导致直接或间接损失的风险，包括法律及监管合规风险”，例如内外部人员欺诈、自然灾害引起的信息系统中断、流程缺陷引发投诉等。[①] 因此，操作风险可概括为人员风险、法律风险、监管合规风险等。笔者认为，区块链技术的运用主要提高了操作风险当中的人员风险。其中，人员风险主要是指“保险代理人和从业人员风险，主要是由于从业人员和代理人的流动频繁影响了保险公司的客户群体，以及保险公司缺乏有经验的从业人员，特别是高级管理人员，在培训方面的投入较少等原因造成的。”[②]

在互联网时代，保险行业的信息化程度提高了，原本纸本化作业的保险行业走入无纸化时代，利用计算机等办公，而且许多业务流程通过互联网已

---

① 洪梅，黄华珍．我国保险公司操作风险管控体系建设研究——基于国际经验视角．保险研究，2012(11)．

② 张青枝．我国保险企业的操作风险及其防范．经济问题，2008(12)．

经实现了。这对于从业人员的素质要求有所提高，比如从业人员必须懂得互联网操作等。但是，这种操作本身不要求相关人员懂得计算机知识，只是常规化、重复的操作，通过点击以及手动输入文字等就能够完成所有业务流程。换言之，较为专业的系统设计、维护、编程等完全可与业务人员进行隔离，由具有计算机专业背景的工作人员完成，业务人员只需要专注于自己的本职工作即可。但是，在区块链智能时代，区块链智能执行等都是在编写代码的基础之上实现的，因此，从业人员的计算机知识水平必须提高。首先，“一次操作，一劳永逸”的模式不复存在，可以由计算机专业人员处理的时代可能会越来越远。在“互联网＋区块链＋大数据”的背景之下，保险产品有可能实现充分个性化，每一个人的保心产品内容、费用等都有可能不同，由计算机专业人员处理每一个产品就变得不太可能，也是非经济的。其次，对外保险代理人和从业人员需要具备足够的知识以便能够解答来自保险消费者的所有问题，其中将会包括区块链的问题。例如，区块链是什么，日后如果利用区块链自动判断、自动执行自己的保险合同会有什么风险等问题。

（二）“区块链＋保险”的监管建议

表 9－1 “区块链＋保险”时代的监管建议

序　号	“区块链＋保险”时代的监管建议
1	加强公司治理结构监管
2	建立有效的激励机制和培训体系
3	注重区块链技术复核专业背景人员的储备
4	防范系统安全风险
5	建立明确的、标准化的保险行业区块链技术标准
6	设立运用区块链技术保险公司的准入制度

1. 加强公司治理结构监管

人员风险引发的操作风险需要从源头治理和防范。先进的公司治理结构是能够有效降低该风险的重要措施之一。区块链技术的保险应用还在早期，其应用都较为简单和易于理解。但是，从技术对行业的影响力可知，一个具有深远影响力和划时代意义的技术对一个行业的影响，并非只是技术与业务逻辑的简单相加，必定会对行业的业务模式、竞争结构等产生影响。因此，随着区块链技术的广泛应用，必定会改变保险公司现有的决策机制、组织架构、业务流程等。这仍可以互联网举例。自互联网技术出现之前，公司为保证决策的有效执行以及化解在决策和执行过程中出现的不可预料的风险，公司的整体管理架构是呈树状结构的，更加强调等级。但是，互联网时代强调的是快速与平等，因此，即使是BAT等大体量的互联网公司也强调管理架构的扁平化，讲究对属下的放权。区块链对公司管理架构和决策机制的改变并非默默无闻，而是已经有所崭露头角。一个公司可以看作是一个私有链，公司所有工作人员都可以加入这个私有链，进行决策。在保险行业，区块链究竟会对公司的管理架构产生何种影响也许还有待实践地观察，但是变化一定是不可避免的。公司治理结构对一家公司的影响深远，相关监管机构必须随时跟踪行业发展状态，对保险公司的治理结构加强监管和指引。

2. 建立有效的激励机制和培训体系

保险行业长期以来存在前线的销售人员素质偏低，高级管理人员的高流动性等问题。销售人员的素质偏低主要是指道德风险发生的几率较高，此外还有部分人员学历较低等问题。因此，一方面需要企业建立完善的培训体系，对员工进行教育知识普及、业务知识传授；另一方面，通过激励机制降低发生道德风险的概率。高级管理人员的高流动性对于保险企业的长期发展是不利的。若要留住高级管理人员，那么一方面需要给他们提供自由化的工作氛围，另一方面要有充分的激励机制。

3. 注重区块链技术复核专业背景人员的储备

既要懂业务，又要懂技术，这种人才在未来不可或缺。这种人才的储备除了由保险公司通过培训获得外，还需要国家的教育体系能够培养输送这样的人才给企业。只是依靠企业培训来培养人才，太过于耗费企业成本。

4. 防范系统安全风险

区块链技术并非毫无缺点，毫无漏洞，凡是架构于技术之上的业务系统，零安全漏洞在客观上并不可能，因此必须防范系统安全风险。系统安全风险发生后，可能导致信息的泄露、篡改，而在区块链上还有可能发生财产被盗，或者不法分子的财产非法增加。对于保险消费者来说，财产流失，转移风险的期望落空。在我国，包括保险消费者在内的金融消费者对于金融的知识都是有所欠缺的，“投资有风险”的观念还是较为薄弱，因此刚性兑付问题始终是我国金融行业的重要问题之一。在此背景下，如果发生大规模的系统安全风险，则很有可能将矛盾范围扩大，成为一个社会性问题。对于保险机构来说，损失则更大，不仅要面临财产的损失，而且很有可能还要承担巨额的违约赔偿责任。系统安全风险导致的损失还有可能涉及国家利益。保险行业涉及国计民生的重要数据如果被不法分子利用，则将对我国的国家安全造成严重威胁。系统安全风险的发生大体可以分为两类：一类是系统本身有漏洞，但是保险公司还未发觉，在日后的运营过程中自动暴露出来。这种风险导致的后果可大可小，但是因为不是由第三人刻意引起的，所以其后果还是可控的。另一类是来自黑客的攻击，以破译技术攻击加密技术，扩大系统安全风险攻破51%的比率，以太坊的安全事件就是很好的证明。来自黑客的攻击有一定的随机性，而导致的后果却更加严重，且保险公司对于这种后果的扩大很难进行控制，因此，金融科技的发展是防范的重点。

5. 建立明确的、标准化的保险行业区块链技术标准

这是在区块链大规模运用于行业应用、行业监管前必须要解决的问题之一。区块链技术尚年轻，其商业化年龄则更小。因此，其技术的弱点与风险点还未全面暴露出来。区块链技术的漏洞对于行业的损失有什么样的影响，对每个保险消费者个体又会带来怎样的冲击，尚不可知。目前，区块链行业发生的较大的事件是以太坊网络遭受攻击事件。2016年6月17日（北京时间）以太坊网络遭受到攻击。攻击者组合了2个漏洞攻击，利用的第一个漏洞是，递归调用 splitDAO 函数，这样的递归调用可以使得攻击者的 DAO 资产在被清零之前，可以数十次的从 TheDAO 的资产池里重复分离出来理应被清零的攻击者的 DAO 资产；攻击者利用的第二个漏洞是，DAO 资产分离后避免从 TheDAO 资产池中销毁。攻击者在递归调用结束前把自己的 DAO 资产转移到了其他账户，这样就可以避免这部分 DAO 资产被销毁。[①] 如果在大规模商用之后发生此类事件损失是非常惨痛的。因为区块链技术存储的并非是可大量复制的信息，而是资产等，所以会直接导致用户的财产损失。

国家的相关部门应该制定有关的技术标准：

首先，对区块链技术涉及的所有模块都应该制定技术标准。每一家公司都必须配备有符合标准的技术水准、设施、人员。对于符合有关标准的公司通过颁发资格证书等进行管理。

其次，应该建立完整的安全评估体系，由专业的人员定期对公司的技术实施情况、安全情况等进行评估，对不符合安全标准的公司实施淘汰机制。

再次，国家相关部门应该建立信息发布平台，将保险公司的资格证书获取名单、技术实施情况、安全事故发生及其应对的数据公之于众。在区块链时代，这将成为公民知情权中的重要内容之一。因为对于互联网时代的遭受攻击，公民所要承担的最多的是隐私数据被泄露的风险，而对于区块链时代，公民面临的是财产被盗、被骗取的风险。

最后，相关部门应加强对消费者的区块链技术知识普及以及教育。区块链技术的广泛应用取决于广大消费者的选择，如果保险消费者对区块链技术毫不知情，那么一是不利于技术的发展与应用，二是保险消费者无法准确获知自己的财产可能面临的风险。在公民毫不知情的情况下就要让保险消费者承担这样的风险，显然是不合理的，在极端的情况下则可能会产生暴力事件。

---

① 参见段玺：TheDAO 被攻击事件考察报告，http://ethfans.org/posts/127，最后访问时间：2017 年 3 月 1 日。

图 9－17　国家相关部门应当制定的技术标准

6. 设立运用区块链技术保险公司的准入制度

《保险法》第六十八条规定，设立保险公司应具备下列条件：① 主要股东具有持续盈利能力，信誉良好，最近三年内无重大违法违规记录，净资产不低于人民币二亿元；② 有符合本法和《中华人民共和国公司法》的章程；③ 有符合本法规定的注册资本；④ 具备任职专业知识和业务工作经验的董事、监事和高级管理人员；⑤ 有健全的组织机构和管理制度；⑥ 有符合要求的营业场所和与经营业务有关的基础设施；⑦ 法律、行政法规和国务院保险监督管理机构规定的其他条件。

当前的准入条件可以归纳为公司治理结构、资本结构、管理人员结构3个方面，其中，公司治理结构主要遵循《公司法》中对于公司的要求，在资本结构中主要对股东的净资产和注册资本进行了要求，管理人员结构对股东、董事、监事、高级管理人员的经验等进行了规定。在《互联网保险业务监督管理暂行办法》中规定了保险机构必须具有互联网行业主管部门颁发的许可证或者在互联网行业主管部门完成网站备案。这是互联网技术与保险行业结合后的变革对保险公司准入制度产生的影响。区块链技术也不能例外，不仅如此，应该对运用区块链技术的公司做出较严格的准入要求。互联网技术诞生至今，已经经历了许多风雨，技术也比较成熟。相较于此，区块链技术还过于稚嫩。因此，有必要将区块链技术资质以及相应的配套安全管理体系等纳入准入条件中，具体包括：① 具备支持保险业务的区块链系统；② 具备防攻击、病毒等安全管理体系；③ 制定安全隐患应急措施和方法；④ 将首席信息安全官列为公司高级管理人员，负责技术安全和技术改进，以及发生安全事件时的总负责人和指挥人；⑤ 公司必须获得区块链技术有关的资格证书；⑥ 实施区块链技术报告制度，分为年报告制度和不定期报告制度，将有关的技术情况和安全事故随时报告至监管机构，并对外公布。区块链技术的应用导致保险行业发生系统风险的原因多了一个，因此必须制定完善的准入制度，规范行业发展。

三、供应链金融

图 9－18　区块链应用于供应链金融领域出现的法律问题

（一）数据使用与个人信息保护问题

信息不对称是金融风险产生的重要原因，由于没有连通各个信息孤岛，传统供应链的信息是割裂的。区块链应用于供应链金融后，供应链的完整链条、上下游及第三方相关的节点都已经通过网络联系起来。这些数据由平台以外的其他商家、个人和机构提供，虽然平台掌握数据信息，但信息的归属权和使用权并不能直接认为属于平台本身。多数的平台在获取客户提供的相关数据信息时，并未对数据的归属进行约定，实质上给数据的使用造成了法律隐患。区块链在降低交易成本的同时，也带来了个人信息泄露等相关的法律问题。

为了使区块链作为信息平台的价值得到充分发挥，需要完善个人信息数据脱敏化的相关规定，兼顾个人信息保护和个人信息的自由流通[①]，使得

① 洪海林. 个人信息保护立法理念探究——在信息保护与信息流通之间. 河北法学，2007，25(1).

关联企业的信息能够合法地在区块链上存储并发挥其价值。

(二) 担保的法律问题

传统的供应链金融是一种典型的商业模式,其以物流企业为服务核心企业,利用物流企业掌握的信息优势和客户关系优势,主导供应链融资。由于物流企业自然获取货物的占有和保管,因此设定动产质押具有便利性,可以用在货物上设定质权的方式进行担保①。

但是,区块链介入后的供应链金融通常采用无抵押的方式开展业务,依靠区块链打通信息瓶颈进行融资的同时,也陷入了没有抵押的尴尬境地。为了减轻银行等金融机关的疑虑,降低金融风险,需要在法律上完善相应的规定,利用区块链上存储的供应链信息,用质押应收账款等方法作为新的担保方式。

四、P2P

图 9-19　P2P 行业乱象

P2P 行业近几年的发展呈现出“快、偏、乱”的现象:一是规模增长势头过快,二是业务创新偏离轨道,三是风险事件时有发生。随着区块链技术发展的深入,P2P 行业将迎来新一轮的发展。但是,从 2016 年年底 e 租宝等 P2P 行业风险事件爆发以来,政府及监管部门在鼓励、促进互联网金融发展的基础上增加了规范发展的导向,防止风险事件对行业带来的冲击,避免影

① 谢世清,何彬. 国际供应链金融三种典型模式分析. 经济理论与经济管理,2013,33(4).

响甚至引发社会问题。此前，P2P 在缺规则、缺门槛、缺监管的情况下，野蛮生长这么长时间，问题和风险积累得比较多，需要进行整个行业的全面整治，为“良币”创造更好、更健康的创新环境，也为大众创业、万众创新营造更健康的发展氛围。

截至 2016 年年底，纳入中国 P2P 网贷指数统计的正常经营 P2P 网贷平台为 2 307 家，比 2015 年年底增加 63 家，增长 2.81%；全国主动关闭、提现困难、失联跑路等问题平台累计2 456家，其中 2016 年当年新发生 938 家，比 2015 年当年发生减少 218 家，下降 18.86%。另外，未纳入指数、作为观察的 P2P 网贷平台为1 872家，其成交额占总成交额近 6%。三者合计共6 635家 P2P 网贷平台。[①]

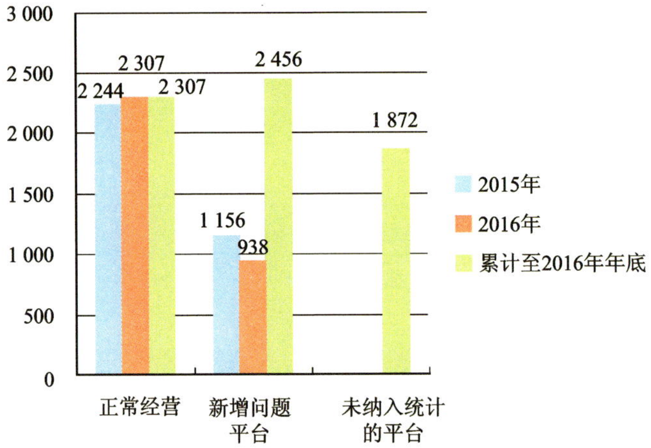

图 9-20　截至 2016 年中国 P2P 网贷平台的经营状况

随着区块链在 P2P 领域发展的深入，会出现更多方面的创新，并且会基于区块链和 P2P 催生出更大的生态系统。区块链这种信息技术具有革命性的计算范式，必定会成为全世界金融科技的核心技术。在区块链技术的帮助下，P2P 行业将会更加透明，效率将会大大提高，监管将会更简单、高效。区块链将在改造金融基础设施、释放存量市场活力、规范增量市场运行方面

---

① 参见搜狐：2016 年中国 P2P 行业数据分析，http://mt.sohu.com/business/d20170118/124647984_215639.shtml，最后访问时间：2017 年 3 月 1 日。

起到积极作用。目前包括中国在内的世界各国都在积极探索非技术，P2P平台对区块链有相当大的需求，符合普惠金融发展的方向，增加了P2P行业的活力，建立了全新的信用机制，有了区块链技术，P2P将迎来新生。但是，区块链嵌入P2P也会对目前存在的监管带来新的挑战：

第一，目前P2P要求平台进行资金存管。因为P2P平台私设资金池，归集出借人资金并放贷，掌握出借人资金调配权是借贷行业风险频发的根本原因。严格落实客户资金第三方存管，要求平台选择符合条件的银行金融机构作为资金存管机构，理所应当地成为P2P网络借贷行业的进入“门槛”。而区块链技术实现的出借人与贷款人之间点对点的直接交易与资金第三方存管的要求相冲突。[①] 这相当于银行直连模式，而这种模式银行无法做到资金流和信息流的匹配，并且还要求平台与多家银行进行对接，反而成为区块链落地P2P的一种阻碍。

区块链落地之后需要创新监管模式。资金存管作为监管的一种手段，其目的是实现对客户资金的监督管理以及机构自身资金与客户资金分账管理，从而防止机构私设资金池、挪用客户资金等问题。但是区块链应用落地之后，现有的存管模式可能被改变，同时可以以区块链上保存的交易信息、数据作为抓手，来保障资金安全。

第二，区块链具有“非中心化”的特点，“非中心化原则”直接触及了现行经济制度，甚至是更广泛意义上的一般原则，直接或间接地提出了制度变革的诉求，自然会引起不同层面上的争议。区块链用非中心化和去信任化的方式来集体维护一个数据库，好像可以颠覆很多传统金融业，提高效率，但非中心化也使得整个路径难以监管，容易被有心人借用搭建新的庞氏骗局，况且，区块链系统也可能受到黑客攻击，掌握51%以上的节点数据也是有可能的，特别是在初始阶段。国内的政治环境和管理思想一定要有中心，特别是金融行业的中心监管更加严格，非中心化，就意味着主体不明确，监管难

---

① 赵大伟.区块链能拯救P2P网络借贷吗.金融理论与实践，2016(9).

以对主体进行调整。①

笔者认为，一个能够有效保障P2P交易达成、信息安全的“中心机构”，仍然有必要存在。目前，学术界对区块链有一种观点，其非中心化在实践操作中可能难以实现。例如，在P2P领域要利用区块链进行风险分散等都还停留在逻辑性不完备的理论层面，盲目的非中心化未必利大于弊。

第三节　非金融领域

一、电子存证

区块链技术仍然处于发展阶段，安全性和稳定性都有待进一步提高，各国监管者对待区块链的推广都采取了相对比较谨慎的态度，希望能够较为全面地掌握区块链可能带来的风险。具体到电子存证领域，区块链应用在该领域主要会面临技术风险与法律风险这两个方面的挑战，二者的关系不是相互独立的。区块链作为一种新兴的技术，在数据安全性、隐私保护、风险控制机制等技术风险层面需要逐步进行探索和总结，同时这些技术问题一旦暴露，也会在电子存证取证领域的业务产生潜在的法律风险。由于本书的视角主要集中于区块链的法律问题，因此笔者对于电子存证领域中涉及的区块链技术风险仅进行简要介绍。

图9-21　区块链的技术风险

① 参见高兰平:“区块链:去中心化恐怕难以监管”,http://www.vccoo.com/v/ba4850,最后访问时间:2017年3月1日。

区块链的技术风险主要表现为安全性风险、系统可能被恶意攻击以及程序化所带来的系统性风险。技术风险中的首要风险是安全性风险，由于分散式账户在全球网络内均会被复制，所以任何一个脆弱的节点都会危及整个结构的安全。虽然区块链技术非中心化的特点解决了传统信息不对称和信息安全风险的问题，但不可否认的是，在用户数量较小的初期，掌握区块链上51%以上的计算能力即可以使得区块链信息被篡改，在这种情况下区块链受到攻击的风险不可忽略。电子存证领域即使引入了区块链技术，信息仍有可能面临被更改或者删除的风险，电子数据的真实性问题依然存在。另外，由于区块链基础技术实际上是由计算机语言和程序控制的，是自动化的，所以在一定程度上缺乏强有力的指导和控制，当出现技术性或操作性失误且未被及时发现时，系统缺少自动及时发现并更正错误的能力，会按照错误程序继续执行或存储错误信息，可能放大失误带来的影响，且对这些失误进行修正时将付出较大的成本。针对区块链自身的技术性风险，一方面需要进一步发展并完善区块链技术，另一方面可以通过完善相关法律法规以及监管措施对其进行法律保障，着重对相关服务提供商的技术能力进行监管，如对行业技术标准、技术条件、物理条件、信息技术人员的任职条件进行严格的限制和规定。

随着区块链技术在电子存证领域的应用，会带来新的法律风险和监管困难。其中，法律风险主要包括与既有的法律规定相冲突的积极冲突，也包括因为法律规定空白而引发的消极冲突，从而导致产生法律定位、法律性质不明确的问题。第一，区块链技术会导致权利归属缺乏清晰的法律界定。比如在电子证据领域，一个完整的电子证据由电子数据及证据标识组成，证据标识又由证据的来源方或电子数据的拥有人及该电子证据构造时间组成。[①] 而鉴于区块链的匿名性，电子数据的拥有人、电子信息的所有权归属以及区块链作为记录方的法律定位如何确定，都是尚未明确的问题。第二，

① 参见布比（北京）网络技术有限公司：《一种构建电子证据的方法和系统》，中国专利：105790954，2016年3月2日。

利用区块链技术进行电子存证无需实名认证，这一特点极容易被犯罪分子利用，从而引发网络安全等犯罪。如果不法分子利用区块链中存储的电子信息进行欺诈、洗钱，由于区块链的匿名特征难以识别出犯罪主体，则会使得责任难以追究到个人。

在监管层面，由于区块链技术仍处于不断发展的过程中，监管空白会诱发巨大的犯罪风险；除此之外，不同国家对于区块链采取的不同监管态度也会产生国际监管的协调性问题。区块链在电子存证领域具有超越地域性的特征，一旦出现分歧和纠纷，法律的地区适应性和国际监管之间就会出现冲突。比如，在涉及不同国家的跨国诉讼中，利用区块链技术进行电子存证取证，由于不同国家对区块链技术的监管标准有所不同，如何建立适当、有效的跨境电子证据法律法规框架，同时加强国际监管协调，形成较为一致的监管政策，是监管层面临的重大监管风险之一。

伴随着区块链技术的崛起，传统的中心化的政府职能在很多方面将被非中心化的区块链技术弱化。在大数据时代，电子信息的记录、存储、随时访问等功能都可以由区块链技术加以实现，如果在证据、公证等领域都广泛应用区块链技术，那么传统的司法鉴定机构、政府职能部门的某些服务也可能会被弱化。在区块链上记录所有的社会活动将会让这类的司法鉴定甚至公证部门的活动变得无关紧要。[①] 这种新技术驱动下的对传统政府、司法、公证等部门的颠覆也需要协调与适应。

针对以上可能产生的法律风险和监管问题，应从以下几个方面尝试积极应对：

首先，为了应对区块链技术的无边界性、匿名性而导致的法律风险，要建立完整的安全策略和制度，对区块链的电子信息资源管控、处理等每一个环节都进行风险评估。

其次，在监管层面，笔者建议可以考虑通过信息报告、风险预警等手段进行监管。主要是通过对区块链技术未来在电子存证领域中可能产生的风

---

① 梅兰妮·斯万. 区块链新经济蓝图及导读. 北京：新星出版社，2016.

险进行预测和报警。

再次，针对国际层面上的监管协调问题，关于电子证据的统一化标准，可以考虑参考联合国国际贸易法委员会于1996年12月通过的《电子商务示范法颁布指南》；而关于区块链技术存证的标准可以考虑先由各个国家建立区域性的技术标准，如我国工信部《中国区块链技术和应用发展白皮书》中明确了我国区块链标准化路线图，提倡尽早推动开展区块链标准化工作。

最后，针对区块链技术在电子存证领域应用后对传统司法鉴定、公证机构等部门的颠覆与影响，可以考虑在未来建立起混合型机构，传统政府和基于区块链的政府都将有自己的角色定位。将人类与算法进行搭配，将简单的信息通过区块链进行存储与记录，将复杂的法律权利义务界定留给传统司法或公证机构进行处理。

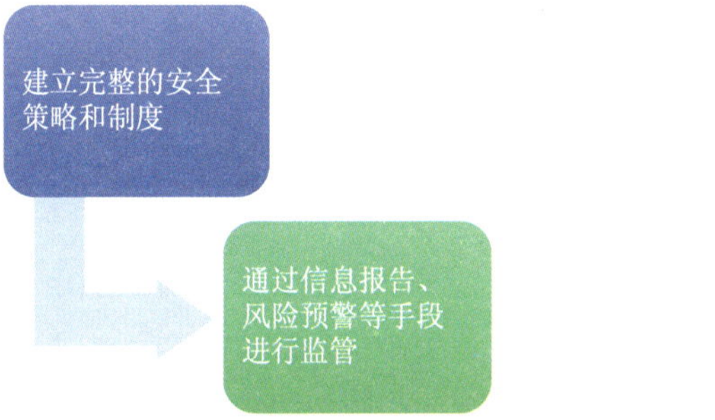

图9-22　区块链在电子存证领域的监管应对

二、物联网

（一）“区块链+物联网”的新风险

随着区块链技术在物联网中的应用，物联网也将出现新的风险，主要包括以下几个方面。

1. 技术领域的风险

① 记录存储的扩展性问题。区块链账本的大小可能会随着时间的推移导致中心化以及需要某种记录管理，这正为区块链技术的未来蒙上了阴影。区块链消除了对中央服务器存储交易和设备 ID 的需要，但是这种账本必须被存储在节点上，而随着时间的推移，账本的大小将会增加，这将超出智能设备的能力范围。例如，传感器等设备只有很低的存储能力。

② 处理能力和时间的问题。区块链物联网生态系统中所有的物体都需要执行加密算法，因为物联网生态系统是非常多样化的，并且由各种计算能力不同的设备组成，并非所有的设备都有能力按照需要的速度来运行相同的加密算法。

③ 技术缺乏的问题。区块链和物联网是当下最前沿的领域，当把物联网与区块链两个条件加在一起时，符合条件的技术人员就变得相当少，而区块链物联网又是未来社会的基础设施，潜在需求极大，可预见的是，管理和运行物联网区块链项目将会成为一项具有挑战性的任务。

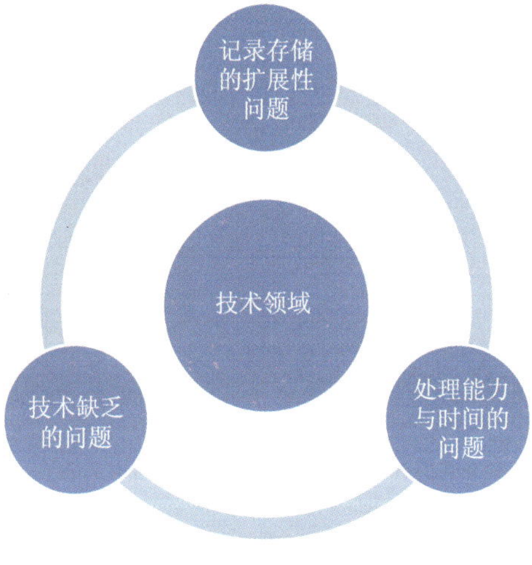

图 9－23　区块链技术在物联网领域应用时的技术风险

2. 政治领域的风险

物联网发展的方向与杰里米·边沁论及的“圆形监狱”非常相似，在物联网中，任何人都生活在“观察他人”与“被他人观察”之中，物联网的感观系统收集信息，并通过智能化处理进行计算而形成科学的解决方案。它代表着人类新的行动规则，也创造出了新的违规形态，当物联网借助区块链技术形成覆盖全社会的网络时，违规者会被物联网及时发现并施加解决方案。如果在缺乏有效民主监督的国度，那么区块链物联网就会存在沦为政治控制工具的风险。

3. 经济领域的风险

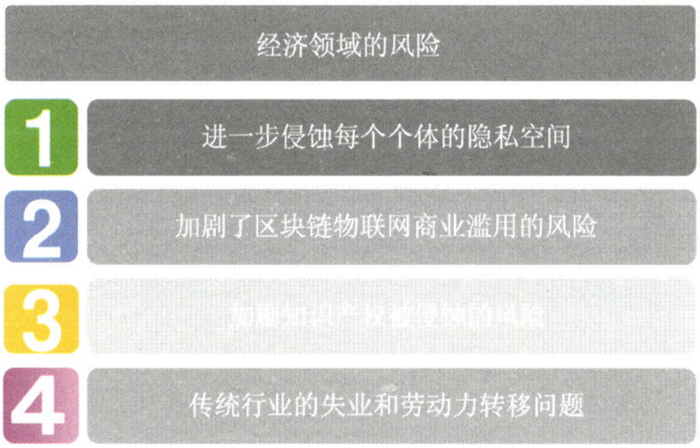

图 9－24　经济领域的风险

商业逐利的天性使得物联网信息存在被滥用的风险，各种传感器将成为“监视、监听”的工具，区块链物联网与大数据的结合将使得精准营销进一步发展，但同时也进一步侵蚀了每个个体的隐私空间。物联网隐私和信息权利的复杂性加剧了区块链物联网商业滥用的风险。

此外，这种信息被滥用的风险反映在知识产权领域，将加剧知识产权被侵害的风险。通过数据挖掘技术、数据分析技术和人工智能获得知识，是区块链物联网时代的标志性知识生产方式。当下信息权利已然是一个复杂的问题，物联网产生的知识权属问题会更加复杂，知识产权交易和转移将面临很大的风险。

此外，前文所述的新的生产力和生产关系会带来传统行业的失业和劳动力转移问题。随着物联网的发展，智能设备大量普及，去中心化越加明显，大量的岗位将被更高效、更直接的方式替代，这样就为社会带来了潜在的不稳定因素。

4. 安全方面的风险

区块链与物联网结合放大了技术层面的安全问题。技术犯罪的危害性和影响力将越来越大，互联网的问题在区块链物联网中会更加棘手。比如黑客攻击、隐私滥用、网络犯罪等，物联网既为普罗大众打开了一扇更高效生活的窗户，也为窗外的危险打开了通道。也许这就是新时代的潘多拉魔盒，我们应当谨慎待之。

（二）应对策略

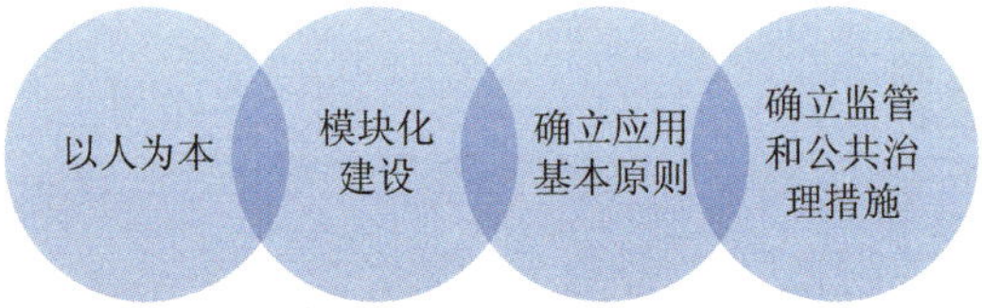

图 9－25　应对策略

1. 坚持以人为本的基本底线

新技术的发展应当与社会文化趋势相统一，应当让文化来“重新设计技术”，引导技术服务于更理想的社会。在建设区块链物联网的过程中，应当注重价值观的引导，警惕数字化社会对文化的侵蚀。人类一旦迈入数字世界，就被贬低到物的层次，人和物都是物联网的信息源和终端，物联网社会只关注效率，这将对社会文化、思想和价值观造成很大的冲击。

无论是何种技术，建设何种基础设施，价值观的指导都至关重要。我国在区块链与物联网的发展过程中，应当坚守以人为本的科学发展观总体指导，效率优先，兼顾安全。

2. 注重模块化建设，防止一刀切的模式和过度泛化

区块链与物联网结合使得海量信息更高效地汇集，为人类更深入、更全面地把握世界带来了可能，这既是其力量之源，也是孕育风险的温床。物联网对世界的把控不能发展到极端，要么加入物联网、要么被物联网所排斥的“一刀切”做法极其危险。在以人为本的基本思想指导下，应当努力建设区块链物联网的弹性，从技术层面坚持多元化、模块化发展的思路，通过局部、整体多层次的建设，来实现区块链物联网灵活性的特点。

应当允许模块化的区块链物联网形成多元化的单元，对于随意拆分、进入退出都设置便捷的方式。比如家庭的物联网，可以根据需要接入到政府机构网络，也可以随时加入公共网络，或社团网络，亦或是商业网络。通过多层次的架构设计，可以方便控制区块链物联网的风险。

3. 确立应用基本原则

信息的收集与被收集存在内在的矛盾，观察者希望更多地获取信息，让信息分析更精准和有效，提高效率；被观察者希望保持个体的独立性和隐私，希望摆脱暴露于传感器之下的状态，确保安全。效率和安全的矛盾再一次上演在区块链物联网社会中。因此，有必要确立基本的原则——权力平衡原则和保护私域原则。

区块链物联网给了观察者更多的权力去获取信息和知识，因此有必要赋予信息来源主体更多的权利去对抗观察者的权力冲动。欧盟“芯片沉默的权利”(right to the silence of the chips)的概念正是强调被观察者对抗物联网的权利，传感设备可以拒绝物联网的接入请求。

信息领域中的私人领域界限非常重要，核心的私人领域应当禁止物联网的侵入，尤其是在确认私域被侵害时，个体有足够的力量切断物联网的控制，随时方便退出。这就需要对退出技术进行研究。

4. 确立监管和公共治理措施

物联网渗透到社会的方方面面，需要综合性的监管和治理方式，这是一项系统工程。现阶段由于区块链对物联网效率的提高，赋予了监管的必要性，目前应当由政府主导，建立统一的物联网监管体系，并由企业、NGO、个人共同参与，实现社会共治的模式。与物联网发展相关的电子废物、频谱分配、计算共享、信息分析行为规范等管理问题将很快随之出现，应该尽早规划统一的监管体系，控制物联网的社会风险，并运用多种公共治理措施，尤其要注重文化和价值观作用的发挥。人本主义文化可以缓解包括区块链物联网在内的高科技风险和社会价值观的冲击。最终理想的状态是技术服务于人文，以技术促进社会共治和社会善治的实现。

三、电子商务

（一）“区块链＋电子商务”的新风险

随着区块链技术的应用，电子商务领域也将出现新的风险。

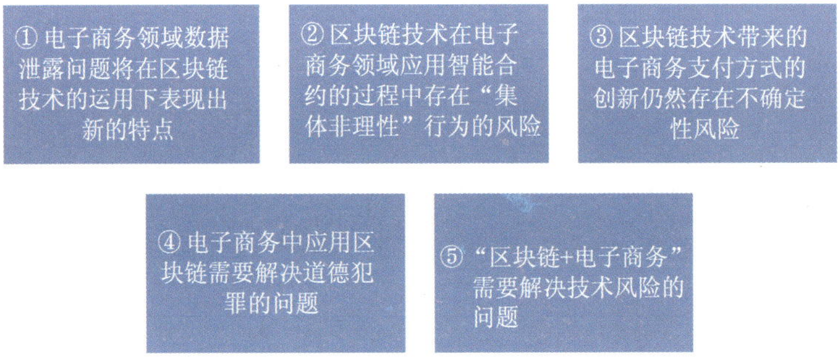

图 9－26　电子商务领域的新风险

1. 电子商务领域数据泄露问题将在区块链技术的运用下表现出新的特点

电子商务往往与个人消费者的核心信息相关，例如收货地址（往往是家庭住址、工作地址），区块链将信息区块同步传递给各个节点，使得私密信息面临比互联网时代更大的风险——区块链确保了信息的真实性，一旦发生数据泄露带来的危害性将更大。安全将是区块链面临的最大挑战，价值的高效传递催生了安全问题，但是，如果一个人最终建立了许多保护措施来防止不法侵害，那么就会阻碍区块链的发展，并否定区块链的初衷。区块链为了实现全网共识，需要把所有的交易公开透明地发送全网进行验证，因此理论上客户所有的交易数据都能被全网所有的节点获取。数据泄露的风险涉及安全和效率的博弈。

2. 区块链技术在电子商务领域应用智能合约的过程中存在“集体非理性”行为的风险

以 DAO 组织为例，其发展不仅需要保证技术上程序代码的正确性，而且还要克服投票系统难以预测的动态性可能带来的潜在缺陷。去中心化的组织投票暗含着复杂的人类活动过程和博弈行为，决策程序在区块链的技术特点下依赖于"集体理性"，在正式化之前需要反复试验和验证①。集体理性建立在个体理性之上，然而追求个体理性并不代表集体理性的最优，尤其是在复杂问题的处理上，集体理性常常不是最优解。

3. 区块链技术带来的电子商务支付方式的创新仍然存在不确定性风险

图 9－27 区块链的分布式结构给电子商务带来的新风险

电子商务的发展依赖于支付方式的创新，然而包括支付方式在内，整个金融体系最基础的技术结构将从电信通信技术向 ICT 迁移，整个金融体系的技术架构将建立在分布式网络上，在没有中心节点控制的情况下，所有节点对等地共享所有信息和数据。这就带来了新的风险特点。首先，是密钥的保管问题，没有第三方机构，一旦密钥丢失，这笔财产就会石沉大海，任何人都不可能找回来；其次，区块链应用于支付，依靠的是算法和程序，一旦算法和程序出现漏洞或错误，将导致较大的风险；最后，51％算力攻击的问题将一直如达摩克利斯之剑一般高悬，对于区块链的记账，如果有人握有区块链的超过 51％的计算能力，那么他就可以修改这个账本。电子商务在运用区块链技术的同时，应当谨慎推行、建立机制以预防新的风险。

4. 电子商务中应用区块链需要解决道德犯罪的问题

区块链的匿名机制使得用户的货币被盗、商品遭受欺诈后难以获得法律保障。区块链的数据层、网络层、共识层、智能合约层、应用层这 5 层技术架构每一个层面都面临黑客攻击的危险，如何将区块链与内控制度、风险防

① 伍旭川. The DAO 被劫，凸显区块链技术及道德风险[N]. 华夏时报，2016-08-15(33).

范制度结合起来，是电子商务下一步发展需要重点考虑的问题。

5.“区块链＋电子商务”需要解决技术风险的问题

目前区块链主要基于数据层、网络层、共识层、智能合约层、应用层这5层技术架构[①]，涉及默克尔树、非对称加密、P2P组网、共识算法、哈希算法、高速数据存储等多种技术和算法的精密组合。区块链创造信任的基础是程序代码和加密算法的正常运行，从代码编写的角度来看，程序难免有bug，传统IT系统的错误不具有传导性，可以内部消化问题，而区块链中的bug将传到所有节点，因此对程序的可靠性有极高的要求。电子商务的标的是现实中的真实货物，技术风险在电子商务语境下将会带来高昂的成本。

（二）应对策略

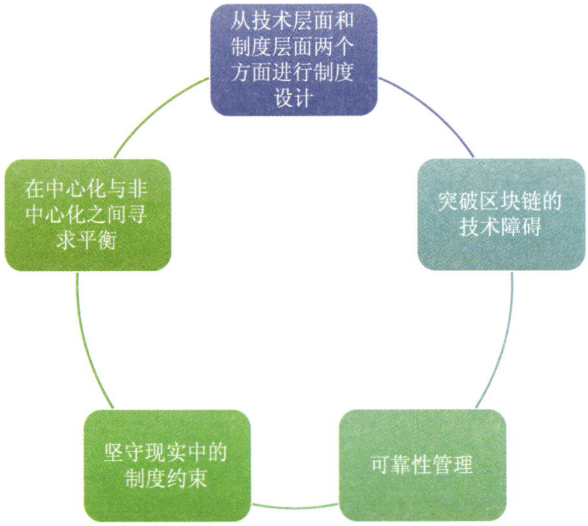

图9－28　电子商务领域的监管应对

1. 从技术层面和制度层面两个方面进行制度设计

为了克服区块链技术带来的新的数据安全问题，从技术层面而言，应当灵活运用匿名机制，将私密信息与一般信息相分离，同时对智能合约等编程采用“深度防卫范式”，多添加安全保护层以减少漏洞的影响。参与区块链

---

① 参见 http://www.cbdio.com/BigData/2017-03/06/content_5463732.htm。

电子商务的企业和个人应强化自我保护，采用技术手段隔离保护自己的业务数据、个人信息。目前有3种技术手段可以使得风险可控：一是双层数据结构，区块链数据层和内部数据层结合起来处理数据，部分数据隔离在内部数据层中，需要流动的则接入区块链数据层；二是对申请接入区块链的节点进行授权管理，以相关协议进行约束；三是采取先进的加密算法，例如零知识证明、环签名、同态加密这3个方向的隐私保护①。

从制度层面而言，应当建立健全个人信息保护等制度，并充分尊重技术带来的信息保护新特点。

2. 在中心化与非中心化之间寻求平衡

非中心化的集体决策机制在复杂问题面前存在缺陷。虽然电子商务中应用区块链技术可以实现效率的极大提高，但这并不代表传统的电子商务机制与区块链完全割裂。例如，电子商务平台发展出来的争议解决机制仍然可以适用于区块链电子商务。在运用智能合约等技术的基础上，通过传统的消费者保护制度、监管制度来控制潜在的集体非理性风险。

3. 突破区块链的技术障碍

支付方式和数字货币的发展需要突破区块链的技术障碍。区块链是加密数字货币的基础设施，是发行、流通和结算的技术实施渠道，区块链必须稳步发展克服现有的技术弊端，成为能提供稳定架构的加密货币。这既需要技术进步、商业设计以及实践，也需要和监管相适应，在这个过程中，传统的金融监管以及普遍大众对于风险事件的容忍程度是非常有限的。开辟监管沙盒（regulatory sandbox），试点性的探路区块链与电子商务结合模式，建立严谨的发展规划和设计，尽量找到能使区块链现有特征得到充分体现并能突破区块链发展障碍的运用案例，减少“试错成本”是区块链应用于电子商务的重要条件。

4. 坚守现实中的制度约束

在电子商务的支付结算中必须坚持交易主体实名认证，以确保现实中

① 李赫．从阳光保险积分谈区块链应用风险．金卡工程，2016(10)．

的制度约束能够映射到区块链构建的虚拟环境中，防止技术创造的割裂空间中再现“丛林社会”。此外，智能合约自动执行的法律效力以及存在的监管空白，在客观上为黑客实现“代码套利”创造了机会。技术不像真理，它是人为的，必然受限于人类的智识，零安全漏洞在客观上并不可能。如果后续没有法律和监管的及时跟进，那么在安全漏洞客观存在的情况下，还将发生黑客攻击行为，区块链建立起的新的信用基础将可能被“代码套利”所摧毁，影响人们对于区块链技术应用前景的信心，而区块链的价值基石就是人们的共识和认可。因此，在区块链技术方兴未艾之时，提前加强相关的法律和监管制度体系的研究，对于区块链技术应用于电子商务具有十分重要的意义。

5. 可靠性管理

电子商务企业应当加强软件和应用的可靠性管理，把网络安全检测和监控放在重中之重的位置上；电子商务行业的监管机构也应当根据实际业务出台区块链技术的行业标准和细则，有效规避技术风险，并建立应急预案、预备补救措施。此外，传统的IT系统可以对业务数据进行修改和回撤，而在区块链上修复错误的成本却是极为高昂的，因此企业应当做好特殊情况下业务回撤的协议和方案，避免由于技术风险和操作风险所带来的损失。